때와 말씀

God's Sayings in Every Occasion

| 정성훈 지음 |

쿰란출판사

감사의 글
An Appreciation Word

　세월이 가고 나이가 들수록 한 가지 새록새록 깨달아지는 것이 있다. 만나는 모든 사람이 귀하고 만사가 감사하다는 것이다. 그 중에 가장 감사한 일은 따로 있다. 이 세상에 존재하는 하고많은 일 가운데 목회라는 존귀한 성역聖役을 가장 작은 자에게 맡겨 주셨다는 것이다. 참으로 감당할 수 없는 분에 넘치는 은혜가 아니고 무엇이란 말인가. 주님의 종으로 불러주시고 당신의 도구로 써주시는 것만 해도 황송하고 황공하고 감사할 뿐이다.

　《은쟁반 위에 금사과》 상권이 출간되고 나서 하권은 언제 나오느냐고 묻는 분들이 있었다. 상권도 은혜롭고 인상이 깊었지만 하권을 빨리 봤으면 좋겠다, 무척 기대가 된다는 말을 들을 때마다 본서를 기다려주시는 분들이 있다는 사실이 놀라웠고, 문자화된 글을 읽고 묵상하면서 주님의 은혜를 더 크게 경험할 수 있어 감사하다는 인사를 받을 때 이루 형용하기 어려운 감사의 마음이 솟구친다.

　실로 감사한 일은 우리 교회가 사형수에서 무기수로 감형되기까지 오랫동안 돌보다가 대전교도소 선교사로 파송한 전재천 씨가 크게 은혜를 받아 그곳에서 복음을 전하고 예배를 인도하면서 본서를 즐겨 사용한다는 것이다. 다른 어떤 서적보다 수용자들이 감화를 많이 받는다고 하니 이보다 더 감사한 일이 어디 있을까.

  그동안 늘 부족한 사람을 깊은 애정과 기도로 성원해주시는 동래중앙교회 당회원들과 성도들에게 감사를 드린다. 아울러 나의 목회를 주님의 목회가 되도록 힘써 도와주고 있는 동역자들에게 고마움을 전한다.
  무엇보다도 이 책의 출간을 위해 물심양면으로 힘써주신 임직자들에게 진심으로 감사를 드린다.

  지금까지 든든한 기도의 후원자가 되어준 사랑하는 가족들에게 감사의 마음을 전한다. 특히 설교의 중요성을 일깨워주고 좋은 설교자의 길을 걸어갈 수 있도록 내조해준 아내에게 고마울 뿐이다.

  끝으로 매주 설교 자료 정리에 도움을 주는 분들과 책 표지 디자인과 출판에 이르기까지 세세하게 도움을 주신 쿰란출판사 이형규 장로님, 오완 부장님과 관계자들에게 심심한 감사를 드린다.

2018년 4월

정성훈

서문
Prologue

훼션fashion상식에 따르면 옷은 꼭 T.O.P에 맞춰 입어야 한다는 말이 있다. 평범한 옷이라도 시간time, 상황occasion, 장소place를 고려하여 입으면 맵시나 분위기부터 달라진다. 아무리 멋있는 옷을 입어도 시간과 장소와 상황에 어울리지 않는다면 그 효과는 크게 떨어질 것이다. 설교도 마찬가지라고 할 수 있다. 설교가 행해지는 특별한 시기와 장소와 환경에 따라 특징이 결정되는 설교는 그에 걸맞은 본문선택이 무엇보다도 중요하며, 그와 관련된 내용들로 채워져야 한다.

특별한 상황에 따라 영향을 받는 설교를 '경우의 설교'occasional sermon라고 하는데, 이를 잘하기 위해서는 특별한 때와 절기에 대한 지식과 배경을 깊이 통찰하고 있어야 하며, 사전에 철저한 준비가 필요하다. 과거에 그것이 무슨 의미를 가지고 있었는가를 알아야 오늘날 그것이 우리의 삶과 역사 속에서 무슨 의미를 가지고 있는가를 알고 적용할 수 있기 때문이다. 특별한 절기나 기념일들은 매년 반복해서 돌아오기에 각별한 관심과 주의를 기울이지 않으면 제목부터가 자칫 진부해지기 쉽고, 했던 설교를 되풀이하는 듯한 인상을 주거나 늘 단조롭고 비슷한 말씀을 전하는 데 그칠 수 있다.

목회자들이 공통적으로 하는 말이 있다. 목회 연륜이 깊어질수록 설교하기가 점점 힘들어진다고 한다. 특히 기념일이나 절기설교를 잘하기는 더 어렵다고 한다. 이는 설교 준비가 어렵다는 말이기보다는 설교다운 설교, 탁월한 설교를 하기가 그만큼 힘들어진다는 의미일 것이다. 그 이유는 설교를 하면 할수록 설교가 얼마나 심오하고 신비롭고 중요한 사역인가를 뼈저리게 느끼기 때문이다. 처음에는 목사가 되었으니 당연히 설교하는 거야 기본이 아니냐, 라는 식으로 뭣도 모르고 시작하지만, 그 사역의 엄중한 의미와 오묘한 세계를 알고 나면 선뜻 나서는 일이 떨리고 두려워지는 것이다. 더구나 정해진 때와 절기를 통해서 주님이 전하시는 메시지를 매번 새롭게 선포하려면 각고의 노력이 뒤따라야 한다.

사람은 때가 바뀌고 계절이 변화함에 따라 생각이 변하고, 관점이 바뀌고, 우리의 생활 모습이 달라지고, 영성이 변한다고 한다.

따라서 변하지 않는 복음을 변하는 때와 상황에 맞추어 늘 새롭게 조명해주고 해석해주는 작업이 필요하다. 주님도 인간의 때를 따라 말씀하시고 상황에 맞추어 역사하신다. 아무리 좋은 말도 때와 경우에 어울리지 않으면 소기의 성과를 거둘 수가 없다. 가장 적합한 때에 가장 적합한 말이 전해질 때, 가장 큰 효력을 나타낼 수가 있는 것이다.

잠언서를 보면 때와 말의 함수관계를 이렇게 표현하고 있다.

"경우에 합당한 말은 아로새긴 은 쟁반에 금 사과니라"(잠 25:11).

직역하면 '은 그림 속의 금 사과'라는 말인데 은으로 된 접시 위에 황금 사과모양을 공교하게 새겨 넣은 그림을 뜻하거나, 아름다운 무늬나 멋진 그림이 새겨진 은 쟁반 위에 놓인 황금 사과를 의미한다. 둘 다 매우 귀하고 값비싼 물건들이라고 할 수 있는데 이 둘이 함께 조화를 이룰 때 그 가치가 극대화될 뿐만 아니라 아름다움이 빛을 발하게 된다는 것이다. 장인이 새겨 넣은 쟁반 하나만 해도 귀하고 아름답거늘 그 위에 금 사과까지 놓여 있다면 금상첨화라고 할 수 있을 것이다.

이 말은 시의적절한 말이 얼마나 큰 위력을 가지고 있는가를 교훈하고 있다. 때와 상황에 잘 어울리는 교훈과 조언과 위로는 듣는 이로 하여금 금 사과 이상으로 기쁨과 용기와 희망을 가져다 줄 것이다. 형편과 경우에 맞는 말 a timely word 한 마디에 인생이 바뀌고 미래가 결정될 뿐만 아니라 때로는 생명을 살리기도 한다.

우리 믿음의 사람들은 세상 사람들과 달리 또 하나의 달력을 사용한다. 세상의 시간을 살면서 동시에 하나님의 시간을 살아가는 것이다. 그러므로 인간의 때와 시기도 살펴야 하지만, 하나님의 때와 시기도 그 못지않게 주의를 기울여야 한다. 때를 따라 주시는 말씀이 각기 다를 수 있기 때문이다.

주님은 측량할 수 없는 은혜와 복을 주시되 때를 따라 우리에게 제공하신다. 매년 반복되는 절기와 기념일이라도 그 속에 우리를 향하신 하나님의 자기계시와 인간과 맺으신 언약과 구원의 은총이 심겨져 있기 때문에, 그 때와 상황을 통해 주님의 뜻과 영광이 온전히 드러나도록 해야 한다.

  주님은 우리의 죽을 수밖에 없는 삶 속에 그의 선하심을 나타내심으로 인간들이 주님의 오묘하신 섭리를 인식하고 또한 이러한 섭리가 현재에도 계속됨을 인식하도록 하신다.

  우리가 때와 절기를 맞이할 때마다 그리스도의 생의 사건들을 부단히 회상하고 이 사건들을 믿는 자의 생에 연관시켜야 하는 이유가 바로 여기에 있다. 예수님의 탄생과 사역과 고난과 죽음과 부활 그리고 승천에 이르기까지 때와 관련되어 있지 않은 것은 하나도 없다.

  그러므로 하나님의 백성들은 어떠한 상황을 만나든지 주님의 생애를 통해 일어난 사건들과 이 사건들이 주는 시대적 역사적 사회적 의미를 인식하며 실생활에 적용해 나가야 한다.

  때에 맞춰 선포된 말씀을 따라가노라면 단순히 기계적인 반복이 아니라 말씀의 성육화, 말씀의 현장화, 말씀의 생활화가 이루어지도록 고민한 흔적들을 엿볼 수 있을 것이다. 하나님의 구원은 오늘도 말씀을 통해 인간의 삶 가운데 역사하고 있다. 가장 이상적인 설교란 청중들의 가슴속에 오직 그리스도만 진하게 남는 설교라고 할 수 있다.

    때와 상황을 따라 선포된 말씀들이 성령의 역사로 말미암아 말씀사건Word-event을 일으킴으로 삶의 현장 속에서 그리스도의 중심성이 회복되고 위대한 영적 변화들이 나타나고 증거 되었으면 한다.

차례

감사의 글 An Appreciation Word •2

서문 Prologue •4

환경주일 Environment

자연으로 돌아가라 •14
Back to the Nature   시 19:1–6

하나뿐인 지구를 구하라 •30
Saving the Only One Planet   계 8:6–11

맥추절 The Feast of Ingathering

봉헌의 원리 •49
The Principles of Offering   신 26:1–9

맏물을 내게로 가져오라 •65
Bring the Firstfruits of the Soil   신 26:10–11

광복주일 Liberation

자유의 노래 •84
Song For Liberty   갈 5:13–15

통일은 어디서 오는가 •96
Power for Unification   왕하 13:14–17

추석절 Chuseog

내 해골을 메고 올라가라 •111
Carrying My Bones up from Here   창 50:22–26

신앙인의 조상 제사 •127
Christian Attitude for Ancestor Worship   고전 8:1–6

교사주일 Teacher

나는 선생님이다 •145
I am a Teacher   요 13:13–15

위대한 스승의 길 •163
The Way of the Great Teacher   고전 11:1

종교개혁주일
The Reformation

끝나지 않은 종교개혁 •179
Ecclesia Semper Reformanda 롬 1:17
무엇을 개혁할 것인가 •192
The Reformation by Jesus Christ 요 2:13-22

추수감사주일
Thanksgiving

감사로의 초대 •209
Calling to Thanksgiving 시 107:1-9
감사함으로 들어가라 •225
Come Before God with Thanksgiving 시 100: 1-5

성서주일
The Bible

말씀 안에서 자라가라 •241
Growing in the Word 골 1:6-8
배우고, 배우고, 배워라 •258
Learning to Revere Me 신 4:10-12

대강절
Advent

기다리는 자의 유혹 •275
Are We Waiting for Another? 눅 7:18-23
누구를 기다리고 있는가 •291
Whom are You Waiting for? 시 40:1-2

성탄절
Christmas

용서의 크리스마스 •307
Christmas Filled with Forgiveness 골 3:13-14
존귀하신 주의 이름 •324
Worthy is the Name Jesus 사 9:6-7

송년주일
The Year-end

무엇을 결산할 것인가 •341
Preparing a Statement of Accounts 벧전 4:7-11
주여, 아직 시간이 있나이다 •357
We Still Have Time 골 4:5

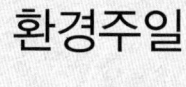

환경주일
Environment

자연으로 돌아가라
Back to the Nature 시 19:1–6

하나뿐인 지구를 구하라
Saving the Only One Planet 계 8:6–11

자연으로 돌아가라
Back to the Nature

여행을 하다 보면 만나는 이들로부터 이런 질문을 받곤 한다.

"당신이 지금까지 다녀본 곳 중에서 가장 감명 깊었던 곳은 어디라고 생각하는가? 가장 인상에 남는 명소는 어디였는가? 다시 기회가 주어진다면 어디를 가장 먼저 방문하고 싶은가?"

그때마다 서슴없이 이렇게 대답을 한다.

"언젠가 어딘가를 다시 찾아간다면 그곳은 캐나다 로키산맥 중심에 위치한 밴후국립공원 Banff National Park 일 것이다."

아직까지 가본 적이 없다면 죽기 전에라도 한 번쯤 꼭 가볼 만한 곳이다. 누군가 여행을 계획하고 있거나 어디로 가야 할지를 몰라 망설이고 있다면 만사를 제쳐놓고 이곳을 선택해도 좋지 않을까. 결코 후회하는 일은 없을 것이기 때문이다. 물론 여행 목적이나 보는 관점에 따라 선호도가 달라질 수 있겠으나 순수한 자연경관이라는 차원에서만 점수를 매긴다면 이보다 더 아름다운 곳은 없으리라. 얼마나 기가 막힌 곳인가는 오래전부터 그 지역에 내려오는 속설을 들어보면 대번에 알 수가 있다.

"하늘에 천당이 있다면 캐나다 밴후에는 천당에서 한당이 모자란 구백구십구당이 있다."

수많은 고개를 돌고 돌아 그곳으로 향하는 산마루턱에 올라서면 1888년에 지어진 고풍스런 건축물 한 채가 여행객들을 반긴다. 인공 건물이라곤 하나도 존재하지 않을 것 같은 산속에 한 폭의 그림처럼 서 있어 마치 자연의 일부라는 느낌마저 든다. 그 건물의 이름이 밴후 스프링스 호텔이다. 얼마나 견고하고 아름다운지 캐나다 내에 존재하는 그 어떤 건물도 아직까지 이를 능가하지 못하고 있다는 극찬을 아끼지 않는다.

그 호텔이 깊은 숲속에 세워지게 된 데에는 잊지 못할 하나의 사연이 있다. 탐험가 윌리엄 코넬리우스 William Cornelius 라는 사람이 우연히 그 지역을 와보고는 눈앞에 펼쳐지는 수려하고 웅장한 경관에 놀라 감탄을 연발했다고 한다. 볼 때마다 저절로 입이 벌어지는 바람에 나중에는 입이 다물어지지 않아 일주일을 그런 상태로 지냈다는 일화가 전해진다.

그러던 어느 날 그 경치에 도취되어 말없이 감상하던 중에 기발한 착상이 하나 떠올랐다고 한다. '이 멋진 경관을 나만 보고 있기에는 너무나 아깝지 않은가. 만약 이 경치를 전 세계로 수출할 수 있다면 엄청난 수익을 올릴 수 있을 것이다. 수출이 불가능하면 세계에서 사람들을 수입하면 되지 않겠는가.' 그 뒤로 사재를 털어 최고로 멋진 호텔을 짓기로 결심하고 우선적으로 주위 자연환경과 잘 어울리도록 세심하게 설계를 했던 것이다. 지금으로부터 적어도 130년 전의 일이라고 할 수 있는데 그 당시 벌써 경치의 가치를 중시하고 자연을 통한 경제적 이득을 고려했다는 발상 자체가 참으로 놀랍지 않은가. 그 호텔이 얼마나 인기 있고 유명한가는 이미 정평이 나 있다. 시즌이 본격적으로 시작되기 6개월 전에 모든 예약이 끝나버린다고 한다. 그야말로 하늘의 별따기 수준이다.

오래전 그 지역을 다녀오면서 그 호텔에서 하룻밤 묵는 것이 꿈이었지만 주머니 형편상 문턱에서 눈물을 머금고 돌아서야 했던 경험이 있다. 행운이 언제 문을 두드릴지는 모르나 그곳에서 며칠을 머물며 코넬리우스가 맛보았던 감동을 다시 느껴보고 싶은 생각이 간절하다.

유럽을 방문할 때마다 그들의 저력이 무엇인지 새삼 깨달은 것이 하나 있다. 전혀 새로운 사실은 아니지만 얼마나 자연을 아끼고 사랑하고 정성스레 가꾸고 돌보는지, 그저 부럽다 못해 존경하는 마음이 절로 든다. 그렇다면 우리나라 사람들은 어떠한가. 전에 비해 자연보호 의식이 현저히 달라지기는 했으나, 서구인들을 따라가려면 아직 멀지 않았나 싶다.

금강산도 식후경이라는 말이 있듯이 자연을 있는 그대로 보고 즐기고 감상하기보다는 무엇을 먹을까에 주로 관심을 기울이는 경향이 있다. 광활한 푸른 바다를 바라보면서 '아 하나님은 참으로 위대하시도다. 이 얼마나 오묘한 솜씨란 말인가!' 찬양하고 감사하면서 삶의 교훈을 얻으려 하지 않는다. 오히려 어떤 생선회가 맛있는지, 매운

탕에는 어떤 고기가 들어가야 좋은지, 먹는 타령을 늘어놓기 일쑤다. 산에 가도 그 버릇은 마찬가지다. 그 산세의 조화와 웅장함에 빠져들어 호연지기를 기르고 심신을 수행하려는 것은 뒷전이다. 오로지 먹는 것부터 탐을 낸다. '어디 몸보신에 특효라는 약초나 한번 캐볼까', '무슨 열매가 좋다는데', '뱀탕이나 마셔볼까'라는 기대가 앞서기 때문에 자연에 대한 고마움을 간과하고 만다.

독일만 해도 자연을 얼마나 철저하게 보호하고 있는지 나무 한 그루 풀 한 포기 하나 옮기는 것조차 마음대로 할 수 없도록 법으로 규제하고 있다. 자연훼손에 상응하는 벌금을 매길 때도 한꺼번에 전체가 얼마라는 식이 아니라 하나하나 개수를 세어 그 수대로 벌금을 계산하기에 잘못하면 거덜 나는 수가 있다. 그러니 애초에 조심하는 것이 상책이다.

우리 한국 사람들이 이런 법규를 모르고 실수를 하는 바람에 현지인들의 눈총을 받기도 한다. 지천에 깔려 있는 것이 나물이고 고사리다 보니 길가에 차를 세워놓고 정신없이 뜯다가 걸리는 통에 엄청난 손해를 본다. 얼마가 되었든지 꺾은 숫자대로 벌금을 물리기 때문에 한 아름 따다 보면 벌금 또한 한 아름이 되는 것이다.

이런 사실 하나만을 놓고 보더라도 우리가 자연의 소중함에 대해 얼마나 무지하고 무관심한지를 새삼 깨달을 수가 있다. 박정희 대통령의 공과를 논할 때, 반드시 짚고 넘어가야 할 큰 업적이 하나 있다. 전 국토를 푸르고 아름답게 보존하도록 한 것이다. 녹지 보호 차원에서 노는 땅들을 그린벨트로 묶어버림으로써 함부로 자연을 해치거나 다치지 않게 하였다. 그가 경제개발이나 나라발전을 위해 기여한 공로보다 이 점을 더 높이 평가하고 싶다. 그동안 개발논리에 밀려 규제가 풀리고 완화되어 애써 가꾸어 온 자연이 숱하게 망가지고는 있으나 그래도 이만큼 양호한 상태를 유지할 수 있는 것만 해도 다 그의 탁월한 식견과 통찰력 때문이라고 할 수 있다.

오늘의 본문은 자연의 위대한 모습을 보여주면서 우리 인간이 자연을 통해서 무엇을 배울 수 있는가를 교훈하고 있다. 자연을 존재하는 그대로만 보고 이해할라치면 그 속에서 배울 수 있는 것이란 별로 없을 것이다. 그저 물은 물이고, 산은 산이고, 하늘은 하늘이고, 구름은 구름일 뿐이다. 모든 만물은 그저 그렇게 존재하다가 지나가버리고 만다. 그러나 자연을 만드신 창조주의 섭리와 솜씨를 헤아리면서 그 속에 감추어진 지혜와 능력을 깨닫는다면 그 무엇으로도 얻을 수 없는 영적 유익과 축복을 누리게 될 것이다.

주님을 믿는 자라면 누구나 시편 19편을 위대한 시편 중의 하나라고 손꼽는 데 주저하지 않는다. 헤르만 궁켈 Hermann Gunkel 이라는 독일의 구약신학자는 이 시를 가리켜 "모든 찬양시 중에 홀로 고고히 솟아 있는 최고봉"이라고 부른다. 그뿐만 아니라 내로라하는 예술가들이 이 본문을 통해서 영감을 얻고 위대한 작품을 만들었다고 한다. 우리가 앞서 불렀던 75장 찬양도 하이든의 불후의 명작, 오라토리오 '천지창조' The Creation 의 일부이다. 이 장엄한 불멸의 곡을 후세에 남기게 된 배경을 말할 때, 이 시편의 공을 빼놓을 수 없을 것이다.

베토벤이 작곡한 '자연 속에 나타난 하나님의 영광'이라는 대서사시와 같은 작품이 있는데 이 역시도 시편 19편 1절 말씀을 묵상하던 중에 큰 감동을 받아 즉석에서 완성했다고 전해진다. 음악의 아버지 바흐Bach도 이 시편을 읽다가 하나님 앞에 영광을 돌리는 것을 자신의 사명으로 인식했다고 고백한 적이 있다. 그래서 그의 작품의 맨 끝부분을 보면 하나같이 세 글자가 적혀 있다고 한다. 'S.D.G.' 라틴어로 'Soli Deo Gloria'의 약자이다. '오직 하나님께 영광을', 이것이 그의 삶의 목적이자 전부였던 것이다.

그 손길을 체험하라

이 시편은 자연을 통해 우리가 무엇을 배울 수 있는지를 증거하고 있다. 그 첫째는 하나님을 배울 수 있도록 해준다는 것이다. 우리는 자연을 보면서 그냥 자연에 나타나는 현상만 보고 지나칠 것이 아니라 그 이면에 자연을 창조하시고 자연을 운행하시고 자연을 통치하시고 자연을 지금까지도 보살피시는 하나님의 손길을 경험할 수 있어야 한다. 본문 1절을 보라.

> "하늘이 하나님의 영광을 선포하고 궁창이 그의 손으로 하신 일을 나타내는도다"

주님은 만물을 통해 자신을 드러내신다. 여기서 '나타낸다'는 말은 숨겨진 것을 밝힌다, 계시한다는 뜻이다. 하나님은 자신이 누구인가를 우리에게 알려주기 위해서 두 가지 방법을 사용하신다. 하나는 성경이라는 책을 통해서 깨닫게 해주시고, 또 다른 하나는 자연이라는 큰 책을 통해서 역사하신다. 성경을 통해 하나님을 아는 것을 가리켜 특별계시 또는 직접계시라고 칭하고, 자연을 통해 발견하는 것을 가리켜 일반계시 또는 상대적 계시라고 부른다.

직접적으로 하나님을 알고 믿게 되었든지, 간접적으로 깨닫게 되었든지 하나님을 아는 것처럼 중요한 일이 과연 어디 있겠는가. 우주만물을 섭리하시고 우리 인생들을 다스리시는 진정한 주인이 누구인가를 아는 일이야말로 지혜 중의 지혜요, 은총 중의 은총일 것이다.

바로 여기서 신앙이 출발한다고 할 수 있다. 왜냐하면 하나님을 알아야 비로소 인생의 의미와 목적을 알 수 있고 더 나아가 우주의 이치를 이해할 수 있기 때문이다. 따라서 누구라도 하나님의 존재를 부인하지 못하도록 자연을 선물로 주신 데 대해 감사해야 한다. 이를 통해서 하나님의 존재를 발견하고 그분이 누구신지를 인식할 수 있다면 그보다 더 큰 축복은 달리 없을 것이다.

사계절이 다 귀하지만 여름이야말로 가장 자연을 가까이 접하고 자연이 주는 유익과 혜택을 누리며 직접 우리 피부로 느낄 수 있는 계절이 아닐까. 이러한 때일수록 자연과 깊이 교감하면서 창조주 하나님께로 다가가야 하고, 그 속에 담겨 있는 주님의 오묘한 섭리에 순응하려는 겸손한 자세가 필요하다. 뿐만 아니라 자연 속에 그대로 투영되어 있는 하나님을 만나고, 그의 성품들이 무엇인가를 배우기 위해 힘써야 한다. 우리의 눈과 마음을 열어놓는다면 지극히 높은 하늘을 통해 하나님의 위엄과 능력을 맛보며, 드넓은 대지와 바다를 보면서 주님의 한없는 자비와 사랑을 경험할 수 있을 것이다.

로마서 1장 19-20절을 보면 이 만물 속에 하나님을 알 만한 것을 집어넣으셨다고 기록하고 있다. 그러므로 하나님이 지으신 이 피조세계를 보는 자들은 누구나 그분의 영원하신 능력과 지혜가 얼마나 놀랍고 위대한가를 발견할 수 있는 것이다. 인간이 하나님을 모른다고 심통을 부리고 뻗대는 것은 하나님을 정녕 몰라서라기보다 그분의 존재를 인정하는 것, 그 자체가 자존심 상하고 싫기 때문이다. 이런 사실을 애써 무시하고 부인하려는 어리석은 핑계에 불과하다. 하나님은 자신이 누구라는 것을 이 만물 안에 속속들이 심어놓으셨다. 이를 신의 지문 fingerprints of God 이라고 부른다. 자연이라는 심장 속에 새겨져 있는 하나님의 서명을 발견하고 만물을 만드신 목적과 의미를 깨달아 그 뜻에 부합된 삶을 살아가는 것이야말로 가장 복된 일이 아닐 수 없다.

자연세계에는 인간이 아무리 부정하려 해도 할 수 없을 정도로 분명하게 하나님의 창조신비가 숨겨져 있다. 그저 자연을 감상하는 차원에서 머물거나 자연의 변화만을 인식하는 데 그칠 것이 아니라, 자연을 초월하여 그 뒤에서 우주만물을 다스리시고 운행하시는 그 손길을 체험할 수 있어야 한다.

장 자크 루소는 《에밀》 Emile 이라는 책에서 '자연으로 돌아가라'는 표어를 내걸고 교육의 이념으로 자연의 질서에 따른 자유로운 교육을 부르짖은 바가 있다. 인간에 의해 억압되고 강제된 교육시스템으로는 바른 교육과 바른 인간성이 길러질 수 없음을 예리하게 비판함으로써 기존의 교육관을 근본적으로 바꾸어놓았다. 그는 아이들이란 있는 그대로 받아주고 마음껏 뛰놀게 해줄 때 비로소 인간다워질 수가 있고, 인간 본연의 모습을 회복할 수 있다고 확신하였다.

그는 자연에 대해 이런 말을 한 적이 있다.

"나는 내가 가지고 있는 모든 책을 덮어놓았다. 그러나 한 책만은 모든 이 앞에 항상 열어놓고 있다. 그 책의 이름은 바로 자연이다. 나는 자연을 통해서 그 자연을 만드신 창조주 하나님께 봉사하기를 원하고 그리고 자연을 지으시고 자연을 운행하시는 그분께 경배드리고 싶다."

우리는 자연이라는 백과사전을 통해서 하나님을 배울 수 있어야 한다. 더 나아가 주님의 성품을 닮아가야 한다. 그리고 그 속에서 값없이 풍성하게 부어주시는 주님의 축복을 받아 누려야 한다. 하나님께서 지으신 만물 속에 나타나 있는 주님의 얼굴을 찾아뵙고 그 뜻과 섭리에 순종하여 살아갈 때, 그 은혜에 대한 진정한 감사와 찬송이 넘칠 것이다.

그 음성을 들어라

자연에는 하나님의 소리가 담겨 있다. 본문을 보면 그 소리가 들리지 않고 이해되지는 않으나 점점 퍼져서 땅 끝까지 이르고 있다고 기록하고 있다. 3-4절이다.

> "언어도 없고 말씀도 없으며 들리는 소리도 없으나 그의 소리가 온 땅에 통하고 그의 말씀이 세상 끝까지 이르도다"

'언어도 없고 말씀도 없으며 들리는 소리도 없으나', 이렇게 '없다'는 말을 세 번 거듭해서 부정하고 있다. 무슨 말인가? 강한 부정어를 사용하면서 그런 일은 결코 일어나지 않을 것임을 강조한다. 인간적인 방법이나 지혜만으로는 자연이 계시하는 언어를 해독할 수 없다는 것이다.

우리가 다른 나라의 문화와 풍습을 이해하려면 무엇보다도 그 나라의 언어부터 익혀야 하듯이 자연이 무엇인가를 정확히 이해하고 깨달으려면 먼저 자연이 사용하는 언어부터 습득해야 한다.

그러나 이는 결코 인간의 언어학적인 기교나 방법으로는 불가능하다. 인간 스스로 터득할 수 있는 것이 아니다. 찬송가 78장 3절에도 이런 가사가 있다.

"들리는 소리 없어도 내 마음 귀가 열리면 그 말씀 밝히 들리네."

자연의 언어는 인간의 기교나 기술로 이해할 수 있는 것이 아니라 마음의 귀가 열려야 들을 수 있는 것이다. 이를 가리켜 계시언어 *revelation language* 라고 한다. 이 시간 자연이 속삭이는 하나님의 음성을 듣고 싶은가. 삼라만상이 창조주 하나님께 드리는 찬양을 감상하기를 원하는가. 그렇다면 무엇보다도 우리의 영적 귀부터 열려야 한다.

이 세상 만물은 그 나름대로 각자의 언어를 가지고 창조주에게 영광을 돌리도록 되어 있다. 바위에도, 구름에도, 하늘에도, 산에도, 계곡에도, 풀 한 포기 들꽃 한 송이에도, 공중을 나는 새에도, 아침에 뜨는 태양에도, 지는 석양 노을 속에서도, 하찮은 미물에 이르기까지 하나님은 강력한 메시지를 담아 놓으셨다.

"이 자연은 하나님의 설교로 가득 차 있다"라고 말한 이는 종교개혁자 루터 Martin Luther 이다. 그의 기록을 보면 어두운 밤, 숲속에 깃들어 있는 새를 보면서 모자를 벗고 이렇게 말을 했다고 한다.

"선생님, 당신은 참으로 위대하십니다. 어떻게 이 어두운 밤중에도 불안에 떨지 않고 편안히 잠들 수가 있는 것입니까. 어떻게 해서 내일에 대한 염려도 없이 안식을 취할 수 있는 것입니까. 날이 밝으면 주님이 주실 일용할 양식을 찾아 아무런 의심도 하지 않은 채, 공중을 날아다니는 당신은 참으로 위대한 믿음의 소유자이십니다. 당신의 믿음에 비하면 나는 참으로 보잘것없는 존재에 불과합니다."

그는 참새 한 마리를 보면서도 하나님의 위대한 설교를 들을 수가 있었던 것이다.

예수께서도 자신이 만드신 자연세계를 비유로 자주 주님의 뜻을 알려주셨으며 그의 나라를 전하시곤 하셨다. 마태복음 6장을 보면 새들의 생존방식을 예로 들어 참 신앙인의 자세가 무엇인가를 교훈하신다.

"공중에 나는 새를 보아라. 하루하루 먹고살기 위해 아등바등하면서 쓸데없이 길쌈하느라 땀 흘리고 고생하는 것을 본 적이 있더냐.

언제나 하나님께서 길러주실 것을 턱하니 믿고 염려나 근심 없이 지내지 않더냐. 모든 것을 맡기고 하늘을 자유롭게 날아다니는 일 외에 딴짓하는 것을 보았는가. 이처럼 너희도 새들과 같이 인생을 주님께 전적으로 의지하고 신뢰할 때 하나님께서 먹여주시고 길러주시고 키워주신다는 사실을 잊지 마라."

언제라도 보는 눈이 있고 들을 수 있는 귀만 있다면 공중에 나는 새나 들의 백합화, 아니 그 무엇을 통해서라도 창조주 하나님의 위대한 설교를 보고 들을 수 있는 것이다. 하늘에 떠가는 조각구름은 어떤가? 인생의 덧없음을 가르쳐주고 있지 않은가. 안개는 어떤가? 인생의 유한함을 말하지 않는가. 흘러가는 강은 어떤가? 한 번 가고 안 오는 세월의 무상함을 선포하고 있지 않은가. 흔들리지 않는 견고한 산은 어떤가? 주님의 영원히 변치 않는 신실함을 웅변적으로 설교하고 있지 않은가.

우리는 이 만물 속에 주님이 담아 놓으신 메시지를 읽고 듣기 위해 힘써야 한다. 주일날 강단에서 전해지는 하나님의 말씀만이 다가 아니라, 진정 이 자연이 전하는 계시의 음성을 들을 수만 있다면 참으로 그 어디에서도 체험할 수 없는 무한한 감동에 젖어들 것이다.

몇 년 전에 "흐르는 강물처럼" A River Runs Through It 이라는 제목의 영화가 상영되어 흥행과는 거리가 멀었으나 세인의 호평을 받은 적이 있다. 몬타나주 강이 내려다보이는 작은 마을에서 일어난 가족 이야기를 그리고 있는데, 시카고 대학 교수였던 노먼 맥클린 Norman Maclean 의 실화를 바탕으로 만들어졌다고 한다. 이 영화는 인생을 플

라잉 낚시에 비유하면서 삶의 의미를 풀어나간다. 스코틀랜드 장로교 목사인 아버지와 자녀들이 강가에서 의미심장한 대화를 나누는 장면이 펼쳐진다. 큰아들 노먼이 강에서 낚시를 하다가 요한복음을 읽으며 고요히 묵상하고 있는 아버지를 발견하고 곁으로 가까이 다가간다.

"아버지, 뭐하세요?"

그러자 성경책을 덮으면서 이런 말을 한다.

"내가 방금 읽었던 구절인데 태초에 말씀이 있었다고 하는구나. 그래, 맞는 말이야. 지금까지 나는 강물이 먼저 있었던 것으로 알았다. 그러나 다시 자세히 살펴보니 물밑에는 하나님의 무수한 말씀이 존재하고 있더구나."

흐르는 강물이 전해주는 하나님의 메시지는 무엇인가? 그 강물은 나에게 뭐라고 말하고 있는가? 그 물밑에는 무슨 음성이 존재하는가? 언젠가 강물이 흐르고 흘러 바다에서 하나가 되어 만나듯 우리도 언젠가 하나님의 나라로 모이게 될 것이다. 흐르는 강물을 보면서 시간의 유한함을 깨닫고 주님의 영원함을 사모하게 되었다면 그보다 더 강력한 선포가 달리 있겠는가. 무수한 설교를 들으면서도 전혀 이해하지 못했던 영생의 비밀을 흐르는 강물이 알려주었으니 이 얼마나 위대한 설교가란 말인가.

우리 역시 주님이 이 세상 만물을 통해 들려주시는 계시의 음성을 들어야 한다. 여기에 우리의 인생을 성공적으로 살아갈 지혜와 비결이 있다. 신비롭고 웅장하고 아름다운 자연을 통해서만이 아니라 실로 미미하기 짝이 없는 곤충을 통해서도 주님이 선포하시는 메시지를 들어야 한다. 우리는 이 만물 속에 하나님의 말씀들이 가득 차 있고, 그 말씀들이 거칠고 힘든 인생길을 걸어가는 우리에게 무한한 위로와 격려와 용기와 소망을 던져주고 있다는 엄청난 사실을 깨달아야 한다. 그러므로 우리 모두는 시시때때로 우주 안에 울려 퍼지는 주님의 음성에 귀를 기울이고, 감동으로 충만한 힘찬 설교를 들으면서 날마다 새 노래로 주님을 찬양해야 하지 않겠는가.

그 은혜를 받아라

어느 누구라도 자연을 떠나서는 살 수가 없다. 자연의 극히 작은 일부에 불과한 인간은 매순간 자연이 내는 산물을 의지하여 생존하고 있기 때문이다. 우리는 자연으로부터 이탈하거나 공급이 차단되는 즉시 죽음에 넘겨진다. 과연 자연이 베푸는 도움을 마다하고 그 혜택 아래 생활하지 않는 자가 얼마나 되겠는가. 인간이 자연과 분리되는 순간, 그 마지막은 시간 문제일 것이다.

우리는 자연의 대지로부터, 산천초목으로부터, 모든 생물로부터, 그리고 하늘로부터 끊임없이 생존에 절대적으로 필요한 자원을 제공받고 있다. 그것도 아무런 대가나 보상을 치르지 않고, 순 공짜로 말이다. 만약 자연이 우리가 사용하는 것들에 대해 일일이 비용을 청구해 온다면 무엇으로 감당할 수 있겠는가. 줄줄이 파산하는 일밖에 다른 방법이 없을 것이다. 자연은 상대가 누구이든지 간에 말없이 자신이 가지고 있는 모든 것을 아낌없이 내어줄 뿐이다. 이 은총의 위대함이여!

본문은 태양을 예로 들어 자연의 은총을 노래한다. 태양의 온기를 피해서 숨을 수 있는 곳이 존재하지 않는 것처럼, 하나님의 은혜의 손길이 미치지 않는 곳이 이 땅 위에 없음을 증언하고 있다. 본문 6절이다.

"하늘 이 끝에서 나와서 하늘 저 끝까지 운행함이여 그의 열기에서 피할 자가 없도다"

해는 하늘을 운행하면서 자신이 가지고 있는 열기를 온 땅에 골고루 부어준다. 물론 해가 움직이는 것은 아니나 해 아래 존재하는 모든 피조물들이 그 영향을 받는다. 그 어느 것이라도 그 열기로부터 벗어날 수가 없다. 만약 내려쪼이는 태양이 싫다고 해서 그 빛을 거부하고 어둠 속에서 지낸다면 머지않아 생명력을 잃고 쓰러지고 말 것이다. 만물들은 그 빛으로 생명의 양식을 삼을 때 더욱 능력 있는 삶이 가능해진다.

마찬가지로 우리 연약한 인생들은 주님의 은혜를 떠나서는 아무것도 할 수가 없다. 한순간도 생존할 수가 없는 것이다. 늘 무상으로 값없이 풍성하게 베풀어주시는 주님의 은혜를 힘입기 위해 매일 매순간 은혜의 보좌 앞으로 감사하면서 나아가야 한다. 두 팔을 벌리고 위로부터 오는 은혜를 남김없이 받아 누려야 할 것이다.

하나님의 은혜로부터 피하여 어디로 숨을 수 있겠는가. 하나님은 이 끝에서 시작해서 저 끝까지, 다시 말하면 처음부터 마지막까지 아니 미치지 않는 곳이 없이 항상 은혜의 손길로 우리를 앞서 인도하시고 보살피신다. 오늘도, 내일도 주님의 부르심을 받는 그날까지 주님의 은혜 아래 살아가야 할 것이다. 그 은혜가 영원히 우리의 뒤를 따를 것이다.

이것이 오늘 자연을 통해 우리 인생들에게 주시는 하나님의 뜻이다.

기도

거룩하신 아버지, 은혜를 감사합니다.
우리에게 자연의 언어를 해득할 수 있는 능력을 주소서.
그리고 자연의 의미를 깨닫게 하사 자연을 통해서
하나님을 배우게 하시고 주님의 소리를 듣게 하시며
주님의 은혜를 체험하게 하소서.
자연 만물이 가져다주는 영적, 물질적 유익을 다 받아 누리는 가운데
이 세상에서 참으로 행복한 인생을 살아가게 하소서.
무더운 여름 속에서 주님이 우리에게 말씀하시는 교훈을 깨달아
남은 때를 잘 준비하며 승리하게 하소서.
예수 그리스도의 이름으로 기도드립니다. 아멘.

하나뿐인 지구를 구하라
Saving the Only One Planet

　1999년 9월 15일 전 세계 30개 환경기구와 850명의 유수한 과학자들이 모여서 〈지구환경전망 2000〉이라는 보고서를 작성하여 발표한 적이 있다. 그 내용은 이렇다. 앞으로 지구가 반드시 해결해야 할 가장 큰 난제는 두 가지로 요약할 수 있다. 하나는 물 부족이요, 다른 하나는 지구온난화 현상이다. 세상 모든 나라가 힘과 지혜를 모아 시급히 대안을 마련하지 않는다면 지구는 머잖아 곧 멸망으로 치달을 것이라고 경고하고 있다.

　미 국무성에서 독자적으로 연구하여 내놓은 펜타간 Pentagon 보고서에 의하면 앞으로 지구가 당면할 최대의 위기상황은 '지구온난화' global warming 라고 한다. 이대로 악순환이 계속된다면, 그 결과 기후 재앙이 불가피해지는데 전 세계적으로 확대될 경우, 식량전쟁은 물론 기후 난민들이 발생하여 전대미문의 혼돈과 혼란에 빠진다는 것이다.

　이 보고서는 기후에 의한 재앙보다도 이를 피해 다른 나라로 대량

이주하거나 도망가는 난민들의 유입을 더 심각한 문제라고 지적하고 있다. 벌써부터 기후 난민 이전에 정치 난민, 경제 난민으로 전 세계가 골머리를 앓고 있는 중이다. 여기에다 기후 난민이 본격적으로 발생하게 된다면 이로 인해 국가 간에 심각한 충돌과 위기가 밀어닥칠 것이다. 최악의 경우, 전쟁이 발발할지도 모를 일이다.

일본 열도를 예로 들면 이렇다. 섬나라이기에 언제 대지진이나 해수면의 상승으로 열도 전체가 침몰할지 모른다는 것이다. 사실 여부는 차치하더라도 그런 종말적 현상이 빚어졌을 때를 한번 가상해 보라. 그 위급한 상황에서 과연 어디로 도피한단 말인가. 오직 한 길밖에는 없다. 지리적으로 가장 가까운 대한민국으로 몰려올 것이 분명하다. 그렇다면 우리로서는 어떤 결정을 내려야 하는가. 참으로 쉽지 않은 일이 될 것이다.

우리가 북한 붕괴 시를 걱정하는 것도 이런 맥락에서다. 실제로 그런 비상사태가 벌어진다면 사회적으로 국가적으로 엄청난 문제들에 직면할 것이다. 아프리카에서는 이러한 현상들이 이미 나타나고 있다. 대거 이주하려는 난민들이 죽기를 각오하고 탈출을 감행하고 있으며, 물과 기근으로 인해 민족 간에 충돌이 일어나 내전으로까지 번지고 있는 실정이다.

이 펜타간 보고서에 기초해서 만들어진 재난영화가 얼마 전에 상영된 '투모로우' Tomorrow 이다. 지구온난화로 인한 지구의 파멸이 어떤 식으로 전개될 것인가를 과학적인 사실에 입각하여 실감나게 그려주고 있다. 〈미리 가 본 2018년, UN 미래 보고서〉에 의하면 지구는 이미 한계치를 넘어 증가하는 이산화탄소로 인해서 위기를 맞을 것이라고 경고한다. 이 가스가 열을 차단함에 따라 온실효과를 일으켜 지표면 온도를 데워 가면 불가불 기상이변이 발생하고 그로 인해 생태계가 급격히 파괴됨으로써 전 세계가 큰 곤욕을 치르게 된다는 것이다.

이 세 가지 보고서들이 공통적으로 날카롭게 지적하는 것이 있다. 인류가 무슨 수를 써서라도 지구온난화를 막아내지 못하면 지구의 미래는 지극히 어둡고 절망적이라는 것이다. 여기에 등장하는 한 가지 연구 주제가 있다. "그렇다면 지구의 더위를 어떻게 식힐 것인가?"라는 것이다. 사람 같으면 얼음찜질을 한다든지, 해열제를 먹여서라도 손쉬운 방법으로 열을 내릴 수 있을 것이다. 그러나 지구 전체가 열병을 앓으면 이를 치료할 마땅한 대책이 없는 것이다. 도대체 무엇으로 이 거대한 땅덩어리의 열을 떨어뜨린단 말인가. 그로 인해 걷잡을 수 없을 정도로 생태계 교란이 일어나 먹이사슬의 최상위층에 속하는 인류마저 멸절 위기에 처해질 것은 불문가지다.

'까짓거 1-2도쯤 올라가는 게 뭐 대수냐, 더워지면 더워지는 대로 참고 지내면 되지'라고 간단히 무심하게 넘길 문제가 아니다. 지구온난화가 가져올 종말적인 재앙을 우리가 조금이라도 직감할 수 있다면 극심한 불안감에 사로잡힌 나머지, 대안 마련에 적극 나서라고 아우성을 칠 것이다. 이제라도 지구의 열을 식히는 일이 얼마나 위중하고 초를 다투는 사안인가를 깊이 깨달아야 한다. 하루라도 더 늦기 전에 자구책 마련을 위해 지혜를 모으고 실천방안을 모색해야 할 것이다.

지구의 종말

오늘의 본문은 마지막에 있을 대재앙이 어디로부터 시작되는가를 보여준다. 바로 환경파괴가 그 원인으로 작용하고 있다. 7절을 보라.

> "첫째 천사가 나팔을 부니 피 섞인 우박과 불이 나와서 땅에 쏟아지매 땅의 삼분의 일이 타 버리고 수목의 삼분의 일도 타 버리고 각종 푸른 풀도 타 버렸더라"

지구상에 존재하는 생물체의 삼분의 일이 타버린다면 과연 어떤 현상들이 나타날 것인가. 그나마 삼분의 일만 피해를 당할 것이라고 하니 천만다행이지 않느냐,라고 안심할 수 있겠는가. 이는 자연의 사슬법칙을 모르고 하는 소리에 불과하다. 생태계의 질서가 깨지는 것과 동시에, 우리가 상상할 수도 없는 엄청난 재난이 연이어 터져 나올 것이다. 파괴가 땅에서만 일어나지 않는다. 처음에는 땅부터 시작하다가 급기야 바다로 번져나간다. 바다 표면이 죽어가면서 동시에 바닷속에 사는 모든 생물들까지 멸절을 당한다.

본문 8-9절을 보면 바다도 심히 오염되어 물고기들과 생물들의 삼분의 일이 죽고, 그 위를 떠다니는 배들도 파선을 면치 못할 것이라고 경고하고 있다.

> "둘째 천사가 나팔을 부니 불 붙는 큰 산과 같은 것이 바다에 던져
> 지매 바다의 삼분의 일이 피가 되고 바다 가운데 생명 가진 피조물
> 들의 삼분의 일이 죽고 배들의 삼분의 일이 깨지더라"

땅이 죽고 바다가 죽고 강이 죽고 샘의 근원이 죽는다. 그야말로 끔찍한 재앙이 전방위로 닥쳐와 지구 멸망을 재촉할 것이다. 당장 먹을 물을 구하는 일부터 힘들어지고, 부족한 식량을 확보하기 위한 투쟁이 일상화될 것이고, 자원 고갈로 인해 심각한 애로사항이 발생할 것이다. 과연 이런 상황에서 인간이 정상적인 생활을 제대로 할 수나 있겠으며, 더 나아가 생존 자체가 가능하기나 하겠는가. 뿐만 아니라 일곱 나팔이 차례로 불려질 때마다 엄청난 재앙이 연속적으로 쓰나미처럼 밀려오고 있다. 과연 어느 누가 이를 견뎌낼 수 있겠는가. 설령 운 좋게 살아남는다 해도 그 결과는 참담할 것이다.

사도 요한은 이 모든 재앙의 시작을 오늘의 관점에서 이해하자면 지구온난화에서 찾고 있다. 물론 지구온난화라는 말은 사용하지 않지만, 그에 따른 현상을 세밀하게 기록하고 있다. 지구가 더워지면서 환경이 파괴되고 생태계가 무너지면서 순차적으로 모든 생물이 멸종하기에 이른다.

지구온난화 문제를 이해하려면 멀리까지 갈 필요도 없다. 요즈음 우리나라 날씨만 하더라도 그렇다. 이상 징후를 보이고 있다는 것을 실감하고 있다. 영상 35도 이상 되는 불볕더위가 하루 이틀도 아니고

몇 주째 계속되고 있으니 이대로 나가다가는 더위에 지쳐 쓰러지는 사람들이 부지기수로 늘어날 것이다. 이런 찜통더위 속에서 과연 무슨 일인들 제대로 할 수가 있겠는가.

이런 날씨에 일을 한다는 자체가 고역일 수밖에 없지만, 더위와 싸우며 책 보고 연구하고 설교 준비하는 일도 결코 쉬운 작업이 아니다. 더군다나 "하나뿐인 지구를 구하기"라는 거창한 제목을 정하고 보니 얼마나 부담이 되고 힘이 드는지 알 수가 없다. 사무실에서 키우고 있는 화초들도 열에 약한 것들은 이미 타죽거나 절반이 고사하고 있다. 좀더 신경 써서 관리 못한 책임도 있으나, 적정온도를 훌쩍 넘어 기승을 부리니 어떻게 해볼 도리가 없다. 누구를 탓하고 자시고 하는 것이 무슨 소용이 있겠는가.

지구온난화를 우리 인체 온도와 비교해 보면 잘 이해할 수 있다. 이 지구는 우리 몸과 상당히 흡사하기 때문이다. 보통 사람들은 체내온도가 1-2도만 올라가도 열병에 걸렸다고 말한다. 3-4도 오르면 열이 펄펄 끓는다고 한다. 독감이나 몸살에 시달린 아이들 몸을 만지면서 하는 말이 있다. "아니, 이를 어째, 마치 불덩이 같네"라고 혀를 찬다.

열을 제때 다스리지 못할 경우, 혼수상태에 빠지게 되고 몸 전체에 치명적인 손상을 입는다. 의사들이 수술이나 치료를 할 때, 가장 중점적으로 신경 쓰고 관심을 기울이는 부분이 바로 '열이 정상이냐'라는 것이다. 열이 잡히지 않은 상태에서는 어떠한 치료도 불가능하기 때문이다. 무슨 수를 쓰더라도 일단 열이 떨어져야 한다. 열이 있다는 것은 몸에 문제가 있다는 확실한 증거이므로 가장 먼저 그 원인을 찾아서 해결해주어야 한다.

지구도 마찬가지다. 가령 5도를 넘어서면 생태계에 존재하는 생명체 80%가 멸종에 이른다고 한다. 얼마나 두렵고 비극적인 결과란 말인가. 최근 지구온난화로 인해 비옥한 땅이 순식간에 사막화되고, 산불이 일어나 목초지와 수목과 곡창지대가 쑥대밭으로 변하고 있다. 이와 함께 귀중한 자원들이 한 번도 사용하지 못한 채, 고스란히 허공으로 날아가 버린다.

얼마 전 우리 교회를 방문한 러시아 선교사와 대화를 나눈 적이 있다. 지난 모스크바에서는 40도를 오르내리는 살인적인 기온으로 인해 사망자가 속출하는 등 피해가 막심했다고 한다. 곳곳에 대형 산불이 일어나 숲과 곡창지대를 폐허로 만들어놓았고, 설상가상으로 핵발전소까지 위협하는 바람에 나라 전체가 불안에 떨었다는 것이다. 벌써부터 식량 수출을 금지시키는 등, 앞으로 있을지도 모를 식량 부족 사태를 걱정하고 있는 현실이다. 문제는 그 정도로 끝나지 않는다. 산불이 지하에 묻혀 있는 석탄으로 옮겨 붙어 땅 속으로 타들어간다는 것이다. 표면은 물로 꺼질지 몰라도 속으로 타들어가는 불길은 어떻게 막을 도리가 전무하다는 것이다.

자연의 눈물

뿐만 아니라 환경파괴가 땅에서 바다로, 바다에서 강으로, 강에서 샘의 근원으로 이어지면서 인간을 원천적으로 고립무원의 상태로 가두고 있으며, 생존에 대한 위협을 가속화시켜 가고 있다. 얼마 전에 방영한 '북극의 눈물' Tears in the Arctic 이라는 다큐멘터리를 본 시청자들은 사태가 얼마나 심각한가를 체감했을 것이다. 북극에서 일어나는 지구온난화로 인한 생명 파괴가 어떤 식으로 진행되고 있으며, 그대로 방치할 경우 앞으로 어떤 재난이 닥칠 것인가를 생생하게 보여주고 있다.

만년설과 빙하가 녹아내리면서 그곳에 살고 있던 동식물들이 사라지고 있다. 극지란 어떤 곳인가? 인간의 손이 닿지 않는 처녀지이며 결코 인간의 접근을 허용하지 않는 곳이다. 인간의 거주는 물론, 개발이 도저히 불가능한 곳이다. 그런데 이 오지에 불길한 변화들이 눈에 띌 정도로 나타나고 있다. 인구밀집지역인 도시처럼 파고 파헤쳐 극심한 피해를 입고 있다면 또 모르겠으나, 인간이 살지 않는 북극과 남극이 무슨 죄가 있어 이런 피해를 입어야 한단 말인가.

무엇을 의미하는가? 지구온난화가 일부 지역이나 어느 한 나라를 넘어 지구 전체에 막대한 영향을 미치고 있는 것이다. 국경을 초월하여 전 지구적인 문제로 확대되고 있다. 대상이 믿는 자든 불신자든 가리지 않는다. 이러한 때에 우리 그리스도인들은 신앙을 지키는 일 못지않게 환경신학에도 깊은 관심을 가져야 한다. 생태신학적 사고를 하면서 환경의 청지기로서의 사명을 성실히 감당해야 할 것이다. 그렇지 않으면 지구의 미래는 물론, 교회의 미래 또한 존재하지 않을 것이다.

어떤 이는 "만년설이 녹고 빙하가 없어진들 그게 나와 무슨 상관이냐"라고 반문할지 모른다. 얼마나 밀접한 관계가 있는지는 이 수치가 말해준다. 지구 밖에서 지구로 쏟아지는 태양열 80%가 이 눈과 얼음에 의해서 방출된다고 한다. 다시 말해서 지구를 식히는 데 결정적인 역할을 하는 것이다. 냉장고와 에어컨디셔너 기능을 하는 얼음과 눈이 사라지고 있다. 따라서 이들이 녹아 없어진다면 과연 그 열은 어디로 가겠는가. 두말할 나위도 없이 고스란히 땅으로 바다로 가는 것이다.

지열이 오르고 바다의 수온이 올라가면서 생태계의 질서가 요동을 치게 된다. 특히 태풍이 늘고 그 강도가 커진다. 가뭄이 있는 곳에 홍수가 나고, 홍수가 나는 곳에 가뭄이 들고, 더워야 할 곳이 춥고, 추워야 할 곳에 더위가 찾아오는 기이한 현상들이 벌어진다. 그뿐만이 아니다. 만년설과 빙하가 녹아내리면 그 속에 갇혀 있던 엄청난 양의 이산화탄소, 메탄가스 등이 공중으로 방출되면서 대기를 오염시키고 온난화를 악화시킨다. 강추위로 꼼짝 못하던 세균들이 번식하면서 각종 무서운 전염병들을 일으킬 수 있다.

기온 상승으로 얼음이 녹으면 자연적으로 바다의 염분이 엷어진다. 바닷물이 민물처럼 바뀌면서 예상치 않았던 위기들이 나타난다. 하나는 해수면의 상승으로 낮은 지대가 물에 잠긴다. 둘째는 바닷물이 얼면서 갑자기 온도가 내려가는 역현상이 일어난다. 결국 지구 전체가 빙하시대로 접어들게 된다. 셋째는 물고기를 비롯한 바다생물들의 먹이인 플랑크톤이 사라진다. 먹이사슬의 최하위에 속하는 플랑크톤이 사라지면 물고기가 살 수 없고, 그 물고기를 잡아먹고 사는 고래나 바다표범들도 사라진다. 결국 그것을 잡아먹고 사는 인간도 살 수가 없게 된다.

극지방의 온난화는 지구 전체의 문제이기 이전에 곧 나의 문제로 바로 다가올 수 있다. 다시 말하거니와 오늘날 이 지구촌에 일어나고 있는 현상들의 원인을 찾아가면 지구온난화가 바로 그 핵심에 자리 잡고 있다. 지금이라도 정신을 바짝 차리고 이 위기상황을 헤쳐 나가기 위한 지혜를 모아 대책을 강구해야 한다.

자연 구원

그동안 한국 교회와 그리스도인들은 인간의 영혼 구원에만 관심을 쏟아왔다. 그러나 이제는 교회가 발벗고 나서서 인간 구원뿐만 아니라 자연 구원까지도 생각하면서 지구를 살리는 일에 발벗고 앞장서야 한다. 인간이 지옥 같은 고통스런 환경 속에 지내면서 구원을 얻는다는 것이 과연 무슨 의미가 있겠는가.

지구온난화로 죽어가는 이 세상을 어떻게 살릴 수 있는가? 하나뿐인 이 지구를 어떻게 다시 건져낼 것인가? 구한다면 누가 구할 것인가? 누가 살려낼 수 있는가? 무엇으로 그 일을 할 수 있을까? 독수리

오형제가 그 위기를 해결할 수 있는가. 우리 믿는 자들부터 비상한 책임의식과 각오를 가지고 이 일에 뛰어들어야 한다. 그만큼 위급한 상황에 처해 있는 것이다.

지금 이 순간에도 아무도 모르게 어디선가 환경 파괴는 계속되고 있다. 이대로 경고를 무시하고 나가다가는 언젠가 자연조차 인간의 생존을 거부하는 극한 상황에 다다를 것이다. 이런 상황에서 지구를 어떻게 구할 것인가는 참으로 중요한 문제가 아닐 수 없다. 어떤 이는 이렇게 말한다.

"나 죽을 때까지만 괜찮으면 되지. 지구온난화로 기후재앙이 일어나든 세상이 망하든 무슨 상관이냐. 천국만 가면 되지."

성경을 보면 하나님은 만물을 창조하신 것으로 손을 놓고 계신 것이 아니라, 피조세계를 보존하고 가꾸는 일에도 힘쓰시는 것을 알 수 있다.

시편은 주님을 찬양하는 대상이 자연임을 선포하고 있다.

"물들아 찬양하라, 산들아 찬양하라, 하늘의 별들아 찬양하라."

주님은 모든 만물을 향해 창조주 하나님을 찬양하고 그 구원을 노래하라고 요청하신다. 하나님은 인간만의 찬양이 아니라 모든 만물의 찬양도 받기를 원하신다.

소비를 줄여라

그렇다면 어떻게 해야 하나뿐인 지구를 구할 수가 있는가? 죽어가는 이 지구를 살릴 수 있는 길은 무엇인가? '나 혼자 힘으로 해봐야 얼마나 하겠어. 별수 있나. 그냥 갈 데까지 가보는 거지 뭐.' 이런 사고방식으로는 아무 일도 할 수가 없다. 문제 해결은 요원할 뿐이다.

하나뿐인 지구를 구하기 위해서는 과감히 소비를 줄이는 것이 최선의 방법이다. 소비문화를 근본적으로 바꿔야 한다. 이제는 더 이상 소비가 미덕이 아니라 악덕이요, 죄악이라는 것을 알아야 한다. 오늘날 우리는 풍요의 시대가 아니라 결핍의 시대에 살고 있다. 부의 시대를 지나 가난의 시대로 접어들고 있는 것이다. 지구상의 모든 자원들도 영원하지 않다. 그 바닥을 보이기 시작하고 있다.

지하에서 파내는 원유도 앞으로 길어야 50년이면 끝장이라고 한다. 요즈음 '오일 정점 oil peak 을 지났느냐 그렇지 않았느냐'를 놓고 이론이 분분하다. 그 정점을 지나면 점점 고갈이 가속화된다. 운전을 해보면 알겠지만 연료가 가득 들어 있을 때는 한참을 달려도 줄고 있는지를 파악하기가 어렵다. 눈금표시기가 잘 움직이지 않는다. 그러나 절반을 지나면서부터는 쑥쑥 내려가는 것이 눈에 보인다. 마찬가지로 지구에 남아 있는 자원들도 갈수록 현저하게 줄어들 것이다. 자원이 무궁무진하지 않다는 사실을 잊지 말아야 한다.

어떻게 하든지 소비를 줄이고 적게 사용하고 적게 먹고 적게 버리는 훈련을 실시해야 한다. 특히 환원 불가능한 자원의 경우, 함부로 낭비하지 않도록 조심할 필요가 있다. 이를 적극적으로 실천하려면 생활의 불편함을 감수해야 한다. 우리는 그동안 풍요의 시대 속에서 소비를 즐기면서 살아왔다. 소비의 편리함이라는 DNA가 우리 유전자 속에 깊이 각인되어 있다. 안락함과 편리함을 쫓아가다 보니 소비에 몰두하는 것을 특권인 양 자랑으로 여겼다. 그러나 그렇게 해서는 불행해질 수밖에 없다.

앞으로는 우리의 생각을 180도 돌이켜야 한다. 더 이상 허비와 낭비를 용납하지 않는 궁핍하고 곤핍한 시대가 닥쳐오고 있기 때문이다. 좀 듣기 거북한 이야기일 수 있으나 사실인 데야 누가 부인할 수 있으랴. 불편하지만 진실이다. 미국의 뛰어난 환경론자 엘 고어 전 부통령이 '불편한 진실' An Inconvenient Truth 이라는 영화를 만들어 세계인들에게 환경 파괴에 대한 경각심을 높여준 적이 있다. 이 지구가 살 수 있는 길은 소비를 줄이고 불편을 감소하는 길밖에 없다.

자연의 재생능력보다 인간이 25%를 더 소비하고 있다는 사실을 아는가. 재생능력을 따라갈 수만 있다면 어느 정도 위기를 반감시킬 수 있으나 현실은 그렇지 못하다. 사람들은 현실에 만족하지 못하고 그 이상의 것을 계속 소비하기에 사태를 악화시킬 뿐이다. 마치 브레이크가 고장 난 대형차가 내리막길을 달리듯이 파멸로 치닫고 있는 것이다.

지금이야말로 '바다아나고' 운동을 적극적으로 실천해야 할 때라고 생각한다. '바다아나고' 하니 또 먹는 생각만 떠올리는 사람들이 있다. '바꿔 쓰고, 다시 쓰고, 아껴 쓰고, 나눠 쓰고, 고쳐 쓰자'는 것이다. 인간의 힘으로는 도저히 복원될 수 없는 자원, 재생이 불가능한 자원은 이제부터라도 최대한 절약하고 아껴 써야 한다. 보다 강력한 제재를 가해서라도 이를 막아야 한다. 인간은 소비하는 동물이다. 소비를 안 할 수는 없으나 할 수 있는 한 소비 패턴을 바꾸어 절제하고 검약하면서 단순하고 소박하게 사는 길을 택해야 한다.

자연을 섬겨라

지구를 살리기 위해서는 인간의 위치를 재점검해야 한다. 인간의 위치를 다시 바꿔야 한다는 것이다. 무슨 말인가? 그동안 인구는 자연의 지배자요, 정복자로서 행세해왔다. 그러나 이제는 인간은 더 이상 정복자가 아니라 극히 일부에 불과하다는 것을 깨닫고 있다. 지구와 자연을 떠나서 인간은 생존할 수가 없다.

얼마 전 우리나라를 방문한 볼리비아 대통령 에보 모랄레스가 우리나라와 2차 전지에 들어가는 원료 리튬에 대한 개발협정을 체결하면서 이런 말을 했다.

"인간은 지구로부터 식량과 자원만 얻는 것이 아니다. 지구는 인간 생존의 터전이다. 대지는 인간 없이 존재할 수 있어도 인간은 대지 없이 존재할 수 없다. 따라서 인간은 자연과 항상 조화를 이루어야 한다."

자연을 떠나서 인간이 살 수 없다는 것이 자명해진 이 시점에서 우리가 택할 수 있는 길은 오직 하나다. 다른 선택이 없다. 그동안 자연을 인간의 노예로 부리고 함부로 학대하고 착취한 범죄행위에 대해서 용서를 빌어야 한다. 그리고 겸손히 낮아짐으로 자연과 하나 되기 위해 힘써야 하며, 자연을 아끼고 사랑하는 일에 최선을 다해야 한다.

아프리카 의료선교사 슈바이처 Schweitzer 가 말한 생명에 대한 경외 사상을 가슴 깊이 새겨야 한다. 그렇지 않으면 인간은 끊임없이 자연을 괴롭힐 것이고 생명체를 파괴함으로 결국 지구를 멸망으로 몰아갈 것이다.

인간은 더 이상 창조의 면류관이 아니다. 창조의 완성도 아니다. 자연을 떠나 살 수 없는 존재에 불과하다. 인간이 깨끗한 물 없이 생존할 수 있는가. 신선한 공기 없이 호흡할 수 있는가. 오염되지 않은 식물과 동물 없이 살아갈 수 있는가. 인간은 자연의 도움이 없이 한 순간도 생존할 수 없다는 이유 때문에라도 자연을 파괴의 대상으로 여겨서는 곤란하다. 자연이야말로 우리 인간의 영원한 친구이자 동반자임을 인식하고 적극적으로 보호에 나서야 한다. 예수 그리스도께서 하나님의 자리를 내려놓고 인간을 구원하기 위해 성육신하신 것처럼, 인간 역시 자연의 최고봉이라는 자리에서 내려와 자연의 종이 되어 자연을 섬기고 보살피는 일에 앞장서야 한다.

안식을 허하라

지구를 구하기 위한 길은 어디에 있는가? 그 답은 의외로 간단하다. 지구를 쉬게 하는 것이다. 사람만 쉬어서는 안 된다. 지구도 쉬어야 하고 우주도 쉬어야 하고 기계도 쉬어야 하고 공장도 쉬어야 한다. 이런 말을 하면 대번에 반대와 항의가 빗발칠 것이다. "경제성장과 발전은 어떡하라고 그따위 소리를 하느냐. 생산을 못 하면 돈을 벌지 못할 것이고, 돈이 안 들어오면 파산을 하거나 문을 닫아야 하고, 그렇다면 실업자가 속출하는 등 나라의 근간이 흔들릴 텐데 그래도 상관이 없겠는가. 경제가 위축되어 국가나 사회문제로 비화될 경우, 그 책임을 누가 지느냐"라는 것이다.

쉰다고 모든 문제가 해결된다면야 금상첨화이겠으나 오히려 더 큰 파장을 불러올 것이 뻔하다. 망할 때 망하더라도 쉬는 것만은 절대불가임이 분명해 보인다. 그렇다면 좀더 잘살겠다는 이유만으로 지구 전체가 파국으로 가도 괜찮단 말인가. 어느 쪽을 선택하든 둘 다 쉽지 않은 결정일 것이다. 그러나 멸망하는 줄 알면서도 내버려두는 것은 무책임함을 넘어서 살인을 방조하는 행위와 다를 바가 없다. 만의 하나 살 길이 있다면 어떤 희생을 치르서라도 그 길을 가야 하지 않을까.

생존이 우선순위라면 쉬면서 지구의 미래를 모색하는 것이 바람직할 것이다. 쉬지 않고 24시간 가동하면서 자연을 파괴해서는 결코 희망이 없다. 요즘은 밤도 환한 대낮처럼 밝혀놓고 기계를 돌리지 않는가. 이제는 불도 좀 꺼야 하고 전기 사용도 줄여야 한다. 오염을 발생시키는 것은 무엇이든지 쉬게 해야 한다. 냉장고나 에어컨도 좀 쉬게 하고 자동차나 선박이나 비행기도 좀 쉬게 해야 한다. 잠시라도 모든 활동을 중지시키고 강제로라도 쉬게 해야 한다.

독일 신학자 위르겐 몰트만 Jurgen Moltmann 은 환경파괴를 해결할 수 있는 비책을 오래전에 내놓은 적이 있다. 지구온난화의 문제를 어떻게 해결할 수 있는가? 바로 안식일을 제대로 지키는 것이다. 전 인류가 안식일만이라도 제대로 준수할 수 있다면 지구에 대한 파괴는 점점 줄어들 것이다. 성경은 인간이 창조의 면류관이나 창조의 완성이라고 말하지 않는다. 하나님의 창조는 인간 창조로 끝나지 않는다. 제7일에 안식하심으로써 마침내 창조를 마친다. 창조가 완성되기 위해서는 제7일의 창조가 있어야 한다. 따라서 창조의 면류관은 사람이 아니라 쉼이요 안식이다. 환경신학자들은 말한다. 안식일과 안식년과 희년만이라도 지구가 제대로 지켜나갈 수 있다면 멸망의 속도는 현저하게 줄어들 것이고 미래는 보다 희망적으로 바뀔 것이다.

지구온난화로 인해서 종말로 치닫고 있는 이 지구를 어떻게 구할 것인가. 전 인류가 진지하게 고민해야 할 때가 왔다. 과거처럼 '어떻게 되겠지'라는 운명론에만 맡겨서는 안 된다. 그만큼 종말 시간이 촉박하다. '나만 구원받고 천국 가면 되지'라는 이기적인 생각부터 버려야 한다. 그것만이 전부가 아니다. 이 땅에 사는 동안 우리는 하나님께서 관리하라고 명하신 이 지구와 우주와 자연을 잘 가꾸고 보존해나가야 한다. 우리만이 아니라 후대들에게 아름답고 깨끗하고 건강하고 풍요로운 지구를 남겨줘야 한다.

　이것이 오늘 지구온난화로 인한 종말시대를 살아가는 우리 모두에게 주시는 하나님의 뜻이자 우리가 감당해야 할 위대한 책무이다.

맥추절
The Feast of Ingathering

봉헌의 원리
The Principles of Offering 신 26:1-9

맏물을 내게로 가져오라
Bring the Firstfruits of the Soil 신 26:10-11

봉헌의 원리
The Principles of Offering

　어느 시골 농가에서 쌍둥이 송아지가 태어났다고 한다. 재산목록 1호나 다름없는 송아지가 하나도 아니고 두 마리가 한꺼번에 생겼으니 이보다 더한 경사가 어디 있단 말인가. 주인이 너무나 기쁘고 감격스러운 나머지, 그 자리에서 선뜻 둘 중의 하나를 하나님께 바치기로 서약을 한 것이다. 어느 것이라고 확실히 표시해 놓지 않은 애매한 상태에서 말로만 그런 생각을 피력했던 것이다. "어느 쪽이 하나님에게 드릴 송아지요?"라고 물어보면 정확한 대답은 하지 아니하고 "제 나름대로 구별하는 방법이 있습니다. 때가 되면 하나님께 바칠 것입니다. 암, 바치고말고요" 하면서 적당히 웃어넘기곤 하였다.
　그러던 어느 날 송아지 한 마리가 시름시름 앓더니 죽어버리고 말았다. 그 소식을 들은 아내가 놀라서 달려와 남편을 붙들고 물었다고 한다.
　"아니, 세상에 이런 변이 어디 있소. 도대체 어떤 소가 죽었단 말이오. 하나님에게 드릴 소요? 아니면 우리 소요?"

과연 무엇이라 대답했겠는가. 애써 침통한 표정을 짓던 농부가 힘없이 읊조리더란다.

"애석하게도 하나님의 소가 죽었소."

이미 눈치가 빠른 사람은 누구나 그럴 줄 알고 예상하고 있었을 것이다. 어느 소이든지 잘못되는 쪽은 언제나 하나님의 소여야 한다. 자기 소가 병들거나 죽는 법은 없다. 그럴 경우, 아무것도 남지 않기 때문이다.

이 주인의 마음이 우리의 마음이요, 주인의 선택이 바로 우리의 선택이라 해도 과언이 아닐 것이다. 어찌하여 하나님의 소만 죽어야 하는 것일까. 설령 하나님의 소가 죽었다고 하자. 그렇다 하더라도 자기 소가 죽었다고 할 수 있는 소신과 용기와 배짱은 왜 내밀지 못하는가. 반대로 자기 소가 죽었다고 치자. 어떻게 하는 것이 최선일까. 하나님의 소라고 끝내 우기고 둘러대야 하는가. 덮어씌워 버리고 시치미 떼면 그만인가. 결코 아니다.

어디까지나 약속은 약속이다. 약속을 했으면 마땅히 약속한 대로 이행해야 할 것이다. 기왕 바치기로 작정한 것이라면 조금도 주저하거나 망설이지 말고 그 즉시 드릴 수 있어야 한다. 하지만 그런 위인은 소수에 불과하다. 사람들은 자기에게 손해나는 일은 결코 하려 들지 않기 때문이다.

심지어 헌금생활에 있어서도 예외는 아니다. 나름대로 치밀한 계산을 하거나 이해관계부터 따지고 든다. 왜 매번 하나님의 소가 죽어야 하는가? 봉헌할 때마다 경험하는 바이지만, 어느 놈을 죽었다고 해야 하는지 고민하며 애를 태운다. 남들이 볼 때는 내게 있는 모든 것을 주님 앞에 드린다고 철썩같이 약속도 하고, 온전한 예물을 바치겠노라 다짐도 결심도 해보건만 번번이 실패로 끝나고 만다. 한 번도 과감히 실천에 옮기지 못하는 나약한 자신을 발견하기 일쑤다.

이보다 더 유감스러운 것은 봉헌을 엉터리로 하는 데 대한 자책과 갈등은 둘째치고라도 이렇다 할 확고한 개념도 없이 그저 기분 내키는 대로 흉내만 내는 데 그친다는 것이다. 이런 말을 들어보았는가. 설교 시에 조는 이들은 더러 있어도 헌금할 때는 하나도 없다고 한다. 왜 그런지 아는가? 미안한 말씀이지만 이해하고 들었으면 한다. 행여나 고액권이 잘못 나갈까봐 눈을 뜨고 지켜보느라 그렇다는 것이다.

우스운 이야기 같지만 여기에는 우리가 새겨들어야 할 교훈이 숨어 있다. 우리의 봉헌생활이 은혜 중심이 아니라 율법 중심에 치우쳐 있으며, 하나님 중심이라기보다는 자기중심적이라는 것이다. 아직도 형식적이고 유치한 수준에 머물러 있는 것이다. 마음과 뜻을 다한 정성과 사랑이 실리지 않은 헌금을 어찌 예물이라 부를 수 있겠는가. '얼마나 많이 내느냐, 얼마나 풍성하게 드리느냐'가 아니라, 얼마만큼 주님이 분부하신 대로 정확하고 바르게 드리느냐가 더 중요하다.

적어도 '사랑의 주님, 이것이 주님이 원하시는 예물입니다. 이것이 나의 사랑이고 전부입니다. 이것이 나의 최선입니다', 이 정도는 되어야 할 것이다. 그러나 이런 고백을 자신 있게 할 수 있는 자가 과연 얼마나 되겠는가.

우선순위를 정하라

본문을 보면 하나님은 이스라엘 백성들에게 "너희가 수확한 열매 중에 처음 거두어들인 맏물을 가져오라"고 분부하신다. 봉헌이란 주님의 명령에 따른 우리의 순종으로 이루어지는 행위라는 것이다. 우리는 이 말씀 속에서 맥추절의 정신과 의미가 무엇이며, 이 절기를 지키는 자의 자세가 어떠해야 하는가를 알 수 있다.

맥추절의 핵심은 무엇보다도 첫 열매를 주님의 것으로 구별하여 바친다는 데 있다. 여기서 맏물을 가리킬 때 사용한 히브리어 '메레쉬트'는 '-으로부터'라는 '민' 전치사와 '가장 정선된 것', '골라서 뽑아 놓은 것', '최고로 좋은 것'이라는 의미를 가진 '레쉬트'가 합쳐진 말이다. 맏물은 처음 익은 열매로서 그 이후에 나는 모든 열매를 대표하는 것이기에 가장 귀하고 소중한 부분이 아닐 수 없다.

문제는 내가 판단하기에 가장 실하고 좋은 것이 아니라, 주님의 눈으로 보실 때 귀한 것이어야 한다. 하나님 앞에 바르게 드리는 봉헌 생활이란 무엇인가? 최고, 최상의 것이라는 기준을 만족시킬 수 있어야 한다. 무엇보다도 먼저 이 수준에 미치지 못하거나 뒤떨어진다면 합당한 예물이라고 보기는 어렵다.

주님은 흠이 있거나 쓰다 남은 것이 아니라 아무도 손대지 않은 온전한 예물을 원하신다. 만약 별다른 준비도 없이, 대충, 마지못해 억지로 바친다면 봉헌을 통해서 얻을 수 있는 유익과 축복은 전무할 것이다.

우리가 누군가의 손님으로 초대를 받아 갔다고 하자. 입장할 때부터 마치 이방인처럼 문전박대나 푸대접을 받는다면 어떻게 반응하겠는가. 귀빈이라고 말은 하면서도 귀찮은 빈대 취급을 하거나 그에 상응하는 예우가 시원치 않다면 오히려 모욕을 당한 기분이 들 것이다. 가장 맛있고 따뜻하고 정성이 담긴 음식을 내놓는 대신에 다른 이들에게 실컷 배분해주고 남은 찌꺼기를 긁어다 가져온다면 그야말로 무시와 망신을 당하고 가만히 있을 사람은 없을 것이다. '아니, 이 사람이 나를 뭘로 보고 이러는 거야.' 감정이 상해서라도 그 자리를 박차고 떠나버릴 것이다.

어떤 자세로 봉헌하느냐에 따라 하나님을 어떤 하나님으로 생각하고 섬기는가를 알 수 있다. 그런 의미에서 봉헌은 그 사람의 신앙 수준을 나타내는 척도가 되기도 한다. 주님에게 별 볼 일 없는 것을 드리는 자라면 하나님을 그렇고 그런 분으로 생각하고 있다는 반증일 것이다. 주님을 가장 소중한 분으로 인정하는 자는 누구나 그에 합당한 영광을 돌리기 위해 힘쓸 것이다.

주님을 존귀하게 높인다고 하면서 어찌 시시하고 값싼 과일을 다루듯이 싸구려 취급을 할 수 있단 말인가. VIP Very Important Person 라는 용어가 있는데, 특별히 영향력 있는 중요한 인물을 가리킬 때 쓰는 말이다. 가령 그런 자에게 가장 귀한 것을 먼저 내놓는 대신에 허접한 것을 드린다면 분명 화를 자초하고 말 것이다. 상대를 가벼이 여기고 우롱한 죄로 치도곤을 당할지도 모른다. 특별한 손님일수록 그에 걸맞은 융숭한 대접을 베풀어야 한다. 우리 주님에게 최고, 최상의 것으로 구별해서 드려야 하는 이유가 바로 그것이다. 주님은 만주의 주요, 만왕의 왕이 되시기 때문이다.

봉헌의 제일 원칙은 반드시 우선순위를 지키라는 것이다. 무슨 말인가? 가장 먼저 해야 할 일을 맨 윗자리에 올려놓는 것이다. 가장 먼저 해야 할 것을 첫 항목으로 잡는 것이다. 일단 순위가 결정되어야 나머지 것들은 저절로 따라온다. 이것이 맏물의 의미요 정신이다. 수확의 첫 열매를 드리면 그다음에 열리는 모든 것은 자동적으로 하나님 앞에 드려지는 예물로 간주된다. 따라서 첫 열매를 어떻게 드리느냐가 무엇보다도 중요하다. 왜냐하면 맏물이 다른 모든 것을 결정하기 때문이다. 맏물이 훌륭하면 다른 것도 훌륭하고 맏물이 무가치하면 다른 것도 역시 무가치할 수밖에 없다.

예를 들어 우리가 생활 속에서 지출하는 항목 가운데 가장 일순위에 해당하는 것은 무엇인가? 자녀 과외비인가? 그렇다면 이를 중심으로 모든 수입 지출이 거기에 보조를 맞출 것이다. 일단 순위가 정해지면 다른 것은 뒤로 밀리게 된다. 이것이 우선순위의 법칙이다. 첫 번째 항목을 무엇으로 정하느냐에 따라 다른 것은 저절로 영향을 받는 것이다. 만일 생활비가 우선이라면 그것을 중심으로 예산이 짜여질 것이다. 마찬가지로 우선순위가 하나님에게 드리는 예물이라면 다른 것은 모두 다 거기에 맞추어 규모 있게 사용되어야 한다. 이처럼 봉헌할 때 가장 중요한 문제는 '일순위를 무엇으로 정하느냐'이다. 첫 단추가 잘 끼워져야 다른 단추를 낄 수 있다는 이 단순한 원리를 잊지 말아야 한다.

20여 년 전에 빈손으로 미국으로 건너가 오랜 각고 끝에 아메리칸 드림을 이뤄낸 한 교포가 있다. 초등학교 학력이 전부인 그가 지금은 특유의 성실성과 부지런함을 기반으로 성공신화의 주인공으로 불려진다. 처음 이민 온 자는 누구나 그렇듯이 그도 막일부터 시작하여 밑바닥 인생을 전전하다가 갖은 고생을 하며 어렵사리 돈을 모은다. 약간의 사업자금이 마련되자 작은 가게를 하나 오픈한다. 이에 만족하지 않고 불철주야 부지런히 뛰어다닌 결과, 사업이 커지면서 마침내 한 제약회사를 인수하기에 이른다.

그러던 어느 날 우연히 개발한 신약이 대박을 터트리고 이로 인해 폭발적으로 성장하는 행운을 누린다. 현재 미국 13개 주에 제약회사 공장들이 세워지고 계속 확장되는 추세라고 한다. 그의 비전은 이미 현실로 나타나고 있다. 앞으로 세계 곳곳에 제약공장을 설립하여 복음을 전하리라는 원대한 계획을 머릿속에 그리고 있다.

그 회사의 이름이 'JC Mega World'이다. 이 JC는 'Jesus Christ'의 약자이다. 그 이름에 담긴 뜻은 이렇다.

"이 사업의 주인은 누구인가? 예수 그리스도이시다. 이 사업은 누가 하는가? 예수 그리스도께서 경영하신다. 이 사업을 통해서 나오는 수익은 누구를 위해 사용하는가? 오직 예수 그리스도의 영광을 위한다."

주님을 중심으로 사업의 목적을 실천하려고 최선을 다할 때, 주님께서 얼마나 축복하시는지를 삶으로 증거하고 있다. 나중에는 감당할 수 없을 정도로 부어주시더란다. 그가 크리스천 기업가 박종규 장로이다. 작년에 우리나라에 와서 간증을 한 적도 있지만, 하나님 앞에 회사 전체를 드리는 마음으로 기도하고 몸부림쳤더니 놀랍게 간섭하시는 은혜를 체험한 것이다.

그가 세워놓고 실행하려는 3대 원칙이 있다. 첫째는 무조건 최상의 것을 하나님 앞에 드린다. 수입이 많든지 적든지, 성공하든지 실패하든지, 사업이 곤란할 때든지 순조로울 때든지, 어떤 경우라도 주님께 최선의 것을 드린다. 둘째는 신앙생활이 나의 삶에 최우선이 되게 한다. 그 어떤 일도 신앙생활에 방해가 되는 것은 절대로 하지 않는다. 셋째는 이웃을 섬기는 일에 최선을 다한다.

우리가 하나님 앞에 힘을 다해 최상의 것을 드리려 힘쓴다면 어찌 주님께서 가만히 보고만 계시겠는가. 반드시 가장 좋은 것으로 되돌려 주실 것이다. 꼭 보상을 바라서가 아니라, 주님의 마음을 기쁘시게 해드리는 것만으로도 행복감이 절로 들 것이다.

만약 누군가로부터 최상의 대접을 받는다면 얼마나 가슴 뿌듯하고 흐뭇하겠는가. '이렇게 섬김을 받기만 하고 가만있을 수가 있나. 나중에 기회가 오면 그 이상으로 갚아줘야지'라는 생각이 가득할 것이다. 사람도 그렇거늘 하물며 하나님께서 오죽 잘 알아서 채워주시지 않겠는가. 주님은 우리가 짐작도 못했던 놀라운 방법으로 채워주실 것이다.

오늘 우리는 만물을 가져오라는 주님의 명령을 통해서 최고의 것을 원하시는 주님의 뜻을 깊이 깨달아야 한다. 항상 최고, 최상의 것을 주님께 드림으로 최고, 최상의 복을 받아 누리는 자들이 되어야 한다.

부담을 가지면서도 봉헌에 대한 설교를 하는 이유가 바로 여기에 있다. 오해하지 않고 듣기 바란다. 봉헌이야말로 주님의 복을 받을 수 있는 가장 빠르고 확실한 방법이기 때문이다. 복이란 우리가 복을 받겠다고 야단스레 굴고 물불을 가리지 않고 달려들고 억척을 부린다고 해서 임하는 것이 아니다. 복을 얻으려면 복 받는 비결이 무엇인지를 잘 알고 행해야 한다. 불행을 자초하면서 복 달라고 빌지 말고 복을 주시는 주님 앞으로 나아가야 한다. 만물을 가지고 오라는 주님의 말씀에 순종하여 최상의 것을 드리는 일이야말로 복 받는 최고의 비결임을 깨달아야 한다.

은혜를 기억하라

온전한 봉헌생활을 하려면 무엇보다도 하나님의 은혜에 근거한 드림이 되어야 한다. 내 힘으로 열심히 일해서 이만큼 일구었다는 자만심으로 가득 차 있으면 아무것도 드릴 수가 없을 것이다. 결코 하나님께서 요구하시는 만큼의 봉헌이 불가능해진다. 왜 그런가? 내가 노력하고 고생하여 벌었는데 어떻게 마음껏 내놓겠는가. 수고한 것이 아까워서라도 어떻게 바치겠는가. 어떻게 주머니가 열리기를 바라겠는가.

사람들은 원래 자신이 흘린 땀에 대해 강한 자부심과 함께 자기 몫을 고수하려 든다. 특히 남보다 심혈을 기울여 얻었다 싶으면 상대가 누구라도 자신의 것을 나누거나 쉽게 양보하려고 하지 않는다. 왜냐면 그 속에 남모르는 희생과 자기의 피땀이 스며들어 있기 때문이다. 악전고투를 해서 그에 대한 보상을 얻었다는 생각이 강할수록 함부로 내놓기는 더 어려울 것이다. 소위 자수성가했다고 자부하는 자들에게서 볼 수 있는 일반적인 현상이 있다. 다 그런 것은 아니나 대부분 베풀고 나누는 일에는 인색한 태도를 보인다는 것이다. 죽을 고생을 해서 번 것이니 그 애착이야 이루 말할 수가 있겠는가.

그러므로 기쁘고 감사한 마음으로 드리는 헌금이 되려면 무엇보다도 먼저 주님의 은혜를 잊지 말아야 한다. 지금 내가 누리고 있는 이 모든 것이 주님으로부터 왔다는 은혜의식이 있어야 마음이 열리고, 가슴이 열리고, 손이 열리고, 주머니가 열려, 기꺼이 주님 앞에 바칠 수가 있는 것이다. 하나님의 은혜를 망각하면 봉헌은 물론 신앙생활 자체가 불가능해진다. 드림의 삶은 아예 꿈에도 생각할 수가 없다. 은혜를 모르는데 어떻게 하나님을 공경하고 섬길 수 있단 말인가.

만물을 주님께 드려야 하는 이유는 너무도 분명하다. 하나님의 백성들에게 베푸신 주님의 은혜가 매우 크기 때문이다. 5절부터 9절까지를 보면 이스라엘 백성들의 역사 속에서 주님이 어떻게 하셨는가를 자세히 열거하고 있다. 먼저 너희들이 전에 어떤 처지에 놓여 있었는가를 기억해 보라는 것이다.

'과거 너희들의 근본이 무엇이었는지 아느냐. 어떤 신분으로 지냈었는지 아는가. 너희들이야말로 정처 없이 떠돌던 유리하던 자들이 아니었느냐. 어디로 가야 할지, 무엇을 해야 할지 모르는 비참하고 암담한 상황 속에서 누가 너희들에게 거처할 집을 주고, 농사지을 수 있는 땅을 주었는가. 누가 너희를 위기로부터 안전하게 보호해주었단 말인가. 너희들이 험하고 거친 광야를 이리저리 헤매고 다닐 때, 오늘과 같은 만물의 수확을 하나님께 드리리라고 상상이나 한 적이 있었는가. 애굽 나라의 포로가 되어 모진 핍박과 학대를 겪으며 내일을 기약할 수 없는 상황 속에 처했을 때, 누가 너희를 건져내어 여기까지 인도했는가. 소수에 불과했던 너희들을 누가 크고 강하고 번성하는 민족으로 세워주셨는가. 하나에서부터 열까지가 모두 주님의 은혜가 아니고 무엇이란 말인가. 주님의 은혜가 있어 우리가 여기에 이른 것이다.'

그러므로 이 은혜를 기억하는 것만이 하나님 앞에 헌금을 바르게 드릴 수 있는 유일한 근거임을 알아야 한다.

주님의 은혜라는 차원에서만 보더라도 우리나라처럼 좋은 본보기는 다시없을 것이다. 오늘의 대한민국이 건재할 수 있도록 결정적인 역할을 한 일등공신이 누구라고 생각하는가? 200개 이상의 나라들 가운데 12위권에 드는 경제대국으로 자라도록 해주고, 60년 전 아프리카 가나 다음으로 지지리 못난 가난에 허덕이던 최빈국이었던 나라를 세계 올림픽을 개최하는 부강한 나라로 변신하게 해준 이가 누구인가? 원조받던 나라에서 원조하는 나라로 극적인 성공을 거두게 한 이가 누구인가? 국민소득 60여 달러에서 오늘날 3만 달러 가까이 눈부신 발전을 이루도록 이끌어준 이가 누구인가? 파독 광부들과 간호사들인가. 베트남 전쟁에 참여한 군인들인가. 아니면 열사의 사막에서 고생한 건설노동자들인가. 아니면 박정희 대통령의 미래를 내다

보는 혜안과 강한 지도력 때문인가.

　그렇지 않다. 정답은 바로 '보리'이다. 왜 그런가? 굶주린 배를 움켜쥐고 보릿고개를 넘어본 자들은 이 곡식의 은혜를 결코 잊을 수 없을 것이다. 기아에 허덕이던 우리 민족을 먹여 살리는 데 이보다 더 큰 기여를 한 것이 어디 있는가. 보리 한 톨 구할 수 없어 초근목피로 겨우 연명하며 버텨내야 했던 비참한 시절, 무서운 기근과 굶주림의 때를 무엇으로 극복할 수 있었는가.

　당시 양식을 구하려면 그해 가을부터 그다음 해 추수할 때까지 1년이라는 기간을 기다려야 했다. 따라서 한 해 추수가 시원치 않으면 얼마 가지 않아 양식이 떨어지는 바람에 살림살이가 극도로 궁색해진다. 추운 겨울보다 춘궁기를 더 두려워한 이유도 이 때문일 것이다. 봄이 오기도 전에 양식이 바닥나 하루하루 끼니를 걱정하며 먹을 것을 찾아 헤매고 다녀야 했다. 오죽하면 자식을 남의 집 종이나 식모로 팔아넘겨야 했을까. 서로 주고받는 인사가 '식사했는가?'였으니 무슨 말이 더 필요하겠는가. 뭐가 찢어지게 가난하다는 말도 그때 나온 말이다. 양식 대신에 흙을 먹어 그런 현상이 나타난 것이다. 흙으로 인해 변이 굳어지면서 결국 항문 주위의 연약한 피부가 찢어지는 것이다.

　그만큼 어렵고 서럽고 고달픈 시절이 우리에게 있었다. 그때 우리 조상들의 생명을 연장시켜 주고 희망과 힘과 용기가 되어준 참으로 고마운 은인이 있다. 그 위대한 이름이 바로 보리이다. 요즈음 형편이 나아지고 쌀밥 먹고 쌀로 술 빚어 마시고 그래도 쌀이 남아돌아 수출하게 되었다고 해서 벌써부터 거들먹거리고 잘난 체하는데 볼썽사나워 눈 뜨고 봐줄 수가 없다. 이는 보리의 은혜를 모르기 때문이다. 굶주려 죽어갈 수밖에 없는 그 절망적인 상황에서 주님은 보리를 선물로 주심으로 우리를 살려내시고 여기까지 인도해주신 것이다. 보리의 공로를 어찌 간과할 수가 있으랴. 그런 의미에서 보리를 추수하는 맥추절의 의의는 심히 크다고 할 수 있다. 내년부터는 이 주일을 보리밥을 먹는 날로 선포하고 주님의 은혜를 되새겼으면 한다.

오늘에 이르는 동안 누가 우리를 입히고 먹여주었는가? 우리 스스로 선택을 잘하고 결단을 잘 내리고 열심히 일하고 허리띠를 졸라매고 근검절약을 했기 때문인가. 우리가 누리고 있는 이 풍요로움은 과연 어디서 온 것인가. 그 모든 것이 주님의 은혜임을 깨닫는다면, 만물 정도가 아니라 그 이상도 마다할 수 없으리라. 남보다 조금 더 헌금했다고 자랑이나 하고 떠벌리고 다닐 것이 아니라 무엇보다도 먼저 받은 은혜를 헤아리며 감사해야 할 것이다.

지금까지 베풀어주신 은혜를 기억한다면 그 무엇이 소중하고 아깝겠는가. 그동안 우리의 봉헌이 인색했다면 혹시 주님의 은혜를 잊고 살지는 않았나 반성해보아야 하리라. 주님의 은혜를 받은 우리는 언제나 그 은혜에 보답하기 위해 힘써야 한다. 은혜를 알고 은혜에 보답하면 주님은 더 크고 놀라운 은혜를 부어주실 것이다. 그러나 은혜를 모르고 자기가 최고라는 교만에 빠져 주님에게 대들거나 원망하고 불평이나 해댄다면 나중에는 가진 것조차 다 빼앗기고 말 것이다.

은혜를 기억하는 것이 복 받는 길이라면 은혜를 잊는 것은 망하는 길임을 깨달아야 한다. 이 나라가 앞으로 주님의 큰 복을 받아 세상을 호령하는 나라로 우뚝 서려면 늘 하나님의 은혜에 감사하면서 겸손히 그 뜻을 이뤄드려야 할 것이다.

믿음으로 드려라

주님이 원하시는 참된 봉헌생활을 하려면 하나님을 믿는 참된 믿음을 가져야 한다. 한 마디로 믿음을 가지고 드려야 하는 것이다. 본문을 보면 계속해서 '준다', '주는', '주시고'라는 말이 반복해서 나온다. 1절 말씀이다.

"네 하나님 여호와께서 네게 기업으로 주어 차지하게 하실 땅에 네가 들어가서"

2절을 보라.

"네 하나님 여호와께서 네게 주신 땅에서"

3절에는 이런 말씀이 있다.

"내가 여호와께서 우리에게 주시겠다고 우리 조상들에게 맹세하신 땅에 이르렀나이다"

9절을 보면, "이곳으로 인도하사 이 땅 곧 젖과 꿀이 흐르는 땅을 주셨나이다"라고 되어 있다. 이 중에서 대표적인 구절이 3절이다. 주님이 이스라엘 백성들에게 약속하신 대로 응답하셨다는 고백의 말씀이다.

이것이 봉헌의 핵심이라고 할 수 있다. 우리 선조들에게 언약하신 대로 주님께서 이루어주셨음을 믿음으로 확인하고 만물을 드리라는 것이다. 이 믿음은 '하나님은 약속의 주님이시며, 한 번 하신 약속은 결코 변치 않으신다'는 사실에 근거해야 한다. 주님은 약속하신 바를 반드시 이루어주신다. 그러므로 우리는 주님께서 약속하신 대로 성취하신다는 믿음을 가지고 기대하면서 그 앞에 예물을 가지고 나아가야 한다. 주님이 기뻐하시는 봉헌이 되려면 그 안에 믿음이 들어 있어야 한다. 오직 믿음을 가지고 드려야지 어떤 인간적인 보상이나 대가를 요구하거나 뭔가 반대급부를 바라고 해서는 큰 오류를 범하고 마는 것이다. 주님의 신실함에 대해 절대적으로 신뢰하는 순수한 마음이 선행되어야 한다.

봉헌 시 주의해야 할 점이 있다. 주님은 주시는 분이지 빼앗는 분이 아니라는 것이다. 헌금을 드리고 나서 뭔가 손해 보거나 괜한 짓 하거나 빼앗긴 기분이 드는가. 그렇다면 우리의 신앙에 이상기류가 흐르고 있다는 증거이다. 하나님은 전적으로 주시는 분이요, 제공자이자 생산자가 되신다. 이 사실을 굳게 믿어야 한다. 우리가 필요로 하는 모든 것을 빈틈없이 채워 주시리라는 믿음을 가지고 봉헌에 힘쓸 때, 전능하신 주님께서 놀랍게 역사하실 것이다. 이것이 봉헌의 비밀이다.

우리가 한 알을 드렸으니 하나님께서도 달랑 한 알만 주실 것이라는 생각은 잘못이다. 자연의 법칙을 보면, 한 알을 심으면 하나만 거두는 것이 아니다. 무려 30배, 60배, 100배의 결실이 되어 돌아온다. 하나님이 원하시는 아름다운 봉헌, 온전한 봉헌을 하나님 앞에 드리고 그 약속을 이루시리라는 믿음을 가지고 드려야 한다. 그러한 봉헌 위에 주님의 만복이 임한다.

주님은 첫 열매를 자신의 것으로 요구하신다. 나의 욕심이 지나쳐 예물을 드리는 일에 인색하지 말아야 하며, 주님의 눈에 부족함이 보이지 않도록 매사 주의를 기울여야 한다. 맏물을 가져오라는 주님의 말씀에 순종하여 언제나 최고, 최상의 것으로 하나님 앞에 드리기 위해 힘써야 한다. 우리에게 베풀어 주신 주님의 은혜를 깊이 기억하고 감사하는 마음에서 우러나오는 예물을 드려야 한다.

무엇보다도 약속대로 이루어 주시리라는 믿음을 가지고 주님 앞에 맏물을 들고 나아가야 한다. 우리가 드릴 때 주님은 하늘 문을 활짝 여시고 놀라운 복을 우리 가정과 생업과 교회와 이 민족 위에 넘치도록 부어 주실 것이다.

이것이 오늘 봉헌을 드리는 예배자들에게 주시는 하나님의 뜻이다.

만물을 내게로 가져오라
Bring the Firstfruits of the Soil

얼마 전에 교회에 새로 나오는 교우 가정과 식사하면서 행복한 시간을 보낸 적이 있다. 신앙생활에 대한 대화를 나누는 가운데 그분이 이런 고백을 하였다.

"지금까지 살아오면서 '정말 잘했다, 후회 없는 선택이다'라고 여겨지는 때가 몇 번 있는데 그중에서도 가장 탁월한 선택을 들라면 하나님의 자녀가 되어 동래중앙교회 교인이 된 것이라 할 수 있습니다."

목사가 들을 수 있는 최고의 인사 중에 이보다 더 좋은 인사가 있겠는가.

이는 어느 특정인만이 아니라 우리 모든 성도들의 고백이 되어야 할 것이다. 우리 생애에 있어서 가장 멋지고 아름답고 훌륭하고 탁월한 선택이란 이를 두고 하는 말이 아닐까. 그날 저녁 얼마나 기분이 유쾌하고 즐거웠는지 시간 가는 줄도 모를 정도였다.

그의 감동적인 간증은 계속되었다. 막상 신앙생활을 본격적으로 시작해보니 전에는 경험할 수 없었던 희열과 깨달음이 남다르더라는 것이다. 그러면서 느닷없이 민감한 주제를 꺼냈다. 처음에는 새 신자나 다름없는 분이 하고많은 대화 가운데 헌금에 대한 언급을 하는 것도 그렇고 해서, 얼른 화제를 돌려보려고 했다. 자칫 잘못하면 분위기가 불편해질 수도 있었고 '그에 대한 좋은 인상이 바뀌면 어쩌나'라는 판단이 들었기 때문이다.

그러나 얼마나 진지한 표정으로 이야기를 하는지 도저히 막을 수가 없었다. 우려했던 것처럼 편견에 치우친 비판적이고 부정적인 내용이 아니어서 적이 안심이 되었다. 자기는 봉헌의 기쁨이 얼마나 큰지, 마냥 주일이 기다려지고 헌금 드리는 시간만 되면 소풍을 앞둔 아이들처럼 마음이 설레면서 고대하는 수준이 되었다는 것이다.

그의 요지는 이랬다. 자신이 드리는 예물이 하나님의 교회를 세우고, 잃어버린 영혼을 구원하고, 복음사역을 위해서 국내와 세계로 펼쳐지는 것을 상상만 해도 얼마나 감사하고 대견한지 모르겠다는 것이다. 나름대로 사업을 해서 돈도 좀 벌어보고 써보기도 했지만, 봉헌만큼 기쁨과 만족을 안겨준 것은 달리 없었다고 한다. 한때 사업이 번창하여 돈이 쏟아져 들어오던 때도 있었는데, 지금 돌이켜보면 뭐하고 살았나 싶을 때가 한두 번이 아니라고 하면서 수입이 한창 좋을 때 주님을 위해서 마음껏 썼더라면 얼마나 더 보람되고 의미 있는 사역을 할 수 있었을까, 아쉽기만 하다는 것이다.

지금이야 비록 그때처럼 넉넉하고 여유롭지는 않지만, 열심히 수고하여 얻은 수입의 맏물을 주님의 것으로 알고 즐거운 마음으로 자원해서 떼어 놓을 때가 가장 신나고 행복하다고 했다.

우리가 신앙생활하면서 비교적 시험에 들기 쉽고, 선뜻 실천하기가 어렵고, 심적 부담으로 다가오는 것 중의 하나가 바로 봉헌생활이라고 할 수 있다. 돈 문제에 관한 한, 어느 누구도 초연하기가 용이하지 않을 것이다. 봉사나 교육이나 예배에 참여하는 일 등은 기본적인 믿음만 있으면 얼마든지 가능하다. 그러나 이 봉헌만은 신앙의 연조를 떠나서 직분의 유무에 상관없이, 생각만큼 그리 간단하지가 않다. 왜냐하면 생존에 필요한 물질과 밀접하게 관련되어 있기 때문이다.

바늘 가는 데 실 가듯이 물질이 가는 곳에 마음이 따라간다. 자칫 욕심으로 인해 마음이 변하고 덩달아 봉헌생활이 변질될 수가 있다. 믿음 있다고 해서 봉헌생활을 잘하느냐 하면 꼭 그렇지 않은 모습들을 자주 보게 된다. 여기서 실족할 경우, 봉헌이 신앙의 장애물로 변하여 걸려 넘어지는 것이다. 평소 신앙생활을 곧잘 하던 자들도 이로 인해 불평분자로 전락하거나 신앙을 잃어버리거나 심지어 교회를 등지는 일들도 생긴다. 그러나 이와는 반대로 봉헌생활을 모범적으로 잘할 경우, 걸림돌로 작용하기보다는 오히려 신앙생활에 깊이를 더해줄 뿐더러, 영적인 진보를 통해 한 차원 높은 성숙한 일꾼의 삶을 살도록 강화시켜주는 매개체가 되기도 한다.

누가 주인인가

하나님은 '땅의 소산의 맏물, 처음 익은 열매를 내게로 가져오라'고 분부하신다. 심지어 '이것들 모두가 다 내 것이다'라고 선언하신다. 주님이 '땅에서 난 모든 소산과 열매들, 그 수확물의 처음 익은 맏물을 그 누구도 아닌 바로 내게로 가져오라'고 명하시는 이유는 무엇인가. 내가 모든 수확물의 소유자인 동시에 이 일이야말로 주님의 백성들이 반드시 지켜야 할 본분이요, 의무이자 책임이라는 것이다.

'맏물을 가져오라'는 이 말씀 속에는 몇 가지 중요한 의미가 담겨 있다. 너의 주인이 누구인지를 분명히 정하라는 것이다. 봉헌은 단지 물질만 바치고 그치는 것이 아니라 물질을 드림으로써 이 물질의 주인이 주님이고, 더 나아가 주님이 내 삶의 주관자임을 인정하는 행위라고 할 수 있다. '모든 것의 소유권이 주님께 있고 통치권이 주님께 있다. 돈을 벌게 해주신 이도, 쓰는 이도 주님이시다. 따라서 봉헌에는 우리의 모든 것은 다 주님의 것일 뿐이오니 이 몸과 마음을 받아주소서'라는 우리의 간구가 담겨 있는 것이다.

우리는 본문을 해석하기에 앞서 주님께서 이 말씀을 하시는 이유나 배경이 무엇인가를 잠시 살펴볼 필요가 있다. 당시 이스라엘 백성들은 가나안 정착과 동시에 영적 위기에 직면하게 된다. 주님이 택한 선민이라는 자신의 정체성을 상실할 정도로 토속원주민들이 섬기고 있던 바알 종교로부터 막대한 영향을 받는다. 얼마 가지 않아 야웨 신앙마저 저버리고 이스라엘 백성들 전체가 하루아침에 바알 신앙으로 넘어가 배교마저 서슴지 않는다.

이 이방 종교가 기치를 내걸고 있는 핵심은 무엇인가? 바로 풍요와 성공과 번영과 축복이다. 땅의 소산이 누구 때문에 가능해졌는가?

하나님이 간섭하시고 도와주셔서가 아니라 풍요를 다스리고 비를 관장하는 바알 신 덕분이라는 것이다. 그러니 더 큰 축복을 바란다면 첫 열매를 바알 신에게 갖다 바치라는 것이다. 바알숭배자들은 이들이 가져온 만물을 자신들의 제단에 드리면서 만물의 주관자이자 이 수확의 주인이 바알임을 공식적으로 선언하였던 것이다.

예나 지금이나 사람들은 예물을 누구에게 드리느냐에 따라 자기가 섬기는 신을 결정하게 된다. 그 대상이 주님이면 주님을 주권자로 모시는 것이고, 바알이면 바알을 소유권자로 인정하는 것이다. 이스라엘 백성들은 하나님 대신에 바알을 주로 섬기면서 노골적으로 타락과 배신의 길을 걸어간다. 이런 우상숭배가 만연한 상황에서 하나님은 만물을 그 누구도 아닌 바로 내게로 가져오라고 엄히 명령하신다. 만물을 다스리고 열매를 맺게 하시는 이가 바알이 아니라 야웨 하나님이심을 다시 한번 깨우쳐 주시려는 것이다. 우리는 첫 열매를 주님께 드리는 것과 동시에 삶의 주인이 주님이시라는 것을 함께 고백하게 된다. 우리가 가진 모든 것이 하나님의 소유요, 그 통치권에 속한 일임을 기억할진대 하나님 아닌 다른 우상에게 절하거나 바치는 일은 삼가야 할 것이다. 이를 어긴다면, 우리는 하나님이 아닌 다른 이를 섬기는 우상숭배자로 전락하게 된다.

우리는 이 물질세계에 몸담고 살아가기에 잠시라도 한눈을 팔거나 부주의할 경우, 하나님과 물질이라는 두 주인을 오가며 섬기는 우를 범하고 만다. 예수님도 이에 따르는 위험성을 경고하시면서, 무슨 일이 있어도 물질에 치우치거나 매이지 말고 오직 하나님 나라와 의를 구하라고 당부하신 적이 있다. 이 세상에는 수많은 신이 존재하는 것 같아도 크게 나누어 보면 하나님이라는 참 신과 그에 대적하는 물질이라는 풍요의 신이 있을 뿐이다. 우리에게 진정한 성공과 번영을 가져다주는 이는 풍요의 신 바알이 아니라 바로 하나님이시다. 그러므로 우리의 첫 열매를 받으실 분은 열매를 풍성히 맺게 해주시는 주님임을 잊지 말아야 한다.

한때 제과회사를 크게 일으켜 성공한 '존 하일러'라는 기업가가 있다. 그는 사업을 시작하면서 하나의 원칙을 정했다고 한다. '내가 가진 모든 것은 다 하나님의 것이다. 내 인생의 주인도 하나님이시다. 그러므로 나는 이 사업을, 내 인생을 하나님의 뜻대로만 행하려 한다.' 그는 회사 통장 외에 특별한 통장을 따로 개설했는데 예금주 이름을 MP, 즉 'My Partner', 나의 동역자라고 적어 넣었다. 사업의 실제 주인이 주님이라고 확신했기 때문이다.

그 후로부터 그는 그 통장을 가지고 전적으로 주님의 일을 펼쳐나갔다. 들어오는 수익금 중에 상당한 부분을 떼어내 주님의 영광을 위해 사용했던 것이다. 그는 누군가에게 돈을 보낼 때마다 항상 자기 이름을 감추고 대신 '하나님'이라는 이름을 즐겨 썼다고 한다. 그의 도움을 받아 어려움을 극복해 나간 사람들이 부지기수였지만, 정작 도움을 받은 어느 개인이나 단체도 그 돈이 누구로부터 오는가를 전혀 몰랐다고 한다. 자신의 이름이 아닌 오직 하나님의 이름으로만 전달되었기에 아무도 눈치를 채지 못했던 것이다.

봉헌을 하는 우리의 자세가 이와 같이 주님만을 증거하는 것이어야 한다. 우리의 삶의 주인이 하나님이심을 알고, 수확의 첫 열매를 주님의 것으로 드려야 할 것이다.

누가 한 일인가

'만물을 내게로 가져오라'는 명령은 모든 것이 주님의 은혜로 말미암았다는 사실을 가르쳐준다. 우리가 얼마를 벌었든지, 얼마의 수확을 거두어들였든지 간에 그 모든 결과는 다 하나님의 은혜라는 것이다. 주님의 은혜가 아니고는 결실에 대한 그 어떤 설명도 불가능하다. 우리 중에 누군가는 이렇게 불평하고 항변할지도 모른다.

"아니 뭐 은혜라니! 도대체 나를 뭘로 보고 하는 소리냐. 지금이라도 나가서 노력하고 애쓰면 얼마든지 벌 수 있다고. 내 능력과 기술이면 충분한데 하나님의 은혜가 뭐하러 필요하단 말인가."

그러나 깊이 생각해 보라. 아무리 우리가 땀을 흘리고 피나는 수고를 해도 하늘이 도와주지 않으면 별 도리가 없지 않은가. 설령 많은 것을 주셨더라도 하루아침에 거두어 가버리시면 무슨 소용이 있겠는가. 무일푼이 되는 것은 시간문제다. 아무리 돈 버는 재주가 귀신 같더라도 불치의 병으로 병원에 누워 있다고 해보라. 도대체 무슨 수로 원하는 바를 얻을 수 있겠는가. 꽉 막혀 있던 문제들이 술술 풀리는 것도 알고 보면 다 하나님의 은혜가 있어 가능한 것이다. 적은 수고로 많은 것을 얻었다면 그 또한 하나님의 은혜가 아니고 무엇이겠는가. 우리가 누리는 모든 소유가 다 하나님의 은혜로 말미암았다는 사실을 누가 부인할 수 있으랴.

'예배'가 무엇인가? 한 마디로 하나님의 은혜를 기억하고 그 은혜에 감사하는 행위다. 그렇다면 '교회'는 무엇인가? 하나님을 주로 믿는 성도들이 모여서 그 성호를 찬양할 뿐만 아니라, 주님의 은혜에 감사하는 현장이라고 할 수 있다. 하나님의 은혜 없이는 그 어떤 열매도 거둬들일 수가 없다는 것을 명심해야 한다.

주님은 만물을 가져오라고 분부하시면서 수확의 첫 열매가 누구로부터 말미암았는가를 알려주신다. 주님의 백성들은 수혜자가 여호와 하나님이심을 고백한다. 10절 말씀이다.

"여호와여 이제 내가 주께서 내게 주신 토지 소산의 맏물을 가져 왔나이다"

하나님의 사람들은 만물의 출처가 주님이시라고 증언하고 있다. '주께서 내게 주신' 사실을 강조하고 있다. 무슨 말인가? 내가 수확물의 처음 열매를 주께 가지고 올 수 있었던 것은 주님이 먼저 열매를 내게 주셔서 가능했다는 것이다. 여기서 '주셨다'는 동사는 수동태로서 원소유주가 주님이심을 가리킨다.

다시 말하면 내가 원래부터 가지고 있었던 것이 아니라 하나님이 가지고 계신 것을 선물로 주셨을 뿐이라는 것이다. 내가 거둔 수확물이 얼마가 되었든지 주께서 내게 주신 것에 불과하다.

주님이 주신 것은 만물만이 아니다. 소산을 내는 토지 역시 주님의 소유라는 것이다. 만물은 어디서 나오는가. 토지로부터 산출이 된다. 그래서 토지 소산의 만물이라고 일컫는 것이다. 땅이 우리의 것이 아니듯이 땅에서 나는 소출 또한 우리의 것이 아니다. 소출은 물론 토지 또한 주님의 소유일 뿐이다. 문장을 자세히 보면 주님이라는 주어가 만물만이 아니라 토지 소산과도 연결되어 있음을 알 수 있다.

그뿐만이 아니라 주님의 은혜가 있어 우리가 구원을 얻고, 주님을 예배하며 살아갈 수 있게 된 것이 아닌가. 하나님의 은혜로 우리가 살고 행복을 누린다면, 그 은혜에 대한 보답으로 무엇을 드린들 아쉬울 것이 있겠는가. 가장 귀하고 아름다운 첫 열매를 드린다 해도 언제나 부족할 뿐이다.

누구의 약속인가

'만물을 내게로 가져오라'는 이 명령에는 하나님의 약속을 믿으라는 의미가 담겨 있다. 만물이란 무엇인가? 처음 난 것을 말한다. 맏자식, 맏배, 만물이 의미하는 바는 무엇인가? 기력의 시작을 뜻한다. 처음 태어났다는 사실 확인과 더불어 계속해서 다른 것들이 곧바로 뒤를 이을 것이라는 약속의 증표라고 할 수 있다. 처음 열매가 열리는 것을 보면 그다음에 또 다른 열매들이 지속적으로 맺어지리라는 것을 예상하기란 그리 어렵지가 않다. 의심할 수 없는 지극히 자명한 자연의 법칙에 불과하다.

맏물은 처음으로 거둬들이는 수확물이며 앞으로 거기서 얻어질 모든 수확물의 대표라고 할 수 있다. 맏물로 모든 상황이 종료되는 것이 아니라 단지 시작에 불과하며 축복으로 치면 축복의 서막일 뿐이다. 맏물이 열리면 그 뒤를 이어 또 다른 열매들이 주렁주렁 매달리는 것은 일종의 약속이라고 할 수 있다. 만약 맏물이 열매의 전부요, 그 이외에 더 이상의 다른 소득을 기대할 수 없다면 얼마나 안타깝고 속상한 일인가. 그러나 맏물은 그 뒤에 헤아리기 어려울 정도로 엄청난 결실을 약속하고 있기에 맏물을 거둔다는 것은 언제나 기쁘고 신나는 일이 아닐 수가 없다.

우리는 맏물을 통해 미래에 주어질 축복을 희망하고 바랄 수가 있는 것이다. 그러므로 맏물을 하나님에게 바칠 때, 결코 아까워하거나 인색해서는 안 된다. 그럴 필요가 전혀 없다. 왜냐하면 주님은 우리가 드린 것 이상으로 풍성한 열매들을 거두도록 역사하시기 때문이다. 이 맏물 속에는 주님의 놀라운 약속이 담겨 있다. 이 약속을 결코 의심하지 말아야 한다.

우리가 하나님 앞에 예물을 드리면서 주님과 어쭙잖은 거래나 흥정을 하려는 것은 금물이다. "주님, 이만큼 드리오니 이만큼 복 주세요"라는 식의 간구는 자칫 기복주의로 흐를 위험성이 있다. 아무런 조건 없이 감사하여 바칠 때, 주님은 우리가 드리는 맏물 이상의 축복을 넘치도록 채워주실 것이다. 구약 말라기서를 보면 십일조 헌금에 대한 말씀을 하시면서, 우리에게 돌아올 축복이 얼마나 크고 위대한가를 가르쳐주신다. 간단히 말해서 인생의 창고에 쌓을 곳이 없도록 부어주시겠다는 것이다.

하나님 앞에 예물을 즐거이 드리기 위해서는 무엇보다도 먼저 이 약속에 대한 믿음을 확고히 가져야 한다. 이 믿음이 실려 있지 않는 한 주님의 축복을 온전히 누릴 수가 없다. 믿음이 빠진 예물은 물질 이상도 이하도 아니다. 믿음으로 드릴 때 그 믿음을 통해서 주님의 기적을 체험할 수 있는 것이다.

뉴질랜드에 가면 우리 한인 교포 중에 백만장자로 유명해진 인물이 있다. 지금은 신학을 하고 목사가 되어 사역하고 있지만, 그가 한국을 떠나기 전만 해도 살길이 막막했다고 한다. 결국 견디다 못해 가방 3개만을 싸들고 뉴질랜드로 향한다. 그러나 그곳 생활도 고달프기는 매한가지였다고 한다. 문전걸식을 하다시피 하면서 고된 방랑자로 지내야 했는데 참으로 힘든 시기였던 것이다. 그러나 10년이 지난 오늘날 전혀 다른 인생을 살고 있다. 뉴질랜드 수도 오클랜드 한복판에 수백만 불짜리 빌딩 2개를 소유한 부자로 우뚝 선 것이다.

그 역시 정착하던 첫날부터 온전한 만물을 드리기로 굳은 결심을 하고 실천에 옮겼다고 한다. '지금은 비록 가진 것이 없지만, 하나님 앞에 드리는 일을 소홀히 하지 말자. 십일조건 감사예물이건 하나님 앞에 드려야 할 예물은 한 푼도 떼먹지 않고, 정확히 드리겠노라.' 실로 보잘것없는 상태에서 시작했지만 하는 일마다 주님께서 기적적으로 역사해 주셔서 오늘의 눈부신 성공을 거둘 수 있었다고 한다.

지금은 에딘버러 칼리지 Auckland Edinburgh College 를 비롯하여 인터내셔널 처치 Auckland International Church 와 선교센터를 설립하여 지도자 양성과 더불어 전 세계로 복음을 전하는 사역을 펼치고 있다. 특히 미자립 교회나 농어촌 교회 어려운 목회자 자녀들과 가난한 젊은이들을 무상으로 공부시켜 훌륭한 지도자로 길러내고 있다. 최근 그의 간증이 담긴 책이 나왔는데 《재벌 하나님, 나의 아버지》이다. 재벌 하나님께서 마음만 먹으신다면 우리를 재벌로 만드는 것쯤은 일도 아닐 것이다. 의심하지 말고 주님의 약속을 믿어라! 주님이 역사하시면 어떤 방법을 통해서라도 큰 부자로 삼아주실 것이다. 주님의 약속을 믿고 나아갈 때, 주님도 우리의 손을 높이 들어주실 것이다.

그 앞에 두라

그렇다면 우리가 어떻게 해야 하나님이 기뻐하시는 예물을 바칠 수가 있는가? 어떻게 드리는 것이 주님의 마음을 흡족하게 해드릴 수 있는 봉헌인가? 10절 후반절을 다시 보라.

> "너는 그것을 네 하나님 여호와 앞에 두고 네 하나님 여호와 앞에 경배할 것이며"

예물을 어디 앞에 두라고 했는가? 여호와 앞에 두라고 하였다. 무슨 말인가? 예물을 바쳐야 할 장소가 주님 앞이라는 것이다. 찾기가 어렵고 소속이 애매한 데다가 두지 말라는 것이다. 필요하면 자기가 원하는 곳으로 재빨리 이전해 두었다가, 마음에 감동이 오면 다시 하나님 쪽으로 살짝 옮기는 식이 되어서는 곤란하다. 언제나 그 위치를 하나님 앞으로 정하고 그곳에 두라는 것이다.

이 '둔다'는 '누아흐' 동사는 "휴식하게 한다, 쉬게 한다, 남겨 둔다, 맡겨 둔다"라는 의미를 내포하고 있다. 이 단어는 창세기에 처음 나오는데 하나님께서 엿새 만에 만물을 창조하시고, 일곱째 되는 날에 쉬셨다고 할 때 사용하고 있다. 물질이 안식할 수 있는 곳이란 과연 어디일까. 사람 앞에 두었다가는 불안해서 견딜 수가 없을 것이다. 은행도 금고도 안전하지 않기는 마찬가지다. 아무런 근심 없이 물질을 맡길 수 있어야 우리 마음도 편히 쉴 수가 있다. 과연 물질을 어디다 맡겨야 안심할 수 있겠는가.

사람들은 누구나 돈이 생기면 가장 먼저 걱정하는 것이 있다. '과연 어디에다 보관해야 안전한가'라는 것이다. '누구에게 맡겨야 더 많은 수익을 올릴 수 있는가'에 신경을 곤두세운다. 과연 어디에 두어야 손실을 방지할 수 있는가. 이자율에 속아 넘어가 파생상품에다 맡겼다가는 있는 것마저 다 떼이기 십상이다. 사채놀이하면 수입이 짭짤할 것 같지만 위험성이 매우 크다. 곗돈을 부으면 좋을 것 같아도 결코 안전하지가 않다. 계주가 들고 날라버리면 그만이다. 사기 치려고 작정한 사람을 누가 막을 수 있겠는가. 무슨 수를 써서라도 가로채가고 말 것이다.

가장 안전한 곳은 하나님 앞이다. 그의 손에 맡기면 결코 떼일 염려, 부도날 염려, 손해날 염려, 도둑맞을 염려가 없다. 더 좋은 점은 주님께 맡길 경우, 원금만 달랑 돌려주시지 않는다는 것이다. 주님은 우리가 바치는 것 이상으로 은혜와 축복을 물 붓듯이 넘치게 주신다. 우리가 상상할 수 없을 정도로 풍성하게 되갚아 주신다. 주님만큼 안전한 곳은 존재하지 않는다. 그러므로 언제나 하나님 앞에 만물을 두려고 힘써야 한다.

구별하라

하나님 앞에 둔다는 것은 다시 말해서 구별하여 드리는 것을 뜻한다. 반드시 하나님의 것을 하나님의 것으로 구별하여 드리라는 것이다. 특히 만물은 하나님 것이기에 정확히 구분해놓아야 한다. 만물이란 무엇인가? 먼저 난 것이다. 처음 수확한 열매다. 처음 것은 가장 귀하고 특별한 가치를 지닌다. 주님은 이처럼 엄선되고 정선되고 구별된 예물을 원하신다. 다 쓰고 남은 것을 적선하듯이 해서는 주님을 기쁘시게 할 수가 없으며 결코 복을 받을 수가 없다. 만약 자기를 위해 실컷 사용해 놓고 남은 것을 생색내듯이 드린다면 누가 좋아하겠는가. 받으면서도 기분이 상할 것이다.

부모들의 마음을 흡족하게 해드리는 비결이 하나 있다. 언제나 첫 열매를 바치는 심정으로 정성을 다해 구별하여 먼저 드리는 것이다. 구별한다는 것은 그만큼 상대를 귀중히 여긴다는 증거다. 다른 것과 구별하려고 할수록 크게 감동할 것이다. 자식으로부터 특별한 대접을 받는다면 부모 입장에서 가만히 있을 성싶은가. 그렇지 않다. 더 크고 좋은 것을 준비해 두었다가 자녀가 필요할 때 아낌없이 쏟아부어 주실 것이다.

이것이 복 받는 비결임을 기억해야 한다. 하나님 앞에 바칠 때, 남은 것을 처분하듯이 해서는 결코 원하는 결과를 얻을 수 없을 것이다. 주님께서 기뻐하시는 예물은 우리의 처음 익은 열매이다. 기왕 바치기로 결심했다면 적당히 드리려 하지 말고 언제나 처음 익은 열매를 구별하여 묶어 드려야 한다.

우리 청년교회 젊은이들을 볼 때마다 대견하고 기특한 생각이 들 때가 있다. 자기 손으로 일해서 처음 번 돈, 처음 받은 월급을 일전 한 푼 떼지 않고 고스란히 주님께 감사예물로 바친다.

"목사님, 이거 제가 알바해서 처음 번 돈이에요. 취직해서 받은 첫 월급이에요. 저 위해서 기도해주세요."

기껏해야 100만 원, 200만 원이지만 그 정성과 믿음이 하늘을 찌를 듯하지 않은가. 얼마나 하고 싶은 일이 많고 쓸 곳이 많겠는가. 더구나 학자금 때문에 야단인데, 그 귀한 첫 월급을 몽땅 드리면서 기도해 달라고 부탁할 때, 그들의 헌신이 부럽기도 하고 그 나이에 그렇게 하지 못했던 자신이 부끄러워지기도 한다. 이 얼마나 귀하고 사랑스러운가! 사람도 감동하는데 하물며 주님께서 보고만 계시겠는가. 성경에 기록된 복이란 복은 다 빌어주고 싶은 마음이 간절하다.

"하나님, 저들의 장래가 창대케 하시고, 아무쪼록 세계를 놀라게 하는 인물들이 되게 해주소서."

복을 나눠라

봉헌의 참 의미는 하나님께 바치는 것만이 아니라 수확물을 얻지 못해 슬퍼하고 고통 받는 이웃과 함께 나누는 데 있다. 11절 말씀이다.

> "네 하나님 여호와께서 너와 네 집에 주신 모든 복으로 말미암아 너는 레위인과 너희 가운데에 거류하는 객과 함께 즐거워할지니라"

하나님 앞에 예물을 드리는 것으로 자신의 의무를 완수했다고 여기는 것은 착각에 불과하다. 복을 주시는 주님의 의도를 축소시키는 행위라고 할 수 있다. '너와 네 집에 주신 모든 복으로' 말미암아 소외된 이웃을 돌보아야 할 책임이 있다는 것이다. 우리 주위에는 우리가 거두어들이는 수확물을 선망의 눈으로 바라보면서 탄식하며 눈물 흘리는 자들이 있다. 함께 기뻐하는 대신에 오히려 자괴감을 느끼며 절망하는 자들이 있다. 나름대로 최선을 다해보지만 벌이가 시원치 않아 인생을 비관하는 자들도 있다.

본문을 보면 우리가 돕고 보호해주어야 할 이웃의 범주 안에 레위인을 포함시키고 있다. 다른 소외된 계층들도 많을 텐데 굳이 레위인을 지목하여 언급하는 이유는 무엇일까? 레위인은 성전 봉사라는 특수한 임무수행을 위해 기업 분배로부터 제외되어 있었기 때문이다. 그들은 전적으로 성전에서 지급하는 돈과 양식으로 생활해야만 하였다. 경작할 땅을 소유할 수 없었기에 자연히 수확물을 거두어들일 수가 없었던 것이다. 그와 더불어 이스라엘 백성들 가운데 거하는 객들도 대부분 떠돌이 생활을 하며 더부살이를 하는 처지였기에 수확물은커녕 생존 자체가 힘들기는 마찬가지였다.

　내가 손수 지은 농사요, 힘써 얻은 소득이라고 해서 나만을 위해 쓰겠다는 것은 이기적인 욕심일 뿐이다. 언제나 가난하고 소외된 이웃과 함께 열매를 나누며 구제하려는 자세가 필요하다. 참 예배란 결코 개인적이거나 배타적이거나 고립적이어서는 안 된다. 주님은 우리가 이웃을 외면하고 무시한 채, 홀로 고백하고 찬양하는 것을 원치 않으신다. 이웃에 대한 따뜻한 사랑이나 깊은 배려가 없는 예배는 반쪽짜리에 불과하다.
　한 마디로 말해서 거짓 예배일 공산이 크다. 야고보서 1장 27절을 보면 참 경건의 정의를 이렇게 내리고 있다.

> "하나님 아버지 앞에서 정결하고 더러움이 없는 경건은 곧 고아와 과부를 그 환난 중에 돌보고 또 자기를 지켜 세속에 물들지 아니하는 그것이니라"

　진정한 봉헌의 의미는 하나님에 대한 헌신과 더불어 이웃과 나누는 데 있다. 받은 복을 열심히 나누고 베풂으로써 실의와 절망에 빠진 자들에게 힘과 용기를 불어넣어주고, 손을 잡아주고, 미래에 대한 약속을 얻게 하고, 소망 가운데 믿음으로 살아가도록 인도하라는 것이다. 이러한 나눔이 주님이 기쁘게 받으실 만한 봉헌임을 기억해야 한다. 우리가 주님께 드릴 수 있는 가장 위대한 봉헌행위란 이웃을 떠나서는 생각할 수가 없다.

'만물을 내게로 가져오라'는 주님의 명령에 늘 순종하여 기쁜 마음으로, 자원하는 마음으로, 감사하는 마음으로 봉헌에 힘써야 한다. 만물을 주 앞에 드리며, 가난하고 소외된 이웃을 아끼고 돌봄으로써 주님이 주시는 놀라운 축복을 증거하는 자들이 되어야 한다.

이것이 오늘 만물을 주님의 것으로 바치는 자들에게 주시는 하나님의 뜻이다.

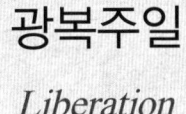

광복주일
Liberation

자유의 노래
Song For Liberty 갈 5:13-15

통일은 어디서 오는가
Power for Unification 왕하 13:14-17

자유의 노래
Song For Liberty

　19세기 이탈리아가 낳은 오페라의 거장 주세페 베르디 Giuseppe Verdi 라는 음악가가 있다. 그가 남긴 여러 걸출한 작품들이 있지만 그 중에 대표적인 것을 하나 고르라면 "히브리 노예들의 합창" Hebrew Slaves Chorus 일명 "나부코" Nabucco 라는 곡이다. 나부코라는 뜻은 BC 6세기경 세계를 제패하고 이스라엘 백성들을 멸망으로 몰아넣었던 바벨론 왕 느부갓네살의 이름을 이탈리아식으로 약칭해서 부르는 말이다.

　이 곡의 내용을 살펴보면 바벨론에 포로로 끌려간 이스라엘 백성들이 정든 고향을 그리워하고 자유를 갈망하며 부르는 애가들로 채워져 있다. 특히 3막에는 "Song for Liberty" 자유를 위한 노래 라는 제목이 붙어 있는데 노예들의 절절한 심정을 자세히 묘사하고 있다. 자유를 잃고 남의 종살이를 하며 살아가는 것이 얼마나 큰 고통이요 불행인가를 큰소리로 울부짖고 있다. 그 마지막은 이렇게 끝을 맺는다.

　"우리 모두 하나 되어 희망의 노래를 부를 때 마침내 승리의 날이 오리라! 자유여! 자유여! 자유여!"

　이 오페라가 1842년에 처음 무대 위로 올려졌을 때 이탈리아인들 모두가 엄청난 감동에 휩싸였다고 한다. 그도 그럴 것이 당시 이탈리아는 나라를 잃고 오스트리아의 속국이 되어 온갖 억압과 폭정에 시달리고 있었기 때문이다. 그들은 이 자유의 노래를 들으면서 과거 히브리 노예들이 겪었던 처절한 설움과 고통을 탄압받고 있던 자신들의 절망적이고 비참한 처지와 동일시하며 뜨거운 눈물을 흘렸던 것이다. 더 나아가 오스트리아의 지배에 대항하여 독립운동을 펼칠 때도, 해방의 꿈과 희망을 심어주려는 차원에서 마치 국가처럼 즐겨 불렀다고 한다.

　이 작품이 1986년에 밀라노 극장에서 다시 공연되었을 때 예상치 못했던 일이 일어났다고 한다. 3막이 열리고 자유의 노래가 끝나자 누가 먼저랄 것도 없이 모든 관중들이 일어나 열광적인 갈채를 보냈던 것이다. 무려 30분 동안 쉬지 않고 박수를 치며 환호성을 질렀다고 하니 감동의 도가니가 있다면 이를 두고 하는 말이 아닐까. 얼마나 깊이 공감을 하고 감격을 했으면 그랬겠는가.
　제아무리 뛰어난 명연주나 공연이라도 반 시간에 걸쳐 기립 박수를 받는다는 것은 실로 상상하기 어려운 일이다. 그것도 공연이 채 끝나지도 않은 상황에서 이런 일이 벌어졌으니 무슨 말이 더 필요하겠는가. 그들은 자유의 노래를 연호하며 앙코르를 외치기 시작한다.
　그러나 그 당시에는 공연 중간에 앙코르를 요청하는 행위는 금기사항으로 되어 있었다. 이를 내규로 정한 이가 토스카니니인데, 그는 중간에 박수를 치거나 공연이 끝난 후 다시 하라는 것을 극도로 싫어했다고 한다. 그 이유는 자칫 잘못하면 신경을 분산시켜 연주자들의 몰입을 방해할 뿐더러 공연의 전체적인 흐름을 망칠 수가 있었기 때문이다. 그런데 수십 년 동안 잘 지켜져 내려오던 이 전통이 그날로 깨어지고 말았다고 한다. 감동의 눈물을 흘리며 뜨겁게 환호하는 관중들의 요구를 차마 물리칠 수가 없었던 것이다. 공연이 끝나기 전에 불렀던 노래를 다시 앙코르곡으로 부른 경우는 그때가 처음이자 마지막이었다고 한다. 이 자유의 노래가 이탈리아인들의 가슴속에 얼마나 한으로 남아 사무치고 있었는가를 알 수 있다.

행복한 삶

우리는 살아가면서 자유가 참으로 소중하다는 것을 체험을 통해 알고 있다. 자유를 잃어버린다는 것은 얼마나 큰 비극이요 불행이란 말인가. 한때 우리는 자유를 잃어버렸던 적이 있다. 일제의 무단통치와 압제로 인하여 모든 자유를 상실한 채, 노예가 되어 굴종하며 살았던 참혹한 역사를 지니고 있다. 자유를 빼앗긴다면 모든 것을 다 잃는다고 해도 과언이 아닐 것이다. 우리는 그 당시 자유와 함께 이름도 잃었고 언어도 잃었고 땅도 잃었고 자원도 잃었고 주권도 잃었고 국권도 잃었고 꿈도 잃었고 미래도 잃었고 희망도 잃었고 심지어 우리의 정체성마저도 잃어버리고 말았다.

오래전에 방영되었던 드라마 "각시탈"은 일제 강점기하에서 우리의 민초들이 얼마나 뼈아픈 고통과 모진 시련을 당하며 인간 이하의 세월을 살아왔는가를 보여 준다. 재산을 강탈해 가도 항거할 수 없었고, 때려죽임을 당해도 어디 하소연할 데가 없었다. 내놓으라 하면 달라는 대로 내주어야 했고, 나가라 하면 빈손으로 나가야 했다. 자유를 잃는다는 것은 저주와 다를 바가 없다는 것을 깊이 깨달아야 한다. 식민지 역사가 가르쳐준 교훈이 하나 있다. 바로 '자유의 노래를 부르며 자유롭게 사는 것이 얼마나 큰 축복인가'라는 것이다.

때로 우리는 물질을 빼앗길 수도 있고, 권리를 빼앗길 수도 있고, 지위를 빼앗길 수도 있다. 심지어 생명까지도 빼앗길 수가 있다. 그러나 우리의 자유만은 빼앗기지 말아야 한다. 자유를 잃어버린 민족, 자유를 잃어버린 삶이란 불행 중에 불행이요 비극 중에 비극이라는 것을 기억해야 한다. 지금 이 순간 자유의 노래를 부르며 기뻐하고 있는가. 진정 그 노래가 심중에 자리 잡고 있는가. 비록 가난하고 힘이 없고 배운 게 없어도 진리가 되신 주님 안에서 진정 자유를 누리고 있고 자유의 노래를 부르고 있다면 가장 행복한 인생이라고 할 수 있다.

부르심의 목적

자유의 노래를 불러야 하는 이유는 무엇인가? 우리 모두 자유의 노래를 부르도록 부름을 받았기 때문이다. 주님께서 우리를 부르신 목적은 무엇인가? 우리를 향하여 갖고 계시는 주님의 계획은 무엇인가? 한 마디로 말하면 자유를 구현해나가라는 것이다. 13절을 다시 보라.

"형제들아 너희가 자유를 위하여 부르심을 입었으나"

무엇을 위해 부르심을 입었는가? 자유를 위해서다. 그렇다면 우리 삶의 목적은 무엇인가? 자유라고 할 수 있다.

주님이 이를 위해 나 자신을 부르셨다는 것을 명심해야 한다. 이 소명은 개인적이면서 또한 공동체적이다. 큰소리로 우리 자신을 향해 외쳐보라.

"나는 자유를 위하여 부르심을 받았노라!"

죄 가운데 굴종하도록 부름을 받은 것이 아니다. 우리는 결코 노예로 부름을 받지 않았다. 우리 모두는 자유의 노래를 마음껏 부르며 기뻐하며 감사하도록 부름을 받은 것이다. 이 주님의 소명에 응답하여 날마다 자유의 노래를 불러야 한다. 주님이 우리를 부르신 뜻과는 반대로 노예의 길을 걸어가서는 안 된다. 우리가 자유를 빼앗긴 채, 세상의 노예로 전락한다면 주님의 실망은 이만저만이 아닐 것이다. 주님의 부르심에 순종하고 따라나서는 자는 누구나 자유를 위해 기꺼이 자신을 희생할 각오를 해야 한다.

공동체의 평화

자유의 노래를 불러야 하는 이유는 무엇인가. 자유를 상실해 버릴 때 서로 물고 뜯다가 피차 망할 수밖에 없기 때문이다. 15절을 보라.

"만일 서로 물고 먹으면 피차 멸망할까 조심하라"

자유를 잃어버린 자들의 삶에는 하나의 공통점이 있다. 서로를 시기하고 미워하고 극한 대립을 일삼다가 결국 공멸을 택한다는 것이다. 주님은 이 나라를 사랑하셔서 아주 망하도록 내버려두지 않으시고 마침내 광복의 날을 선물로 주셨다. 그러나 애석하고 불행하게도 그 선물의 뜻을 미처 깨닫지 못했으며, 광복의 빛에 눈이 멀어 그 이후에 전개될 민족의 미래를 등한히 하고 말았다.

해방의 기쁨과 더불어 소중한 자유를 얻긴 했으나 그 자유를 가지고 무엇을 해야 하는가를 몰랐다. 전혀 준비가 미비한 상태에서 방향을 상실한 채, 제각기 목소리만 높이며 공과를 따지면서 뿔뿔이 흩어지기 시작한 것이다. 서로 사랑하고 용서하는 자유 대신에 적대하고 증오하는 자유만이 판을 쳤다. 그 틈을 비집고 공산세력이 들어와 나라 전체를 사분오열시키기에 이른 것이다. 그 결과, 좌와 우가 총부리를 맞대고 서로를 죽고 죽이는 동족상잔의 참극이 벌어진 것이다.

사탄은 어떻게 하든지 우리의 자유를 악용하여 공동체를 무너뜨리려고 달려든다. 서로 물고 뜯도록 이간질하고 분열시킨다. 요즘 이단들의 행태를 보면 공산주의자들이 하는 짓과 거의 흡사하다. 이들은 교회 안으로 몰래 숨어 들어와 파벌을 조성하여 서로의 연결고리를 끊어버림으로써 공동체를 흔들고 연합을 방해한다.

우선적으로 교회 지도자들의 약점을 찾아내어 집요하게 물고 늘어진다. 있지도 않은 일을 조작하거나 침소봉대하여 지도자들의 권위를 떨어뜨리고 교회 질서를 교란하고 유린한다. 서로 신뢰하지 못하게 만들어 싸우게 만들고 힘을 분산시킨 다음, 맥을 못 추고 비틀거릴 때를 노렸다가 통째로 집어삼킨다.

이들의 전략은 분명하다. 가장 잘 써먹는 전가의 보도이기도 하다. '분리시키고 정복하라' Split and conquer 는 것이다. 우리 주위에 교회를 비난하고 헐뜯는 이들이 있는가. 이들의 가지가 더 커지고 뻗어나가기 전에 잘라내야 한다. 신천지나 이단의 끄나풀일 가능성이 농후하기 때문이다. 특히 교회 지도자를 함부로 혹평하고 음해하며 음모를 꾸미는 자가 있다면 틀림없이 이단의 사주를 받고 있는 증거라고 할 수 있다.

신성한 교회를 무너뜨리고 분란을 조장하는 자가 있다면 사탄의 하수인 말고 누가 있겠는가. 이런 세력들이 날뛰는 한, 농간에 휘말려 연합과 일치는 요원해질 것이며 교회의 힘은 날로 약화되고 말 것이다. 이 나라와 교회가 진정 자유의 노래를 부르려면 이제라도 서로에 대한 미움과 증오를 거두고 용서와 긍휼로 다가가야 한다. 서로 반목하고 불화하기보다 공동체의 평화를 위해 자신을 희생하는 지혜가 필요하다.

자유를 받으라

그렇다면 어떻게 해야 자유의 노래를 부를 수가 있는가? 무엇보다도 먼저 자유를 주신 이가 주님이시라는 사실을 깨달아야 한다. 자유는 우리가 쟁취하는 것이 아니다. 우리가 노력하고 수고해서 얻는 것이 아니다. 인간의 힘으로 창출해내는 것도 아니다. 자유는 오직 주님이 주신다. 갈라디아서 5장 1절을 보면 이런 말씀이 있다.

"우리를 자유롭게 하려고 자유를 주셨으니"

본문은 수동태로 이 단어를 쓰고 있다. 우리를 자유롭게 하려고 부르신 바 되었다는 것이다. 나 스스로 자유하는 것이 아니라 자유롭게 하시는 이로 말미암아 자유롭게 된다. 주님은 자유를 주실 뿐만 아니라 수호하시는 분이다. 주님이 주시는 자유야말로 참 자유요, 그 자유를 힘입을 때만이 비로소 죄와 사망의 굴레로부터 벗어나 자유의 노래를 부를 수 있는 것이다.

주님은 십자가를 통해서 자신의 생명을 아낌없이 내어 주심으로 진정한 자유를 누리게 하셨다. 이를 위해 주님의 생명 값이라는 엄청난 값이 이미 지불되었음을 명심해야 한다. 주님은 이 자유를 주시려고 친히 십자가를 지셨고, 보혈로 우리의 모든 죄를 대속해 주셨다. 주님으로부터 오는 자유만이 우리를 자유케 하며 그를 통해서 참된 평화를 이루어 갈 수가 있다. 사람이 물리적인 힘을 행사하여 자유를 얻을 경우, 그 자유는 또 다른 폭력을 낳고 다른 사람의 자유를 침해하고 빼앗게 된다. 주님이 주시는 자유야말로 진정 우리를 해방시키는 자유임을 알고 그 자유를 힘입어 날마다 자유의 노래를 불러야 할 것이다.

기회로 삼아라

어떻게 해야 자유의 노래를 부를 수 있는가? 13절을 다시 보라.

"그러나 그 자유로 육체의 기회를 삼지 말고"

자유는 우리에게 하나의 기회를 제공한다. 선을 위해 살 것이냐, 아니면 악을 위해 살 것인가? 인간적인 욕망을 좇을 것인가, 아니면 주님의 뜻을 따를 것인가? 과연 어느 편을 선택하려는가? 주님은 우리에게 놀라운 자유를 주셨다. 그러나 그 자유를 육체의 만족을 위한 기회로 삼아버린다면 이내 악의 도구가 되어 우리의 삶을 부패하고 타락하게 만들 것이다.

주님은 자유를 통해서 자신의 영광을 나타내기를 원하신다. 여기서 '육체의 기회로 삼는다'는 말은 인간적인 욕망을 성취하려고 자유를 이용한다는 것이다. 여기서 말하는 '기회'란 군사용어로서 어느 지역을 점령해 들어가기 위해 전진기지를 형성하는 것을 의미한다.

육체는 세상 유혹에 쉽게 넘어가고 죄에 굴복하는 경향이 다분하기에, 사탄은 우리를 죄의 포로로 사로잡기 위해 범죄를 침투시키기 위한 교두보로 즐겨 사용한다. 우리의 자유를 빌미로 육체의 욕망을 최대한 부추긴다. 결국 육체는 욕망의 노예가 되어 방종으로 치닫는다. 그러므로 그리스도인들은 자유를 타락의 구실로 삼지 말고 오직 주님의 영광을 증거하기 위해 선용해야 할 것이다.

서로 종노릇하라

자유의 노래를 부르려면 서로 사랑으로 종노릇해야 한다. 13절 후반절이다.

"오직 사랑으로 서로 종노릇하라"

도대체 무슨 말인가? 언제는 자유의 노래를 부르라고 해 놓고, 언제는 서로 종노릇하라니 과연 어느 장단에 맞추란 말인가. 어떻게 자유자이면서 동시에 종일 수 있는가. 자유에는 해방의 개념과 속박의 개념이 같이 들어 있다. 자유를 이해하려면 이 둘의 모순성이 어떻게 상호작용을 하는가를 알아야 한다. 진정한 자유란 이 양극이 조화를 이루어야 한다.

서로 종이 되어 사랑으로 섬기고 희생하지 않는다면 그 자유는 자기 욕심을 채우는 이기적인 도구로 변질될 것이다. 이기심의 노예가 되느냐 아니면 주님의 종이 되느냐, 어느 쪽을 택하느냐에 따라 참 자유인이 되기도 하고 굴종의 노예로 전락하기도 한다. 사랑으로 서로 종노릇할 때만이 자유의 노래를 부를 수가 있다.

자유의 기초는 무엇인가? 사랑이다. 자유의 완성은 무엇을 통해 이루어지는가? 바로 사랑이다. 서로 종노릇하려면 강압에 못 이겨 억지로 끌려가는 것이 아니라 자신의 자유를 가지고 남의 종이 되어야 한다. 이것이 바로 자유의 핵심이다. 어떻게 종노릇할 수 있는가? 무엇보다도 먼저 사랑의 마음이 충만해야 한다.

가정생활도 마찬가지다. 남편과 아내 사이에 서로 종노릇하는 관계가 맺어지지 않으면, 항상 누가 높으니 누가 잘났느니 하는 것 가지고 갈등을 빚고 불화하게 된다. 사사건건 자존심을 앞세우고 자기 몫을 챙기려 해서는 다툼이 그칠 새가 없을 것이다.

그러나 서로 종노릇하면 불필요한 분쟁을 사전에 막을 수가 있다. 자신을 종으로 인정하고 낮추기가 어려워서 그렇지, 처음부터 종으로 자처하고 나서는데 누가 시비를 걸려고 하겠는가. 종이 되어 섬기면 서로 싸울 일이 없어질 것이다. "그래, 내가 당신의 종이다. 하라는 대로 다 할게. 무엇을 요구하든지 다 들어줄게"라는 자세로 화합을 도모해 나간다면 서로 견제하느라 신경 쓸 일이 어디 있겠는가.

자신의 권리를 주장하고 내세우기보다는 먼저 양보하고 희생해야 한다. 자신의 자유를 포기하는 대신에 상대의 자유를 존중해 주고 그 자유가 확대되도록 힘을 실어주고 애써 줄 때, 비로소 참된 평화가 임하게 된다.

회사나 직장에서 회식이 있거나 약속이 있으면 미리 자진 신고하는 것이 신상에도 이롭고 가정의 화목을 위해서도 바람직하다. 그래야 남편은 남편대로 자유를 만끽할 수가 있고, 아내는 아내대로 귀가 시간에 맞추어 밥상 차리는 것으로부터의 자유와 쓸데없이 스트레스 받고 노심초사하는 것으로부터의 자유를 누릴 수 있는 것이다.

'뭐가 아쉬워 그렇게까지 매여 살아야 하나', '창살 없는 감옥이 따로 없구먼', '그야말로 무덤과 무엇이 다르단 말인가'라는 식으로 생각하는 한, 영원히 자유의 노래를 부를 수가 없을 것이다. 서로 종노릇할 때 피차 자유를 누리게 된다. 남 위에 군림하거나 지시하거나 억누르거나 지배하려 들지 말고, 서로 종노릇하면서 사랑으로 서로 섬겨야 한다. 피차 사랑으로 종노릇한다면 서로 짜증부리고 으르렁거리는 대신에 진정한 삶의 기쁨과 행복이 무엇인가를 맛보게 될 것이다.

주님은 우리를 사랑으로 섬기기 위해 자신을 아낌없이 내어주셨다. 기꺼이 종노릇해주셨기에 그 은혜로 우리에게 평화가 임하고 자유를 누리게 되었다는 사실을 기억해야 한다. 주님이 주신 이 더없이 소중한 자유를 잘 간직하고 행사하고 나눠줌으로써 자유의 나라를 건설해 나가야 하리라.

이것이 오늘 자유의 노래를 부르는 자들에게 주시는 하나님의 뜻이다.

통일은 어디서 오는가
Power for Unification

　우리 민족이 안고 있는 최대의 과제는 무엇이라고 생각하는가? 분단의 극복과 민족의 통일이야말로 그 무엇보다도 가장 먼저 다루어져야 하고 조속히 해결되어야 할 민족의 중대사라고 할 수 있다. 이에 대하여 이의를 제기할 자는 아무도 없을 것이다. 왜냐하면 우리 민족의 생존과 미래가 달려 있기 때문이다. 교회가 앞장서서 적극적으로 주도적으로 이 난제를 풀어 나가야 할 근본적인 이유가 바로 여기에 있다.

　만약 한국 교회가 이를 등한시하거나 거부해버린다면, 언젠가 민족으로부터 소외당하거나 버림을 받고 말 것이다. 그러나 분단의 극복과 민족의 통일이 한국 교회가 발 벗고 나서서 희생한 덕분에 이루어질 수 있었다는 사실이 인정된다면, 한국 교회는 민족 교회로서 이 땅에 사는 백성들의 사랑과 존경을 한몸에 받으며 성장해 나갈 것이다. 더 나아가 민족 복음화는 물론, 세계 복음화를 위한 기틀이 마련될 것이다.

이 민족의 사활이 걸린 최대 어젠다 agenda 이자 공동 운명인 통일과 분단의 문제를 누가 먼저 선점하느냐에 따라 향후 주도권의 방향이 크게 달라질 것은 분명하다. 그러므로 한국 교회는 그 어떤 과제보다도 이 분단의 극복과 통일에 대해서 원대한 비전을 품고, 더 깊은 애정을 가지고 합심하여 이 과업을 추진해 나가야 할 것이다.

그렇다면 통일은 '어디서, 누구에 의해서, 무엇으로, 어떻게 시작되어야 하느냐'는 것이다. 통일을 완수하려면 무엇보다도 분단의 장벽을 밀어내고 무너뜨릴 수 있는 강력한 힘이 있어야 한다. 과연 이 힘은 무엇이라고 생각하는가. 그 힘은 어디로부터 오는 것일까. 지금까지는 몇몇 지도자들이 정치적 업적이나 정권 유지 차원에서 백성들의 의사나 여론과는 상관이 없이 자신들이 설계한 어설픈 정책과 프로그램을 따라 나름대로 해결을 모색해 왔다.

그동안 통일을 한답시고 다양한 방법들이 동원되었다. 처음에는 군사적으로 밀어붙이다가, 정치적인 전략과 술수를 사용하다가, 그마저 길이 막히자 경제적인 접근을 통해 퍼주기 식으로 지원공세를 펼치다가, 이제는 가장 위험한 장난을 실험하려는 듯이 보인다. 우려할 만한 조짐들이 여기저기서 나타나고 감지되고 있다.

날카로운 칼날을 손에 쥐고 노는 아이들 같아 위태롭기만 하다. 백성들의 생각은 묻지도 않고 일방적으로 밀어붙이고 있는 형국이다. 위정자들의 사상이나 이념이 의심스러울 정도로 좌경화된 발언과 정책들이 봇물처럼 쏟아져 나오고 있다. 나라의 틀을 무너뜨리고 정체성을 흔들고 체제를 뒤바꾸어서라도 통일의 밑그림을 그리려는 것이 아닌지 심히 걱정스럽다. 북한의 핵 문제보다도 남남 간에 극심한 혼란과 갈등이 야기될 전망이다. 그러한 노력들이 아무런 성과나 소득도 없이 끝났다고 단언할 수는 없으나, 이 민족의 분단을 치유하고 하나로 화합하는 데는 한계가 있었던 것이다.

처음에는 군사적인 차원에서 반공 내지는 승공, 멸공이라는 표어를 내걸고 출발했다. 서로 살상무기를 개발하고 군사력을 강화하는 등 무력적인 경쟁과 시위를 벌여왔으나 불안만 고조되었을 뿐 별반 소용이 없었다. 오히려 군비경쟁을 하느라 더 큰 긴장과 대립을 조장해 왔던 것이다. 정치적으로는 어떤가? 밀사를 보내고 특명을 내리고 특단의 조치를 취해 보았지만, 그 역시도 서로 간에 이념과 사상과 체제가 너무 다르다 보니 통일을 위한 공통점과 합일점을 찾는 데는 실패하고 말았다. 무슨 선언이다 합의다 해서 야단들을 하고 떠들어대었지만 얼마 가지 못해 그 또한 휴지조각으로 변해버리지 않았는가.

믿는 도끼에 발등 찍힌다고, 매번 약속을 뒤집는 바람에 실컷 이용만 당하고 뒤통수만 얻어맞았다. 동토의 왕국을 녹이겠다고 시작한 햇볕정책이 오히려 북한의 정권유지와 핵개발을 돕는 데 악용당하는 결과를 초래하였다. 더구나 한 개인의 욕심과 야망을 달성하기 위한 불순한 의도와 목적이 그 밑에 깔려 있었다는 사실이 밝혀지면서 우리의 관심에서 멀어진 것이다. 이렇듯 세상의 힘과 권력과 물질을 동원하면 해결될 것처럼 쉽게 생각했을지 모르나, 문제는 더 복잡하게 꼬여만 가고 있다. 그 숱한 대화의 노력과 지원에도 불구하고 통일의 문은 굳게 닫히고 있다. 가시적인 조치들이 취해지고는 있으나 통일은 아직도 요원한 것처럼 보인다.

특히 이 정부가 노골적으로 한미동맹을 약화시키면서까지 추진하려는 술책들은 지나치게 아마추어적이고 단세포적인 발상에 불과하다. 자신이 운전대를 잡고 과감히 좌회전을 시도하고는 있으나, 자칫 잘못하면 옆으로 쏠리면서 전복될 위험성이 농후하다. 면허도 없으면서 이념술에 취해 취중운전을 하는 것 같아 심히 위태롭기만 하다. 이를 지켜만 보아야 하는 국민들의 마음은 좌불안석이다.

나라가 둘로 갈린 지 어언 70년이 넘어가고 있으나 어느 것 하나 속시원히 해결되지 않고 있다. 이를 어쩌면 좋으랴. 인간적인 측면에서 보면 실로 답답하기 짝이 없는 일이겠으나 영적인 관점에서 본다면 여기에는 우리 민족을 향하신 하나님의 위대한 뜻이 숨어 있다. 다시 말하면 사람의 힘과 지혜로는 결코 통일이 불가능하다는 것을 확실히 보여줌으로써 우리의 실패를 겸손히 인정하고 오직 하나님의 손에 전적으로 맡기라는 신호라고 할 수 있다. 주님은 인간의 방법이 아닌 자신의 방법으로 이 문제를 해결해주심으로 민족적으로만이 아니라 세계 열방으로부터 영광을 받으실 것이다. 이 세상의 역사나 우리 인생의 문제는 인간 마음대로 좌지우지할 수 있는 것이 아니라, 주님께서 역사하실 때만이 가능한 일임을 잊지 말아야 한다.

신앙의 힘

　통일의 힘은 인간이나 세상으로부터가 아니라 하나님으로부터 온다는 사실이다. 왜냐하면 이 일을 성취하시는 이는 하나님이시기 때문이다. 그러므로 문제는 주님께서 이 모든 일을 빈틈없이 진행해 나가시리라는 절대 확신과 믿음을 가지고 있느냐 하는 것이다.

　우리가 절대 신앙으로 무장해야 하는 중요한 이유가 있다. 북한이 '주체사상'이라는 특수한 신앙형태를 띤 체제 속에서 움직이고 있기 때문이다. 앞으로 통일을 하는 데 있어서 가장 큰 걸림돌이 바로 이것이 아닐까 생각한다. 그들이 말하는 10조 65항을 종합적으로 분석해보면, 김일성과 김정일 부자를 우상화하라는 것이 그 핵심내용이다. 그들을 신격화하기 위해서는 김일성과 김정일의 권위를 절대화하고 그들을 신처럼 믿으라는 것이다.

　오래전에 북한을 방문하면서 충격을 받은 것 가운데 하나는, 어디를 가나 귀에 딱지가 앉을 정도로 노상 '김일성 수령, 김정일 장군'을 찬양하고, 그들에게 영광을 돌리는 말을 들어야 했던 일이다. 이미 익히 들은 바가 있어 그러려니 하긴 했지만 그렇게까지 심할 줄 예전에는 미처 몰랐다. 어디를 가든 누구를 만나든 뻔한 거짓말을 앵무새처럼 주절대는 소리를 듣고 있자니 속에서 짜증과 분노가 부글부글 끓어오르는데 정말 참기 어려웠다.

　그럼에도 불구하고 진실을 알려줄 방도가 없는 상황이 개탄스럽고, 한마디 벙긋할 수 없는 자신이 너무 초라하게만 느껴졌다. 다만 감쪽같이 속는 줄도 모르고 자신들이 제일 잘 사는 것으로 착각하고 있다는 사실이 가슴 아프고, 공산당들의 세뇌공작이 얼마나 무서운가를 새삼 깨닫게 되었다. 그들의 똑같은 선전선동을 반복해서 들을 때마다 스스로 반성을 해보았다. '새빨간 거짓을 진리라고 확신하며 목숨 걸고 떠들어대는 저들에 비해 목사인 나는 얼마나 진리의 말씀을 진리로 믿고 설교해 왔는가. 나는 과연 하나님의 이름을 이들처럼 시도 때도 없이 찬양하고 영광을 돌리고 있는가.'

그들이 얼마만큼 우상화 작업을 철저하게 진행시키고 있는지는 우리가 상상하는 것 이상이라 생각하면 틀림이 없다. 3만 5천 개 이상의 동상을 전국에 세워놓았을 뿐만 아니라 김 부자가 한번 지나간 장소나 한마디 남긴 말이라도 있으면 어김없이 그 자리에 큰 간판이나 현판을 세워서 '언제, 어느 때 김정일 장군님이 다녀가셨음, 여기서 담배를 피우셨음, 이 땅을 밟으셨음, 어떤 말을 하셨음' 등의 기록들을 적어두고 오가는 이들로 하여금 주체사상을 맹종하고 따를 수밖에 없도록 세뇌를 시키고 있다.

심지어 고아원 아이들도 말만 할 줄 알면 입에서 떠나지 않는 소리가 있다. '모든 게 수령의 은혜 덕분이고 장군의 탁월한 영도력 때문'이라는 것이다. 곧 죽어도 이 말만은 빼놓지 않는다. 김 부자 칭송으로 시작해서 김 부자 찬양으로 끝난다. 입만 벌렸다 하면 녹음기 틀어대듯이 이 멘트부터 읊어댄 후 본론으로 들어간다. 얼마나 혹독하게 반복해서 훈련을 시켰기에 이런 식으로 똑같이 말하고 행동하는 것일까, 마치 신기하고 진기한 마술을 보는 듯하다.

그들이 설파하려는 주체사상이 뭔지는 몰라도 맹신자들이 따로 없다는 생각이 들 정도다. 일종의 종교와 다를 바 없다는 말이 실감이 난다. 어떤 의미에서는 김일성 부자에 대한 절대 충성을 넘어 절대 신앙을 강요당하고 있는 것이다. 어떤 이들은 북한을 김일성 광신교 집단이라고까지 주장하고 있는데 일리가 있는 말이다. 어쩌면 그들이 살아가는 방식도 일종의 종교의식과 다를 바가 없다. 더구나 당원들은 물론, 주민 한 사람 한 사람에 이르도록 철저히 감시를 받고 있기에 다른 소리를 낼 수가 없다. 그렇지 않으면 당장 반동으로 몰려 쫓겨나거나 처형을 당하니 어쩔 도리가 없는 것이다. 일평생 거짓에 속아 살아가는 저들이야말로 이 세상에서 가장 어리석고 불쌍한 자들이 아니겠는가. 과연 누가 저들에게 찾아가서 진리의 복음을 전할까. 그때는 언제가 될 것인가.

만약 우리가 통일을 하더라도 이를 극복할 수 없다면 진실로 통일은 어려워질 것이다. 그들의 주체사상과 맞서서 그들의 우상화를 깨뜨릴 수 있어야 한다. 그 길은 단 하나밖에 없다. 바로 복음의 말씀이다. 하나님을 믿는 절대 신앙을 가지는 것이다.

최근 들어서 북한 사회에도 변화의 조짐이 서서히 나타나고 있다고 한다. 당에서는 김 부자 우상화를 계속 획책하고 있지만, 하는 일마다 실패를 거듭하고 지지부진해지다 보니 점점 민심이 이탈하면서 불만이 쌓여가고 있다. 위에서는 고난의 행군이다 뭐다 해서 경제 위기를 벗어나자고 열심히 외치며 떠들어대지만 상황은 예전보다 더 어렵고 힘들어지고 있다. 그러니 속는 것도 하루이틀이지 지도자들이

하는 말을 어떻게 믿을 수가 있겠는가. 후환이 두려워 겉으로 말은 못하지만 내심으로는 당국의 발표를 곧이곧대로 받아들이지를 않는다는 것이다.

특히 한류 바람이 점점 더 거세게 불고 있고, 한국문화가 저변으로 확산되면서 문화적 통일이 서서히 진행되고 있다고 한다. 심지어 노동당 위에 장마당이 있다는 소문이 현실로 나타나는 등 소리 없이 체제에 금이 가고 있다. 지난 수년 동안 정부가 이야기하는 것과는 전혀 다른 상황이 전개되면서 이런 반성을 하고 있다고 한다.

'결국 김 부자도 인간에 불과한 것 아니냐. 그들을 신처럼 떠받들라고 해서 마지못해 복종하는 체하지만 전능은 아니지 않은가. 우리가 이처럼 난국에 처하게 된 것은 살아 계신 하나님을 믿지 못하고 인간을 우상화하는 죄를 범하고 있어서 그에 따르는 심판을 받고 있는 것이 아닌가. 하늘의 노여움을 사지 않고서야 어떻게 재앙이 계속될 수 있겠는가.'

그동안 우리도 모르는 사이에 주님은 여러 경로를 통해서 복음의 길을 닦고 계셨던 것이다. 한 가지 분명한 사실은 북한의 체제 붕괴가 전혀 불가능한 일만은 아니라는 것이다. 이런 차원에서 우리 믿음의 사람들은 하나님께서 하실 일을 바라보고 기대하고 소망하며 통일의 그 날을 준비해야 한다. 주님이 섭리하신다는 절대 신앙으로 무장하여 기도하며 나아갈 때, 주님은 놀라운 역사를 이 땅에 허락하셔서 남북의 통일을 성취시켜주실 것이다.

그러므로 하나님의 사람들은 절대 신앙의 힘을 가지고 이 세상 사람들에게 그 능력을 보여주어야 한다. 이것만이 통일할 수 있는 유일한 길임을 기억하고 이 믿음 위에 굳건히 서야 할 것이다.

말씀의 힘

두 번째 통일의 힘은 진리의 힘이다. 진리 앞에서는 거짓이나 위선이 맥을 출 수가 없다. 진리의 말씀은 모든 거짓의 가면을 깨트리고 벗겨버리는 힘을 가지고 있기 때문이다. 통일은 인간의 거짓된 이론이나 술수로 이루어질 수 없다. 진리 안에서만이 진정 하나가 될 수 있다. 결코 이 사실을 잊지 말아야 한다.

엘리사 선지자는 오직 하나님의 말씀을 믿고 순종함으로써 타락하고 부패한 사회를 바로잡고 새로운 변화를 주도해 나간다. 그가 이스라엘의 병거와 마병이 되어 나라를 강력하게 이끌 수 있었던 비결은 무엇인가. 오직 그의 영혼 속에 주님의 말씀이 살아 역사하고 있었기 때문이다. 그 진리가 마침내 승리하리라는 확신이 있었기에 어떤 압력이나 핍박에도 굴하지 않고 자신의 사명을 다할 수 있었던 것이다.

왜 우리가 주님의 말씀을 믿고 그 편에 서야 하는가? 하나님의 말씀은 영원하며 변함이 없기 때문이다. 주님은 이 진리를 통하여 우리를 만나주시고 놀라운 능력과 지혜를 공급해주신다. 하나님의 말씀은 살았고 운동력이 있어 오늘도 살아 역사하신다. 그 말씀이 우리 속에 들어와 역사할 때 우리의 삶은 물론, 심지어 그 사회와 나라까지도 변화시킬 수 있는 것이다.

로마서 1장 16절을 보면 "이 복음은 모든 믿는 자에게 구원을 주시는 하나님의 능력"이라고 했고 히브리서 4장 12절을 보면 "하나님의 말씀은 살았고 운동력이 있다"고 선언하고 있다. 복음은 능력이 있어서 복음이 전해질 때 변화를 동반하게 된다. 사람의 생각이 변하고 마음이 변하고 태도가 바뀌고 가치관이 달라진다. 아무리 강퍅하고 완악한 자라도 주님의 말씀이 들어가 뒤집어 놓으면 그 자리에서 회개하고 꼬꾸라지게 된다.

통일이 되려면 우선 남북한이 서로 변해야 하는데 무엇으로 그렇게 할 수가 있는가? 진리의 말씀을 굳게 붙들어야 한다. 말씀의 능력이 우리에게 와야 한다. 온통 거짓과 속임수로 도배하다시피 되어 있는 북한의 체제와 싸워나가려면 진리의 검으로 무장하는 수밖에 없다.

저들도 나름대로 믿는 엉터리 경전이 있다. 바로 김일성 어록이다. 우리는 하나님께서 이 시대를 향하여 무엇이라고 말씀하시는가를 발견하고 그 뜻을 분별하여 실천하려고 하지만, 그들은 김일성이 언제 무슨 말을 했으며 어떤 교시를 내렸는가만을 강조하면서 만고불변의 진리인 양 선전하기에 급급해하고 있다. 금방 들통날 거짓말을 밥 먹듯이 한다. 행여 백성들에게 들키지나 않을까 해서 그들의 눈과 입과 귀를 막는 데 혈안이 되어 있다. 오직 김 부자의 말 한마디가 곧 진리로 인식되고 있는 실정이다. 아무도 이의를 제기하거나 토를 달지 못한다. 오직 맹목적인 복종만이 있을 뿐이며 충성을 다할 뿐이다.

그들은 교묘하게 꾸며지고 날조되고 왜곡된 사실을 진리라고 떠벌리면서 백성들을 호도하고 있다. 참 진리가 알려지면 자신들의 거짓이 백일하에 드러날 것을 두려워하여 감시와 검열에 열을 올리거나, 상황에 따라 수시로 말을 바꾸거나, 온갖 무력을 동원하여 통제를 실시한다. 그래도 통하지 않으면 수단 방법을 가리지 않고 무차별적으로 고문하고 탄압을 하거나 쥐도 새도 모르게 제거해 버린다.

이렇듯 백성들은 수령의 말만이 진리이고 다른 것은 다 가짜라는 선동에 속아서 살고 있다. 철저히 거짓을 진리처럼 믿고 있는 것이다. 통일이 되더라도 거짓 사상에 세뇌되어 있는 그들의 사고를 바꾸고 바로잡아주지 않는 한, 또 다른 분쟁과 분열은 불가피해질 것이다. 이를 사전에 막을 수 있는 길은 오직 복음밖에는 없다. 이 진리의 힘이야말로 이 땅에 진정한 통일을 가져올 수 있는 힘이라는 사실을 잊지 말아야 한다.

기도의 힘

세 번째는 기도의 힘이다. 본문을 보면, 이스라엘의 왕 요아스가 선지자 엘리사의 임종이 임박했다는 소식을 듣자마자 부랴부랴 찾아와 그를 붙들고 부르짖는다. 14절을 보라.

> "엘리사가 죽을 병이 들매 이스라엘 왕 요아스가 그에게로 내려와 자기의 얼굴에 눈물을 흘리며 이르되 내 아버지여 내 아버지여 이스라엘의 병거와 마병이여 하매"

그를 가리켜 당시 최신 무기로 알려져 있는 병거와 마병에 비유하고 있다. 그 이유는 무엇인가? 그가 무슨 비밀 병기라도 가지고 있었던 것일까? 강한 군대를 소유하고 있었기 때문인가? 아니면 전투부대 지휘관으로 맹활약을 했기 때문일까? 그가 이스라엘의 병거와 마병 chariots and horses of Israel 으로 불리게 된 이유는 분명하다. 그동안 기도의 힘으로 나라를 보호하고 안전을 지켜주었기 때문이다. 그는 기도의 사람이었다. 기도로 하나님의 능력을 이끌어 내었으며 놀라운 기적들을 일으켰다.

열왕기하 6장에는 하나님께서 기상천외한 방법으로 이스라엘을 적으로부터 구원하시는 사건이 기록되어 있다. 당시 이스라엘은 북방에 자리 잡고 있던 아람 군대로부터 공격의 위협을 받아 곤경에 빠진다. 맞서 싸울 힘도 없고, 그렇다고 무조건 항복할 수도 없는 상황에서 대책 없이 하늘의 도움만을 애타게 기다린다. 이때 이상한 일이 벌어진다. 이제는 '다 끝났다. 도저히 가망이 없다. 더 이상 희망은 전무하다'라고 자포자기하는 순간, 놀라운 기적이 나타난다.

기도하는 엘리사에게 하나님께서 적의 침략계획을 소상히 알려주시므로 저들의 작전이 수포로 돌아가도록 하신 것이다. 그러자 아람 진영에서 난리가 났다. 비밀리에 세워놓은 계획이 실행에 옮기기도 전에 탄로나 버리니 어떻게 되겠는가. 이는 필경 우리 안에 첩자가 있어 군사기밀을 알려주기 때문이라 확신하고 은밀히 조사를 단행한다. 그 비밀은 비교적 쉽게 밝혀진다.

이스라엘 나라에 엘리사라는 선지자가 있어 우리의 계략을 사전에 간파하여 미리 방비토록 하기 때문이라는 것이다. 이스라엘을 집어 삼키려 해도 이 선지자가 살아있는 한, 결코 이길 수 없다는 것을 알게 된 아람 나라의 왕은 즉각적으로 군대를 동원하여 그가 거주하고 있던 도단 성을 향해 쳐내려온다. 그러나 이 전투도 우습게 끝나고 만다. 18절을 보면 엘리사가 기도하자 그들의 눈이 어둡게 되어 제대로 싸워보지도 못한 채 황급히 철수했다고 전하고 있다. 그의 기도가 나라를 절체절명의 위경에서 건져내었던 것이다.

그의 기도 여하에 따라 한 민족이 망하기도 하고, 흥하기도 하는 것을 볼 수 있다. 이 나라의 통일은 경제력이나 군사력이나 정치력으로 이루어지지 않는다. 우리가 하나님 앞에 기도할 때 하나님께서 역사하셔서 이 땅 위에 통일의 문을 열어주실 것이다. 저들은 핵무기를 가지고 세계를 위협하고 우리를 공갈협박하고 있지만, 우리는 핵무기보다 더 무서운 가공할 만한 신무기를 가지고 있다. 바로 기도의 힘이다. 이 세상에 기도의 능력을 대항할 힘은 아무것도 없다. 기도의 힘이 발휘되고 역사할 때, 저들의 체제가 아무리 견고하고 철통같을지라도 단숨에 무너지고 말 것이다.

통일은 세상적인 방법으로 오지 않는다. 오직 주님의 때에 주님의 방법으로 도적같이 임할 것이다. 8·15광복을 선물로 주신 하나님은 통일도 선물로 안겨주실 것이다. 다만 우리는 하나님을 믿는 절대 신앙의 힘과 이 민족을 새롭게 하고 변화시키는 복음의 힘과 기적을 일으키는 기도의 힘을 가지고 나아가야 하리라.

이것이 오늘 민족의 통일을 위해 기도하는 자들에게 주시는 하나님의 뜻이다.

기도

거룩하신 아버지,
그동안 이 민족 위에 베풀어주신 은혜를 찬양합니다.
이 땅의 광복을 주신 주님!
하루속히 통일도 허락하여 주소서.
통일은 주님을 믿는 절대 신앙의 힘과 복음의 힘과 기도의 힘으로부터
말미암는다는 것을 알고 더 겸손히 주 앞에 엎드리게 하소서.
구주 예수님의 이름으로 기도합니다. 아멘.

추석절
Chuseog

내 해골을 메고 올라가라
Carrying My Bones up from Here 창 50:22–26

신앙인의 조상제사
Christian Attitude for Ancestor Worship 고전 8:1–6

내 해골을 메고 올라가라
Carrying My Bones up from Here

프랑스의 철학자 가브리엘 마르셀 Gabriel Marcel 은 인간을 가리켜 '유랑하는 자' homo viator 라는 말을 했다. 수취인의 주소가 불분명한 편지처럼 정처없이 이리저리 떠돌다 가는 존재가 인간이라는 것이다. 사회학자 자크 아탈리 Jacques Attali 도 현대인을 '신유목민'이라 지칭하면서 앞으로의 시대는 이들의 대거 등장이 불가피해지리라고 내다본 적이 있다. 전에는 유목민들이 초원을 따라 지팡이를 들고 양떼를 몰면서 이동하는 시대였다면 오늘날은 지팡이 대신에 휴대폰을 들고, 양떼 대신에 신용카드 한 장 찔러 넣고 가고 싶은 곳이 어디든 마음껏 돌아다닐 수 있는 시대가 도래하고 있는 것이다.

더구나 눈부신 교통의 발달과 통신의 진화와 정보의 혁신에 힘입어 세계를 하나의 마을로 묶는 지구촌화 globalisation 현상이 가속화되고 있다. 이제는 우리가 어디를 가더라도 무엇을 하더라도 도도히 흐르고 있는 세계화라는 강을 만난다. 이미 그 누구도 외면하거나 무시할 수 없는 강력한 트렌드를 형성해가고 있다. 이 이슈를 빼놓고는 대화가 불가능해질 정도로 삶의 구석구석에 이르기까지 지대한 영향을 미치고 있는 실정이다. 앞으로 얼마 가지 않으면 수많은 이들이 세계화의 물결을 타고 국경을 넘어 나라와 민족을 초월하여 온 세상으로 뻗어나가게 될 것이다.

아탈리의 말을 빌리지 않더라도 오늘날의 현대인들은 어떤 의미에서 한 곳에만 머무는 정착민들이 아니라 기회가 주어지는 대로 새로운 세상을 향하여 떠나는 유목민들이라 할 수 있다. 유목민이라 해서 다 같은 유목민은 아니다. 유형에 따라 몇 가지 부류로 나누어진다. 돈이 있느냐 없느냐, 또는 삶의 목적이 있느냐 없느냐에 따라 어떤 유목민이냐가 결정되는 것이다. 돈이 있으면 유목민이라도 관광객이라 부르고, 없으면 떠돌이라 일컫는다. 삶의 목적이 있으면 순례자라 부르고, 없으면 방랑자라 칭한다.

그 무엇이 되었든 이들이 가지고 있는 공통점이 하나 있다. 모두가 다 예외 없이 본향을 찾아 떠도는 나그네들이라는 것이다. 그들은 어딘가로부터 와서 어딘가에 머물다가 또 어디론가로 기약 없이 떠나간다. 젊었을 때는 마음대로 세상을 떠다니는 것처럼 보이지만, 인생의 황혼이 깃들면 누구라도 예외 없이 본향을 향해 가야 하는 것이다.

본문에는 우여곡절의 세월을 살다가 이제 막 관 속으로 들어가려는 한 위인의 이야기를 기록하고 있다. 그는 나이 110세에 하나님의 부름을 받으면서 마지막으로 유언을 남긴다. 이는 믿음의 사람이 죽음 앞에서 무슨 말을 전할 것이며, 임종의 순간을 어떻게 맞아들여야 하는가를 분명하게 가르쳐주고 있다.

창세기 전체를 살펴보면 처음과 마지막이 크게 대조되어 나타난다. 창세기 1장에는 천지창조 이야기가 전개되면서 피조된 삼라만상이 장엄하게 펼쳐진다. 그러나 3장에 이르면 인간의 타락으로 인해 갑자기 창조질서와 조화가 깨지기 시작하고 끝내는 죄 가운데서 살다가 사망이라는 문턱에 다다른다. 이것이 인간과 만물이 가지고 있는 궁극적인 한계이자 운명이라고 할 수 있다. 그리고 끝장에 이르러 갑자기 두 인간의 죽음을 언급하면서 막을 내린다.

창세기 저자는 책의 결론을 이끌어내면서 파란만장한 인생을 살았던 야곱의 죽음과 요셉의 죽음을 다루고 있다. 하나님의 위대한 천지창조로 시작하여 인간의 죽음으로 끝을 맺는다. 그 이유는 무엇인가? 인간 역시 창조의 일부에 지나지 않으며, 주님이 보내셔서 이 땅에 왔다가 그리고 살다가 때가 되면 가는 존재임을 깨우쳐주시기 위해서라는 것이다.

본문은 "요셉이 애굽에서 입관되었더라"는 말로 유한한 인생의 허무한 종말을 담담하게 그리고 있다. 이 구절은 바로 창세기의 결론이자 우리 인생들의 결론이라고 할 수 있다. 우리 인생들이 가야 할 길이 어디며 그 끝이 무엇인가를 분명하게 제시하고 있다. 한 마디로 말하면 이 세상에서 우리가 어떤 모양으로 살아가든지 그 마지막은 입관이라는 것이다. 관에 들어감으로 인생의 종막을 고하는 것이다. 우리가 마지막으로 가야 할 인생의 종착역이 바로 관 안이라는 사실에 이의를 제기할 자는 없을 것이다. 죽음은 아무도 예외를 허용하지 않기 때문이다.

창세기 저자는 무슨 이유로 죽음을 최종적인 결론에 배치해놓은 것일까? 하나는 우리도 언젠가는 죽음에 이를 것임을 명심하라는 것과 다른 하나는 삶의 등불이 꺼져갈 때, 맺어야 할 인생의 매듭이 무엇인가를 생각하라는 것이다. 우리가 어떻게 해야 죽음을 기쁘게 맞이할 수 있는가? 어떻게 해야 죽음에 대한 일말의 두려움이나 걱정도 없이 편안히 종말을 대할 수 있는가? 추운 겨울이 오기 전에 겨울나기를 철저히 준비해야 하듯이, 죽음이 찾아오기 전에 끝내기 준비를 잘해야 한다. 그 때가 이르면 그 무엇보다도 완벽한 마무리가 필요한 것이다.

만약 임종의 순간을 맞이하게 되었다고 하자. 해결되지 않은 무거운 짐이 그대로 남아 있다면 얼마나 힘들고 고통스럽겠는가. 아무리 조바심치고 후회하고 불안해하고 두려워한들 과연 무엇이 달라질 것인가? 죽음을 감사하며 편안히 대하려면 무엇보다도 먼저 죽음에 대한 대비가 철저해야 한다. 당신은 인생을 살다가 주 앞에 가는 날, 과연 무엇을 준비하려는가?

용서하라

첫째는 용서와 화해의 매듭이다. 다른 것은 몰라도 이 일만은 간과하지 말아야 한다. 복수와 증오의 악순환을 끊고 축복의 새 고리와 연결시킬 수 있는 길은 오직 용서를 통해서만 가능한 것이다. 아무리 오래 살고 잘 지내왔더라도 이 용서와 화해의 매듭을 제대로 맺지 못하면 다 헛될 수밖에 없다. 어떤 이는 마지막 숨이 넘어가는 순간까지 용서하기를 거부한 채, 가슴에 품었던 원한을 풀지 못해 이를 바득바득 갈기도 하고, 죽어서라도 쫓아다니며 앙갚음을 하고야 말겠노라고 악을 쓰기도 한다. 온갖 저주를 퍼붓거나 원망을 주저리주저리 늘어놓는다.

용서는커녕 나쁜 감정을 털어버리지 못한 상태로 세상을 떠난다면 이 얼마나 불행한 일인가. 다른 일은 깨끗이 정리하지 못했더라도 용서만은 남기고 가야 한다. 용서에 성공했다면 성공한 인생이라 할 수 있고, 용서에 실패했다면 실패한 인생이라 부를 수밖에 없다. 왜냐하면 주님은 성공의 척도를 바로 이 용서에서 찾으시기 때문이다. 혹 살면서 남을 미워하고 적의를 가진 적이 있다 해도 죽을 때만은 여한이 없어야 한다. 서운했던 일도 마음 상했던 일도 모두 용서하고 잊어야 하는 것이 아닌가.

특히 중국 영화를 보면 이를 실감할 수 있는데 눈살을 찌푸리게 하는 유감스러운 장면들이 등장한다. 그 내용만 없으면 좋겠는데 무슨 의도인지는 잘 모르겠으나 꼭 약방의 감초나 음식의 양념처럼 집어넣는다. 예를 들면 이렇다. 무림의 고수들이 결투를 벌이다가 한 사람이 칼에 맞아 쓰러지기라도 하면 그냥 숨을 거두지 않는다. 제자나 자식들을 붙들고 한 마디 신음을 내뱉고 죽어가면서 유언을 남긴다.

"얘들아, 반드시 이 애비의 원수를 갚아 다오."

그 말을 들은 자식들은 오로지 아버지의 한을 풀어드린다는 일념으로 일생 그 원수를 뒤쫓아 다니며 복수할 기회를 노린다. 그러다가 원수를 만나 치열한 싸움을 벌이고 또다시 누군가 치명상을 입으면 피를 토하고 숨을 거두면서 신신당부를 한다.

"이 원수를 갚아 다오."

그러면 또 그 철천지원수를 찾아 팔도를 헤매고 다니며 인생을 허비해버린다. 매사 그런 식으로 시작해서 그런 식으로 끝이 난다. 악감정에 사로잡혀 복수를 되풀이할 뿐이다. 그렇게 해서 복수에 성공한들 과연 무슨 의미가 있단 말인가. 복수했다는 통쾌함과 기어코 원한을 해결했다는 시원한 느낌은 남을지 몰라도 결코 증오의 악순환은 사라지지 않는다. 복수가 복수를 낳고 증오가 증오를 낳을 뿐이다.

우리 모두는 주어진 인생을 다 살고 난 후, 주님의 심판대 앞에 이를 것이다. 그 전에 반드시 두 가지 문제가 선결되어야 한다. 하나는 하나님의 용서를 받는 것이고, 다른 하나는 인간끼리의 용서가 말끔히 매듭지어져야 한다. '둘 중의 하나'가 아니라 '둘 다'라는 사실을 기억해야 한다. 무엇이든지 이 용서와 화해가 완결되지 않으면 결국은 미완성으로 마감처리 되고 말 것이다. 용서의 은혜를 떠나서는 어떤 행복도 불가능하다. 아무리 바쁘고 힘들고 어려워도 용서와 화해의 떡은 기회 있을 때마다 나누어야 한다.

요셉은 목숨이 붙어 있는 동안 형제들과의 화해를 멋지게 시도함으로 대미를 장식하고 있다. 본문 22절, 23절을 보라. 요셉의 용서가 얼마나 구체적이고 실제적인가를 볼 수 있다. 자신을 죽이려 하고 노예로 팔아넘겼던 형제의 자식들까지 데려다가 기르고 있는 것이다.

무슨 의미인가? 이는 그가 그들의 후손까지 데려다가 키울 만큼 이해심이 깊고 폭이 너그럽고 여유가 있었음을 강조하려는 것이 아니다. 오히려 다른 형제들과의 화해가 온전하게 이루어졌음을 밝히려는 것이다.

오랫동안 요셉과 그 형제들 사이에는 서로에 대한 말 못할 죄책감과 원한의 앙금이 남아 있었다. 그 사연의 발단은 이렇다. 어린 요셉이 꿈 이야기를 하다가 형제들의 미움과 빈축을 산 나머지 구사일생 끝에 애굽의 종으로 팔려간다. 거친 세파에 휩쓸려 온갖 고난과 역경을 겪은 다음, 하나님의 극적인 도우심으로 총리의 자리에 우뚝 올라선다.

그러나 한번 응어리지고 닫힌 마음은 쉽게 열리지 않는다. 그때 입은 상처는 트라우마로 남아 자꾸 도지기만 한다. 드디어 애굽의 살림살이를 총집행하는 실력자가 되어 성공의 가도를 달린다. 극심한 기근이 가나안 전 지역을 강타하면서 막대한 피해를 입히고 지나갈 무렵, 때마침 식량을 구하러 온 형제들과 우연히 조우하게 된다. 마침내 기다리고 기다리던 그 기회가 온 것이다.

그러나 요셉은 복수하는 대신 용서를 택한다. 여기에 그의 고매한 인격이 돋보인다. 그는 이미 형제들과는 비교가 되지 않을 정도로 정치적으로, 사회적으로, 경제적으로 타의 추종을 불허하는 우월한 위치에 있었다. 그러나 자신의 지위나 힘을 이용하여 형제들을 골탕 먹이거나 복수할 계획을 세우지 않았다.

그의 진심을 눈치챈 자신의 형제들이 이미 대세가 기울었음을 알고 지난날의 과오를 뉘우치며 용서를 구하자 세 마디 말로 대답을 대신한다. 첫째는 "내가 하나님을 대신하리이까"라고 묻는다. 용서하고 용서하지 않고, 심판하고 심판하지 않고는 다 하나님께 속한 것이지 사람의 권한이 아니라는 것이다. 나는 그럴 만한 아무런 자격도 권리도 없는 자이다. 심판할 일이 있다면 하나님께서 알아서 하실 일이고 나는 다만 주님의 은혜를 입은 자로서 용서를 베풀 뿐이라는 것이다.

둘째는 "당신들은 나를 해하려 했으나 하나님은 악을 선으로 바꾸사 만민을 살리는 일에 나를 도구로 사용하셨습니다"라는 고백이다. 처음 영문도 모르고 죽어 없어질 처지에 몰리게 되었을 때는 자신을 죽이려는 형제들을 원망하거나 증오하는 마음이 강하게 불타올랐을 것이다. 그러나 세월이 오래 흐르고 나서 한 가지 분명하게 깨달아지는 것이 있다. 바로 모든 것이 하나님의 섭리요 은혜라는 의식이다. 나의 나 됨을 생각하니 은혜라는 말이 살아 움직이는 물고기처럼 느껴졌던 것이다. 악을 선으로 바꾸시는 하나님의 섭리적 은혜가 있어서 내가 죽지 않고 살아 이렇게 큰일을 감당할 수 있었다는 말이다. 죄로 망할 수밖에 없었던 죄인이 주님의 은혜로 구원을 받았다면 용서치 못할 일이 어디 있겠는가.

끝으로, "당신과 당신의 자녀들을 기르리이다"라고 선언을 한다. 그는 자신이 용서했다는 것을 말로만이 아니라 직접 몸으로, 행동으로 보여주고 있다. 용서는 언어로도 표현할 수 있지만 더 강력한 증거는 행실과 실천을 통해서 하는 것이다. 원수 같은 자식도, 자기 아들을 때려죽인 공산당까지도 친아들로 입적시켜 훌륭하게 키워낸 손양원 목사님 정도는 아니더라도 자신을 영원히 매장시키려 했던 형제들을 용서하면서 그 자손들까지 양육의 책임을 기꺼이 지겠다는 요셉의 태도가 가상하지 않은가. 그의 행동을 통해 진정한 용서의 의미가 무엇인가를 새롭게 깨달을 수가 있다. 용서가 얼마나 큰 영향력을 나타내는가는 불문가지다.

명절에 고향을 찾아 가족을 만날 때 그 어떤 일보다 이 한 가지만은 꼭 실천했으면 한다. 반드시 용서할 일이 있으면 용서하고, 화해할 사람이 있으면 진심으로 화해를 시도하라는 것이다. 어쩌면 이 기회가 마지막일 수도 있음을 명심하고 성령의 도우심을 구하며 먼저 다가가야 한다. 만약 그렇게 해서 진정한 용서와 화해가 이루어진다면 그 어느 때보다 가장 행복하고 기쁨이 넘치는 추석 명절이 되리라. 모처럼 주어진 긴 휴식의 기간을 무엇을 하며 지내려는가. 기껏 술 마시고, 고스톱 치고, 노래방 가고, 영화 보고, 잡담이나 하다가 헤어질 것이라면 다시 생각해 보아야 한다.

가족들이 한자리에 모였다면 가장 먼저 서로 화해를 도모하고 용서의 선언이 오고가야 한다. 주님께서도 화해의 중요성을 이렇게 말씀하신 바가 있다.

"너희가 예배드리러 왔다가 형제와 화해할 일이 생각나거든 예물을 그대로 두고 가서 화해한 다음, 다시 와서 제사를 드려라."

과연 예배란 무엇인가? 한마디로 용서와 화해를 불러일으키고 실천하는 행위 자체라고 할 수 있다. 주님의 십자가를 통해서 구원함을 얻고 그 은혜를 받은 대로 무조건 용서와 화해를 베푸는 것이 바로 예배라고 할 수 있다. 하나님은 서로 용서하고 화해하는 것을 무엇보다 기뻐하시고 이를 통하여 영광을 받으신다.

요셉이 형제들과 극적으로 화해하고 용서를 나누었을 때, 하늘의 문이 열리며 요셉과 그 가문 위에 놀라운 축복이 임하는 것을 볼 수 있다. 하늘 문이 왜 닫히는가? 풀리지 않는 이유가 무엇인가? 바로 땅에서 매고 있기 때문이다. 축복의 문이 왜 닫히는가? 바로 그 통로가 막혀 있기 때문이다. "땅에서 매면 하늘에서도 매일 것이요, 땅에서 풀면 하늘에서도 풀리리라"고 하신 말씀은 용서의 중요성을 다시 한 번 일깨워 준다. 진정한 용서와 화해가 어우러질 때, 우리를 묶고 있던 사슬이 풀어지고 비로소 하늘 문이 열리는 것이다.

남아프리카 대통령으로 세상에 그 이름을 떨친 만델라라는 흑인이 있다. 그는 백인 정권이 '유색인종차별법' apartheid 을 내세워 무자비한 방법으로 철권을 휘두르던 시절, 아프리카 민족회의 지도자로 저항운동을 벌이다 반역죄로 체포되어 인생의 황금기를 감옥에서 보낸다. 본토에서 약간 떨어진 곳에 위치한 로벤 섬에서 20년 이상을 강제노동에 시달리며 외로운 투쟁을 벌인다. 극적으로 백인 정권이 무너지면서 71세의 나이로 풀려난다. 마침내 그를 중심으로 새로운 흑인 정권이 들어선다.

기득권을 놓지 않으려는 반대세력의 끈질긴 도전을 물리치고 드디어 권좌에 올랐을 때, 많은 사람들이 이제부터 무서운 피의 숙청이 시작될 것이라고 예상하였다. 그러나 그의 대통령 취임 시, 첫 일성은 오직 용서와 화해 선언이었다. 우리 같았으면 어떻게 했겠는가. 무수한 생명을 빼앗고 온갖 악행을 저질렀던 백인들과 한통속이 되어 억압에 앞장섰던 하수인들을 그대로 놔두지 않았으리라. 철저히 응징하고 처단하기 위해서라도 적폐청산이라는 명분을 내세워 잔인한 복수극을 펼치지 않았겠는가. 그러나 그가 처음으로 한 일은 '진실과 화해 위원회'를 만들어 모든 진실을 있는 그대로 밝힌 다음, 용서를 비는 자들에 대해서는 깨끗이 사면해주고 더 이상 거론하지 않도록 용단을 내린 것이다.

기나긴 세월 얽히고설킨 원한관계를 청산하고 마침내 증오의 고리를 부숴버린 것이다. 하마터면 나라 전체가 흑백으로 갈려 내전으로 치달을 수도 있었으나 그의 현명한 지도력으로 인해 공존공영의 발판이 마련되어 새로운 도약을 꿈꾸며 마침내 아프리카의 맹주로 떠올랐던 것이다.

오늘날 세계에서 가장 존경받는 지도자이자 가장 위대한 인간으로 추앙받고 있는 자가 바로 만델라이다. 그는 죽어서까지 인류의 평화를 위해 헌신한 지도자로 칭송을 받고 있다. 그가 이룬 정치적 치적 때문이 아니라 원수를 감싸안는 용서의 정신이 그를 진정한 영웅으로 만든 것이다. 진실로 이 세상에서 가장 강한 자는 누구인가? 바로 용서하는 자이다. 요셉은 용서하고 화해할 수 있었기에 끝까지 위대한 하나님의 종으로 쓰임 받을 수가 있었다.

유산을 물려주라

그가 마지막 순간 자손들에게 남기는 하나의 유언이 있다. '하나님께서 우리 조상과 약속하신 것을 잊지 말라'는 것이다. 약속에 대한 신앙, 그 신앙을 자손들에게 전수하려는 그의 모습을 통하여 우리가 우리 자손들에게 무엇을 심어주고 전달해주어야 하는가를 발견할 수 있어야 한다. 장수인생을 살았더라도 신앙전수에 실패한다면 그 인생은 실패임이 분명하다. 신앙이란 릴레이 경주이기 때문이다. 이 계주는 팀경기의 일종이기에 한 사람만 잘 해서는 곤란하다. 모두가 잘해야 하는 것이다. 특히 한 선수가 자신에게 주어진 구간을 실수 없이 완주했더라도 그것으로 끝난 것이 아니다. 다른 선수에게 바통 baton 을 정확히 넘겨주는 일까지 마쳐야 한다.

아무리 달리기 실력이 뛰어나도 바통을 떨어뜨리거나 넘어지거나 해서 제대로 인계를 못할 경우, 결코 우승할 수는 없을 것이다. 그 경기에서 패배하거나 탈락하는 것은 당연지사이다. 신앙을 선조로부터 물려받았거나 아니면 나부터 시작을 했더라도 반드시 다음 세대로 계승되어야 하며 자손들을 통해 이어져나가도록 힘써야 한다.

그렇게 하려면 어릴 때부터 약속에 대한 신앙을 가르치고 그 위에 바로 서도록 양육해 나가야 한다. 요즘 우리 아이들의 말을 들어보면 섬뜩해질 때가 있다. 부모가 믿는 하나님을 믿지 않겠다는 것이다. 부모가 다니는 교회는 싫다는 것이다. 부모의 신앙이 위선과 가식으로 가득 차 있고, 앞과 뒤가 다른데 어떻게 본받을 수 있느냐는 것이다. 그런 엉터리 하나님은 믿지 않겠다, 교회에 나가서 서로 싸움박질이나 하고 비난이나 해대고, 서로 모였다 하면 헐뜯는 등 세상과 다를 바 없는 모습만 보여주니 이제는 진저리가 난다는 것이다. 우리의 자녀들에게 진정한 믿음의 유산은 물론, 아이들이 기쁨으로 다니면서 행복한 신앙생활을 할 수 있는 교회를 전수해 주어야 한다.

20세기 위대한 설교가 토저 A.W. Tozer 는 이런 말을 했다.
"우리는 선조들의 신앙을 붙들고 있으나 그 신앙에 붙들려 있지는 않다. 보물 중 가장 값진 보물은 믿음을 소유하는 것이다. 그러나 그 보물에 우리 자신을 온전히 헌신하지 않는다."
선조들의 신앙을 붙들고 있느냐보다 그 신앙이 자기를 붙들고 있는가를 먼저 물어보아야 한다. 무슨 말인가? 조상들이 가졌던 믿음을 귀하게 여기고 자랑은 하면서도 그 신앙을 자신의 신앙으로 구현하지 못하고 있다는 것이다. 선조들이 훌륭한 신앙을 가졌으면 나도 그 못지않은 신앙을 가지고 있어야 하는 것이 아닌가.

본문을 보면 아브라함과 이삭과 야곱에게 하셨던 하나님의 약속을 자손들에게 상기시키면서 그 약속을 잘 믿고 살아가는 것이 참 성공의 비결임을 가르쳐주고 있다. 어떤 노인의 고백을 들은 적이 있다. 지금까지 살면서 경험한 바로는 한때 중요하다고 여기던 것이 세월이 가면서 그 기준이 바뀌더라는 것이다. 나중에 보니 믿음만 남았다고 한다. 그래서 자녀들이 결혼할 때도 소위 세상적인 조건들은 하나도 따지지 않고 오직 믿음이 있는가 하나만을 확인했다는 것이다.

믿음이 그토록 중요한 이유는 무엇인가? 그 믿음을 따라 살면 반드시 복을 받기 때문이다. 약속에 대한 믿음만 있으면 현실을 넘어 멀리 미래를 내다볼 수가 있고, 아무리 힘들고 어려운 상황이 닥쳐와도 인내하며 헤쳐 나갈 수가 있고, 인생이 아무리 뒤죽박죽이 되어도 정도를 걸어갈 수가 있으며, 무슨 일을 만나도 하나님의 뜻에 순종할 수가 있다.

그 믿음이 있느냐, 없느냐에 따라 인생의 성공여부가 결정된다는 것을 기억해야 한다. 이제 우리 자녀들에게 무엇을 전수하려는가. 약속신앙을 물려줌으로 자손 대대로 성공하고 축복을 누리는 가문이 되어야 할 것이다.

꿈을 실현하라

요셉은 죽음에 이르기 전에 마지막으로 자신의 비전을 제시한다. 그 꿈이 무엇인가? 그는 "내 해골을 메고 가나안으로 올라가라"고 당부한다. 한 마디로 자기가 죽어 묻힐 곳은 애굽이 아니라 약속의 땅 가나안이라는 것이다. 요셉은 꿈의 사람이다. 어린 시절에도 꿈을 꾸며 자랐고, 젊었을 때도 꿈을 꾸며 살았으며, 나이가 들어서도 여전히 꿈을 꾸고 있다. 그의 일생은 '자신의 꿈을 이루기 위해 앞만 보고 달려왔다'라고 할 수 있다.

110세가 되어 이 세상과의 작별을 목전에 두고 있기는 하나 그의 꿈은 사라지지 아니하고 오히려 젊었을 때보다 더 크게 구체적으로 바뀌고 있다. 자신의 개인적인 성공의 차원을 넘어 민족의 청사진을 그리고 있는 것이다. 단지 꿈만 꾸는 것이 아니라 그 이상을 실현하기 위해 혼신의 힘을 다 쏟아붓는다.

우리의 꿈은 무엇인가. 당신이 젊었을 때 꾸었던 꿈은 무엇이며 나이 들어 꾸고 있는 꿈은 무엇인가. 그냥 이대로 적당히 살다 가는 것이 꿈의 전부인가. 인생이 그 정도로 하찮단 말인가. 하나님은 우리에게 꿈을 주셨고 그 꿈을 이루라고 지금도 우리를 불러내신다. 꿈도 살아 있을 때 하는 말이지 죽은 다음에는 다 사라지고 만다. 본문을 보면 요셉은 가나안에 대한 꿈을 상기시키면서 마지막까지 이루고 싶은 소원이 무엇인가를 가르쳐주고 있다.

우리 교회 어느 권사님 중에 참으로 원대한 꿈을 꾸며 사시는 분이 있다. 어느 날 만나서 대화를 나누는 가운데 들은 이야기이다. 자신의 꿈이 담긴 앨범을 하나 만들어 꿈이 이루어지는 과정을 하나하나 기록해 나간다고 한다. 그 제목을 "꿈 따라 믿음 따라"라고 정하고 50년 전 결혼할 때 꾸었던 꿈으로 시작해서 지금까지 주님이 보여주신 꿈을 우선순위를 따라 실현하고 있다.

그동안 성취된 것은 사진이나 증거 자료와 함께 정리해놓고 못다 이룬 꿈은 계속 기도하면서 주님의 인도하심을 따라 준비하면서 때를 기다린다는 것이다. 그리고 이 책자를 거실 문 앞에 걸어 놓고 누구나 볼 수 있도록 했다고 한다. 그 집을 방문하는 손님들이나 자녀들이 드나들면서 자연스레 그 책을 들춰보고는 '아, 우리 어머니에게 이런 꿈이 있었네. 이 꿈을 이루려고 저토록 기도하면서 고생하셨구나'를 깨닫고 협력을 아끼지 않는다는 것이다.

요셉은 가나안에 대한 꿈을 자녀들에게 심어주기 위해 '내 해골을 메고 올라가라'고 분부하고 있다. 먼 훗날 조상들이 평생 이루려고 한 꿈이 무엇임을 알려줌으로써 후손들로 하여금 민족의 비전으로 삼아 전진하기를 원했던 것이다.

우리는 요셉의 임종을 보면서 우리가 죽기 전에 무엇을 준비해야 하며, 후손들에게 남기고 가야 할 유산이 무엇인가를 가슴 깊이 새겨야 한다. 우리 후대들이 용서와 화해의 매듭을 통해 진정한 행복을 회복하고, 믿음의 전수를 통하여 자자손손 신앙의 가문을 일으키고, 우리의 꿈을 자신의 꿈으로 이어받아 위대한 미래를 건설해 나가도록 기도하며 이끌어주어야 할 것이다.

이것이 오늘 본향을 향해 가는 우리 모두에게 주시는 하나님의 뜻이다.

신앙인의 조상 제사
Christian Attitude For Ancestor Worship

 명절 때가 다가오면 가슴이 답답하고, 뭔가에 쫓기듯 초조해지고, 심장이 벌렁거리고, 왠지 우울한 기분이 들고, 머리가 지끈지끈 아프고, 소화불량에 걸린 듯 속이 거북스럽고, 팔다리에 힘이 쭉 빠진 것처럼 무력감에 시달리고, 계속해서 누워 쉬고 싶은 충동을 일으키는 등의 증상을 호소하면서 고통스러워하는 자들이 해마다 늘어가는 추세라고 한다. 혹시 우리 가운데 명절을 전후하여 이런 증세로 힘들어하는 사람이 있는가? 그렇다면 '명절증후군' a festive syndrome 에 걸려 있지는 않은가, 의심해 볼 필요가 있다.
 얼마 전, 우리나라 주부들 중에 84%가량이 한 번쯤 이 증후군에 걸린 적이 있다는 통계 발표가 있었다. 이 수치만 보더라도 그 영향력이 얼마나 폭발적인가를 짐작할 수 있다. 이는 명절이 가지고 있는 순기능보다는 역기능이 훨씬 더 크다는 사실을 그대로 반증하고 있다. 마냥 신나고 즐거워야 할 명절이 점점 고민거리로 전락하는가 하면, 마음의 병을 안겨다 주는 천덕꾸러기 취급을 받고 있다. 생각만 해도 짜증이 나고 화가 치밀어 오르고 긴장과 초조로 인해 육체적, 정신적 스트레스만 쌓이고 그로 인해 행복한 관계마저 깨트린다면 이를 어찌 명절이라 하겠는가.

어떤 이들은 이 증세가 심화되어 명절의 '명' 자만 들어도 오금이 저리고 소름이 돋는다고 한다. 심지어 무섭다, 도망가고 싶다는 부정적인 의견도 다수를 차지하고 있다. 차라리 명절이 없었으면 좋겠다는 극단적인 반대론자나 폐기론자들도 생겨나고 있는 실정이다. 그만큼 이 명절이 지닌 호불호와 명암이 극과 극으로 치닫고 있음을 알 수 있다.

우리에게 삶의 의미와 기쁨을 가져다주는 긍정적인 면도 무시할 수는 없으나, 그와는 반대로 정신적, 심리적, 육체적, 영적 압박감과 피로감을 심어준다는 부정적인 측면도 간과할 수 없다. 따라서 명절의 의미를 바로 깨닫고 명절이 선사하는 참 평안과 즐거움을 만끽하려면 명절이 지닌 역기능을 최대한 줄여나가면서 동시에 순기능을 극대화시켜 나가는 지혜가 필요하다.

이 증후군에 시달리는 자들을 분류해보면 세상 사람들만이 아니라 믿는 자들도 예외가 아님을 알 수 있다. 오히려 더 강도가 세고 심하다고 해도 과언이 아니다. 명절이 지닌 특성상, 비기독교적인 요소들로 인해 반목과 충돌이 일어날 경우, 영적 긴장이 커지면서 이 증후군에 쉽게 걸린다.

신앙인들이 이 증후군에 시달리는 주원인은 무엇인가? 바로 조상숭배 때문이라고 할 수 있다. 추석 명절 하면 가장 먼저 머릿속에 떠오르는 걱정거리가 제사상을 준비하고 차례 지내는 일일 것이다. 이 일에 관한 한, 신앙생활을 갓 시작한 초신자들은 말할 것도 없거니와, 제법 신앙연조가 오래된 직분자라도 별 차이가 없다. 대부분 이 조상제사 문제를 신앙적으로 해결하지 못해 노심초사하는 것이다. 과연 이로부터 자유로운 이들이 얼마나 되겠는가. 한동안 '이번 명절과 함께 조상제사는 어떻게 준비하고 어디까지 참여해야 하나'라는 생각 때문에 골머리를 앓을 것이다.

한 주 전, 어느 권사님으로부터 기쁜 소식을 전해 들었다. 남편이 종손이라 명절만 다가오면 제사 여부를 놓고 늘 하네 못하네, 나가네 들어가네 하면서 다투고 갈등을 빚어왔다고 한다. 그런데 이삼십 년 동안 제사를 지성을 다해 드려오던 남편이 갑자기 무슨 생각이 들었는지 모든 식구들을 불러 모은 후, 비장한 어조로 폭탄선언을 했다는 것이다.

"올해부터는 제사를 지내지 않기로 결심했다. 나는 드리지 않을 테니 드리고 싶은 사람은 마음대로 해라. 이제부터 우리 집안에 제사는 없으니 그런 줄 알아라. 대신에 추도예배를 드리겠다. 참석하든지 말든지 알아서 해라."

그렇지 않아도 이번 제사를 어떻게 해야 하나 걱정이 태산 같았는데 남편의 말을 듣고 얼마나 마음이 후련하고 속이 다 시원하던지, 한동안 하늘을 날아오를 것 같은 유쾌한 기분이 지속되었다고 한다. 그 문제를 가지고 눈물로 하나님 앞에 기도했더니 마침내 이렇게 응답해 주셨노라는 간증이었다.

오늘의 본문은 고린도 교회 안에 있었던 우상 제물에 대한 논쟁을 다루고 있다. 성도들 간에 '우상의 제물을 먹어야 하느냐, 말아야 하느냐'라는 문제를 놓고 불화와 대립이 일어나고 있었다. 먹어도 상관없다는 쪽과 절대 먹지 말아야 한다는 쪽이 서로 첨예하게 맞선다. 찬성하는 자들은 반대하는 자들을 향해 시비를 건다.

"어찌 저렇게도 믿음이 없단 말인가. 하나님이 주신 음식인데 무슨 상관이냐. 그냥 감사하고 먹으면 되는 거 아니냐. 거기에 귀신이 붙었느니 어쩌니 하면서 쓸데없이 말을 만들어 말썽을 부릴 필요가 뭐가 있는가. 음식은 음식일 뿐, 그 이상도 이하도 아니지 않느냐. 어떤 음식이든 음식으로 알고 맛있게 먹으면 그만 아닌가. 제사가 아니라 그 어떤 음식이라도 감사하는 마음으로 먹으면 문제가 없다. 지나치게 신경 쓰는 자체가 잘못이다."

여기에 대한 반론도 만만치가 않다.

"아니, 무슨 소리냐. 우상에게 바친 제물을 먹는다는 자체가 꺼림칙하지 않느냐. 믿는 사람으로서 뭔가 구별된 모습을 보여주어야 하지 않는가. 만에 하나, 믿음이 약한 이들이 우리가 제사음식 먹는 것을 보고 시험에 든다면 그때는 어떻게 하겠느냐. 조심해서 나쁠 것은 없지 않느냐."

우상 제물을 자유롭게 먹는 것까지는 좋으나 자신들의 믿음을 우월하게 여겨 그렇지 않은 자들을 우습게 알거나 신앙 수준이 어리다고 손가락질하는 일이 자주 발생한 것이다. 이와는 반대로 먹지 말자는 자들의 입장에서는 먹는 자들의 행위가 심히 불쾌하고 못마땅하다는 것이다. 그들의 논리는 이렇다.

"아무리 음식이라도 한번 우상에게 제물로 바친 것이라면 결국 우상에게 속한 것이 아니냐. 귀신이 역사하지는 않더라도 우상의 제물을 먹는 것이 어찌 경건생활에 도움이 되겠는가. 왜 먹지 않아도 될 것을 굳이 먹어가면서 영적 성장을 방해하려느냐."

이로 인해 논쟁이 벌어지고 교회가 분열 위기로 치닫게 되었다.

바울은 이 서신을 통해 하나의 타협안을 제시한다. '우상 제물을 먹느냐, 먹지 않느냐'라는 문제보다는 가장 먼저 사랑에 초점을 맞추라는 것이다. 다시 말하면 문제를 해결하려는 욕심이 지나쳐 사람을 잃는 우를 범치 말라는 것이다. 누가 옳으냐, 누가 이기느냐가 아니라 얼마나 서로 사랑하느냐가 더 중요하다는 사실을 잊지 말아야 한다.

바울은 교회 안의 문제점을 해결하려고 할 때 언제나 논쟁이 아닌 사랑을 전면에 내세운다. 우상이나 제사의식에 대한 식견이 아무리 뛰어나더라도 사랑이 뒷받침되지 않는다면 무슨 소용이 있겠는가. 그 지식은 교만으로 변질되어 다른 이들을 정죄하고 비난하는 도구로 전락할 것이다. 설령 믿음이 약하여 잘 알지 못해 영적 판단을 내리는 일이 서툴지라도 그 영혼을 사랑하는 마음으로 이해하고 감싸주고 관심을 기울인다면 머지않아 우상 제물을 먹는 자나 그렇지 않는 자나 모두가 주님의 사랑 안에서 하나가 될 수 있는 것이다.

명절을 맞이할 때마다 이 조상제사 문제가 우리의 신앙 성장과 복음 전도에 얼마나 큰 걸림돌로 작용하고 있는가는 불문가지이다. 지금이라도 이 문제를 바르게 해결해나가지 않으면 우리의 신앙은 자칫 미신적으로, 무속적으로 빠져 들어가고 말 것이다. 이 조상제사를 언급할 때 결코 빼놓을 수 없는 세 가지 핵심주제가 있다. 하나는 죽음의 문제요, 둘째는 예배의 문제요, 셋째는 효의 문제이다.

죽음

　　이 조상제사가 가지고 있는 명제 가운데 하나가 바로 죽음에 관한 것이다. 이 조상제사를 찬성하는 자들의 얘기를 들어보면 사람이 죽으면 귀신이 되어 구천을 떠돈다는 등, 아무 근거도 없는 주장들을 늘어놓는다. 조상제사를 드리는 이유는 분명하다. 그들의 논리를 빌리면 조상이 죽은 것으로 끝나지 않고 종국에는 귀신으로 변하여 인간세계로 다시 찾아온다고 한다. 따라서 귀신을 공양하기 위해서는 제사상을 차리고 예를 갖추어 제사를 드려야 한다는 것이다.

　　이러한 주장 뒤에는 혼백사상이 짙게 깔려 있는 것을 알 수 있다. 사람들은 혼백 魂魄 으로 되어 있어 이들의 지배를 받는다고 한다. 여기에서 백은 우리의 육체를 뜻하고 혼은 흔히 우리가 말하는 영에 해당되는데 죽을 경우 백은 땅에 흩어져 사라지나 혼은 시신을 떠나 하늘로 올라간다고 한다. 그러나 그중에 하늘로 올라가지 못한 것들이 음귀가 되어 나쁜 일을 도맡아 하는데, 이 세상에 살면서 마음속에 한을 품고 있거나 억울한 일을 당한 혼들은 원귀가 되어 자신에게 해를 입혔던 자들을 찾아가 해코지를 하고, 재난을 불러일으키고, 질병을 가져다주어 마침내 파멸로 몰아간다는 것이다.

자기들 스스로도 이해 못하는 해괴망측한 이론들을 들먹이며 마치 사실이라도 되는 양 사람들을 호도한다. 미혹하는 자들도 나쁘지만 그런 속설에 솔깃하여 실족하는 자들을 보면 한심하다 못해 애처롭고 안쓰럽기까지 하다. 성경은 우리에게 분명히 증거하고 있다. 사람이 죽으면 흙은 흙으로 돌아가고 영은 하나님께로 올라간다는 것이다. 죽음에 대한 지식이 분명해야 그런 황당무계한 소리에 넘어가지 않는다.

구약에서는 죽음을 말할 때 주로 '열조에게로 돌아갔다', '조상과 함께 잔다'는 말을 사용하고 있고, 신약에는 우리가 죽으면 예수께서 이미 앞서가셔서 우리를 위해 친히 예비해놓으신 하나님의 나라로 들어갈 뿐이라고 기록하고 있다.

조상제사에서처럼 사후에 어디를 거친다든지, 귀신이 되어서 다시 세상에 돌아온다든지, 살아 있는 사람들과 관계를 맺고 영향을 준다는 얘기는 한마디도 나오지 않는다. 그런데 이 조상제사를 드리는 이유를 살펴보면 성경의 가르침과는 전혀 다르다는 것을 알 수 있다. 죽은 조상이 귀신이 되어 세상을 떠돌다가 제삿날 가족들에게 찾아와 음식을 얻어먹고 복을 주거나 화를 입힌다는 것이다. 죽은 조상이 귀신이 되어 이리저리 돌아다닌다는 것은 무속종교에서나 통하는 말이다. 그런 주장은 인간이 꾸며내거나 귀신이 우리를 속이기 위해 조작해낸 허구에 지나지 않는다. 결코 진리도 아니며 실재하는 일도 아니다. '죽은 다음에 어떻게 되나? 귀신으로 변하는 것 아닌가?'라는 막연한 공포심이 만들어낸 신화에 불과하다.

우리나라 사람들은 어릴 때부터 몽당귀신 얘기를 듣거나 "전설의 고향" 같은 드라마나 영화를 하도 많이 시청해서 그런지는 몰라도 사람이 죽으면 귀신이 되어 나타난다는 생각을 일반적으로 하고 있다. 이런 미신적인 요소들이 우리의 문화 속에 깊이 뿌리를 내리고 있어 은연중에 우리의 사고와 생활을 지배하고 있다. 특히 우리나라 사람들이 시체를 혐오하는 것만 봐도 잘 알 수 있다.

얼마나 병적으로 싫어하는지 아는가? 일단 사람이 죽으면 평소 아무리 친하고 좋아하던 자라도 선뜻 그 옆에 가려고 하지 않는다. 그 방에 들어가는 것조차 꺼린다. 왜냐하면 죽은 자가 귀신으로 변신해 갑자기 어디에서 튀어나오지나 않을까 하는 두려움 때문이다.

예전에는 상가를 가보면 하나의 불문율 같은 것이 있었다. 사람들은 시체가 누워 있던 그 자리에는 앉지 않으려 한다. 관 옆에도 가려 하지 않는다. 예배를 드리자고 하면 슬슬 구석으로 피해 달아날 뿐, 시체 가까이 가는 것은 금기로 여긴다. 집례하는 목사가 시체가 있던 곳을 일부러 찾아가 앉으면 그제야 안심을 하고 마지못해 가까이 다가온다. 이처럼 우리 사고의 저변 깊숙한 곳에는 사람이 죽으면 귀신이 된다는 의식이 자리 잡고 있는 것이다. 그뿐만 아니라 죽은 다음,

중간 대기소로 모인다는 생각이 지배적이다. 죽으면 황천길을 떠나 연옥이나 염라부 같은 곳에 대기하고 있다가 심판을 받는다는 것이다.

특히 불교에서는 죽은 후 49일이 지나면 염라대왕이 재판을 하는데 "인간이 되어라" 하고 선고하면 인간으로 환생하고 "동물이 되어라" 하고 판결하면 동물로 다시 태어난다고 한다. 이때 재판을 잘 받기 위해서는 49제를 드리기 전까지 중이나 절에다 시주를 많이 하고 보시를 열심히 하라고 권한다. 죽은 조상이 어딘가에 갇혀 있다가도 가족들이 착한 일을 많이 하면 정상참작이 되어 좋은 곳으로 옮겨진다는 것이다.

그러므로 그들의 운명은 살아 있는 자들이 어떻게 제사드리고 어떻게 위하는가에 달려 있는 것이다. 이런 식으로 살아 있는 자들을 현혹하여 돈을 뜯어낸다. 죽은 부모를 더 좋은 곳으로 보내준다는데야 누구인들 반기지 않겠으며 무엇인들 마다하겠는가.

마치 중세시대 면죄부를 팔던 것과 다를 바가 없다. 다시 말하면 살아있는 자들이 시주를 많이 바치는 등, 선한 일을 많이 하면 비천한 동물로 떨어질 운명에 처한 나쁜 조상도 인간으로 다시 환생할 수 있다고 한다. 그래서 제사를 드린답시고 가족들의 주머니를 터는 것이다. 자식들의 입장에서 볼 때, 이 절호의 기회를 어찌 놓치려 하겠는가.

이것으로 끝이 아니고 그다음에도 얼마든지 기회가 있는데, 바로 천도제라는 것이다. 49제를 모르고 건너뛰었어도 이 천도제를 잘 드리면 틀림없이 좋은 곳으로 간다고 꼬드긴다.

언젠가 해인사로 구경을 간 적이 있다. 그때 마침 천도제를 거창하게 드리는 중이었다. 어떻게 하는지 궁금해서 보았더니 일단 기왓장에 얼마를 기부하겠다는 것을 적어 제출하란다. 큰돈을 낼 사람은 특별 상담까지 해준다는 것이다. 이렇게 해서 신도들로 하여금 서로 더 많이 내도록 경쟁을 시키고 있었다. 그리고 천도제를 한다고 염불을 하는데 들어보니 무슨 법문이 아니라 엉뚱한 소리를 중얼중얼거리는 것이 아닌가. '혹세무민이 바로 이런 것이 아니고 무엇인가. 해인사가 이런 정도라면 다른 곳은 오죽하겠는가. 이제 불교도 갈 데까지 갔구나.' 실망하고 돌아선 적이 있다.

조상제사도 다를 바가 없다. 조상이 어디에 갇혀 있기 때문에 좀 더 나은 곳으로 보내준다는 조건을 내걸고 이렇게 해라, 저렇게 해라 협박을 하거나 으름장을 놓는 것은 고등사기와 마찬가지라고 할 수 있다. 여기에 속지 않도록 조심해야 한다. 이 죽음의 문제를 해결하려면 무엇보다도 먼저 부활신앙으로 무장해야 한다. 우리 믿는 자들은 죽음이 오더라도 부활의 소망과 함께 주님의 나라가 기다리고 있음을 잊지 말아야 한다. 부활 신앙이야말로 죽음의 세력들과 맞서 싸워 승리할 수 있는 유일한 무기이다. 죽음 때문에 두려워하고 걱정하고 불안해하는 자들이 있는가. 죽어도 다시 산다는 부활 신앙을 굳게 붙들라. 이 명절을 통해 죽음에 떠는 자들에게 부활 신앙이 얼마나 위대한가를 보여주어야 할 것이다.

예배

두 번째는 '누구에게 제사를 드리느냐'라는 예배의 문제이다. 유교적인 관점에서 보면 조상제사를 드린다는 것은 곧 조상 귀신에게 예배하는 것을 의미한다. 조상 귀신을 잘 섬겨야 하는 이유는 무엇인가? 그들도 신적인 지혜와 능력을 가지고 기적을 나타내거나 초자연적인 행동을 하기 때문이라고 말한다. 조상 귀신을 잘못 대접하면 해를 입히기도 하고 불행을 가져다주기도 하고 질병에 걸리게도 하는 등, 온갖 악행을 저지르기 때문에 어떻게 하든지 잘 달래거나 마음을 흡족하게 해줌으로써 해코지하는 대신에 좋은 일을 하고 축복을 하도록 하려는 차원에서 제사를 드리는 것이다.

예배는 오직 살아계신 하나님께만 영과 진리로 드려야 한다. 이것이 참 예배이다. 음식을 차려놓고 술을 뿌리고 귀신을 숭배하는 예식을 행하는 것은 분명 예배가 아니다. 성묘하러 가서 하는 짓을 보면 가관일 때가 많다. 믿는 자들임에도 불구하고 산소에 음식 차려 놓고 술을 붓고 큰절을 하는데 도대체 왜 그런 짓을 하는지 알다가도 모를 일이다.

조상 귀신도 찾아오느라 힘들었으니 목 좀 축이라고 그러는 것인가. 듣자 하니 술도 아무 술이나 다 허용하는 것은 아니라고 한다. 술의 이름이 따로 정해져 있는 것은 아니나 도수가 센 독한 술은 적합하지 않다고 한다. 이유인즉 독한 술을 뿌리면 독종 후손이 그 가문에서 나오기 때문이라는 것이다. 아무리 무지몽매하다 하더라도 이렇게 터무니없는 말에 놀아난다는 것은 어리석음의 극치라고 할 수 있다.

귀신을 섬기는 행위는 자칫 귀신을 부르는 일이 될 수 있기에 지극히 주의해야 한다. 술은 그렇다치고 음식은 왜 차려놓는가? 더운 날씨에 음식을 오랜 시간 방치하는 것은 비생산적이고 비위생적이다. 음식이야 만들자마자 바로바로 싱싱할 때 먹어야 최고 아닌가. 제사상에 올려놓으면 조상 귀신이 와서 집어 먹기라도 한단 말인가.

예배의 대상은 귀신이 아니라 살아계신 하나님이심을 기억해야 한다. 복 받으려고 귀신에게 제사드린다고 하는데 이는 귀신들이 사람들의 섬김을 받으려고 지어낸 속임수에 불과하다. 백날 천날 치성을 드리고 야단을 해봐야 아무 소용이 없다. 귀신의 장난에 놀아날수록 불행해질 뿐이다. 귀신은 복을 주기는커녕 어떻게든 우리를 죽이고 망하게 하려는 존재라는 것을 잊지 말아야 한다. 복은 만복의 근원이신 주님으로부터 오는 것이다.

귀신이 예수 믿는 것을 두려워하는 이유가 무엇인지 아는가? 예수를 믿으면 인생의 주인이 예수로 바뀌기 때문이다. 그 결과 귀신들은 자신들의 설 자리를 잃고 쫓겨나는 신세로 전락하고 만다. 더 이상 자기들을 거지 취급하면서 홀대하고 상관도 하지 않는데, 어느 누가 예수 믿는 것을 반기려 하겠는가. 예수 믿기 전에는 우리가 귀신 앞에 설설 기면서 그들을 신처럼 떠받들었지만 예수를 믿으면 상황이 정반대로 바뀐다. 그들이 우리 앞에서 추방당할까 벌벌 떨며 살아남기 위해 간신배처럼 행세하게 된다. 하나님을 믿는 자는 귀신이 아니라 그 할애비라도 절대 해를 끼치거나 괴롭힐 수 없다는 것을 알아야 한다. 복도 하나님이 주시는 것이지 귀신이 주는 것이 아니다.

물론 조상이 자식들에게 축복은 할 수 있다. 그러나 그것도 살아 있을 때 얘기다. 성경에도 부모가 후손들에게 축복하는 이야기가 많이 나온다. 할 수 있는 한, 자식들을 위해서 축복을 해주어야 한다. 그러나 명심해야 할 것은 조상이 복 주는 것은 아니라는 사실이다. 다만 하나님께 "우리 아이에게 복을 내려 주소서. 잘되게 하소서"라고 축원하는 것일 뿐이다. 조상 자신이 무슨 권한이 있어서 복을 주고 형통하게 해준단 말인가. 생사화복은 오직 우리 주님의 손에 달려 있다. 그러므로 우리의 예배는 귀신이 아니라 주님께만 드려져야 한다. 본문 5-6절을 보라.

> "비록 하늘에나 땅에나 신이라 불리는 자가 있어 많은 신과 많은 주가 있으나 그러나 우리에게는 한 하나님 곧 아버지가 계시니 만물이 그에게서 났고 우리도 그를 위하여 있고 또한 한 주 예수 그리스도께서 계시니 만물이 그로 말미암고 우리도 그로 말미암아 있느니라"

하늘과 땅에 많은 신이 있고 많은 주가 있다고 말하나 우리에게는 참 하나님 한 분만 계시다는 것을 담대히 선포해야 한다. 우리가 경배하고 절해야 할 대상은 사람이나 죽은 귀신이 아니라 바로 하나님이시다. 진정한 복은 온전히 마음과 뜻을 다해 하나님께 예배할 때 임하는 것이다.

효孝 사상

셋째는 효의 문제이다. 조상제사가 왜 까다롭고 힘들고 복잡하고 어려운가? 그 이유는 효도와 우상숭배가 빈틈없이 서로 맞물려 있기 때문이다. 조상제사를 바르게 해결하려면 무엇보다도 먼저 이 둘을 따로 떼어놓아야 한다. 효는 효대로, 조상제사는 제사대로 다루어야 문제 해결이 빠르고 쉬워진다. 이것을 같이 묶어서 해결하려면 해결할 방법도 없거니와 오히려 해결하려다가 우상의 올무에 걸려들고 만다.

왜 그런가? 효를 위해서 조상제사를 한다는데 뭐라고 반론하겠는가 말이다. 조상제사를 고집하는 자들에게 아무리 제사 무용론을 설명해도 듣지 않는 이유는 분명하다. 제사를 드림으로 돌아가신 부모님에게 효성을 보일 수 있는 절호의 기회라는 것이다. 그래서 나온 말이 추양계효追養繼孝이다. 죽은 자에게 효를 계속하면서 봉양한다는 뜻이다. 효도는 살아 있을 때 일이고 돌아가셨을 때는 조상의 유훈을 기리는 데 불과하다.

명절을 통해서 조상이 남긴 유지를 받들고, 그 뜻을 이 땅에 펼쳐나가려고 힘쓰는 것이 죽은 자에 대한 최선의 예의라고 할 수 있다. 그러나 조상의 유지는 받들려고 하지 않고, 유훈에 대해서는 나 몰라라 하면서 조상제사를 드린 것으로 효를 다했다는 생각은 잘못이다. 살아계실 때는 과자 부스러기 하나 대접하지 않다가 돌아가신 다음에 상다리가 부러져라 제사 음식을 차린들 그것을 어찌 참 효도라고 하겠는가. 아무리 지극정성으로 열심히 한들 형식과 위선에 지나지 않는다. 평소 자기가 못다 한 것을 그렇게라도 해서 위안을 받아보려는 얄팍한 속셈이 아니고 무엇이겠는가.

돌아가신 다음 요란을 떨기보다는 살아 있을 때 효성을 드리는 것이 훨씬 더 값지고 귀하다. 그러므로 조상제사의 뿌리를 뽑으려면 무엇보다도 효의 문제에 집중해야 한다. 그래야 조상제사에 대한 논리적 당위성을 깨트릴 수 있는 것이다. 효를 실천하면 조상제사의 근거가 흔들릴 수밖에 없으며 반대할 근거를 잃어버린다.

그런데 조상제사를 드리지 않으면서 효도마저 하지 않는다고 가정해 보라. 두말할 나위도 없이 불효막심한 자식이라고 욕하고 비난할 것이다. 그 자신은 물론, 기독교마저 패륜의 종교라고 싸잡아 비난을 쏟아낼 것이다.

한때 교회가 조상제사를 금하자 조상도 몰라보는 상놈 집단이라는 오해와 백성들을 미혹하는 사교라는 누명을 쓴 적이 있다. 18-19세기에 걸쳐 천주교가 받은 엄청난 박해의 원인이 바로 조상제사에 있다. 진산 사건이 그 시발점이라고 할 수 있다. 해남 진산에 살던 다산 정약용의 외삼촌 윤지충과 권상현 두 관리들이 보란 듯이 부모의 위패를 불태워버린다. 이제부터 하나님만을 섬기기로 결심했으니 조상제사를 드릴 수 없다고 공언한 것이다.

이로 인해 조정에 불려가 나라가 금하는 법을 어겼다는 죄목으로 참수형을 당한다. 이 사건이 있고 난 후, 무려 만여 명 가까운 신도들의 희생이 뒤따른다. 조상제사를 안 드린다는 이유 하나로 "천주교는 제 아비, 임금도 모르는 무부종교다. 패륜의 종교다. 역병보다도 더 무서운 사교다"라고 매도를 당한 것이다.

그러므로 조상제사 문제를 슬기롭게 극복하려면 제사드리는 그 자체보다 효에 관한 한 탁월한 수준을 보여주어야 한다. 그들이 감히 흉내 내지 못할 정도로 효성의 본보기가 되어야 한다. 그들은 제사드리는 것을 효행의 전부라고 확신하나 우리 신앙인들은 진심에서 우러나오는 효를 실천함으로 조상제사보다 우위에 있음을 증거할 필요가 있다. 조상제사 이상 가는 효를 통해 제사가 별 의미가 없다는 것을 확인시켜주어야 한다.

다른 식구들로부터 "저 사람은 제사 빼놓고는 정말 나무랄 데가 없어. 절하지 않는 것이 하나 흠이라면 흠이지만 다른 것은 우리가 따라가지 못해"라는 말을 듣도록 최선을 다해야 한다. 부모나 식구들로부터 그런 인정을 받는다면, 조상제사를 드리고 안 드리고는 별 문제가 되지 않을 것이다.

부모에게 효를 다하는 법은 부모를 잘 섬기는 것만 가지고는 부족하다. 형제자매들이 서로 우애하고 서로 감싸주고 서로 사랑하는 것을 보여주어야 한다. 제사 드리기 싫고, 가족 간에 모이면 서로 싸우고 반목한다는 핑계로 효까지 중단하는 것은 잘못이다. 피하는 것만이 능사가 아니라 적극적으로 뛰어들어 효를 실천하고 형제우애하면서 그리스도의 사랑을 나누고 베풀어주어야 한다. 그들이 우리의 사랑에 감격하고 감동할 때, 조상제사를 버리고 주님께로 돌아올 것이다. 1절을 보라.

"우상의 제물에 대하여는 우리가 다 지식이 있는 줄을 아나 지식은 교만하게 하며 사랑은 덕을 세우나니"

언제나 지식보다는 사랑이 앞서야 한다. 지식은 사랑에 기초할 때 위대한 힘을 발휘할 수 있다. 조상제사의 문제는 오직 주님의 사랑만이 그 해답임을 명심해야 한다.

이번 명절을 통해서 죽음에 대한 공포를 부활 신앙으로 몰아내며, 살아계신 하나님께 영과 진리로 예배를 드리고, 부모에게 진심으로 효를 다하고 형제끼리 우애하고 사랑하는 그리스도인의 아름다운 모습을 보여주어야 한다.
이것이 오늘 주님 중심의 명절을 지키려는 자들에게 주시는 하나님의 뜻이다.

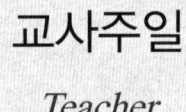

교사주일

Teacher

나는 선생님이다
I am a Teacher 요 13:13–15

위대한 스승의 길
The Way of the Great Teacher 고전 11:1

나는 선생님이다
I am a Teacher

    1970년대에 출간된 한 권의 책이 우리나라 교육계를 강타한 적이 있다. 20여 년 전에 그 책을 읽으면서 큰 충격을 받았다. 저자가 주장하는 대로 "학교가 이런 식으로 계속해서 붕괴과정을 걷는다면 앞으로 학교라는 존재는 어떻게 될 것인가. 기존의 학교라는 시스템이 무너질 경우 그 대안은 무엇이 될 것인가"라는 의문이 들었다. 당시로서는 파격적인 이슈들이 아닐 수 없었다. 그 문제의 책이 바로 이반 일리치 Ivan Illich 가 쓴 《탈학교화 사회》Deschooling Society 이다.

    그는 이 책에서 오늘날 학교가 가지고 있는 한계와 모순점을 지적하면서 급변하는 시대 속에서 학교가 새로운 변신을 시도하지 않는다면 앞으로 살아남기 어려워지리라고 경고하고 있다. 그의 뒤를 이어 프레이리 Prairie 라는 브라질 교육학자가 한술 더 떠서 "학교는 더 이상 존재할 이유를 상실하고 말았다. 하루속히 문을 닫는 것이 가장 현명한 일이다"라는 폭탄선언을 해서 화제를 불러일으키기도 하였다. 그의 주장은 너무 과격한 데가 있었기에 그렇게 큰 호응을 얻지는 못했다. 그러나 과거 그 어떤 공격에도 끄떡없을 것으로 보이던 철옹성 같았던 학교가 요란한 소리를 내며 무너지고 있는 현 상황을 바라보노라면 다만 그의 선견지명이 놀라울 뿐이다.

학교의 위기는 학교만의 위기로 끝나는 것이 아니다. 더 나아가 우리 사회는 물론 교회학교의 위기로 바로 이어진다. 오늘날 교회학교가 당면한 문제들이 무엇인가? 학교의 문제들이 고스란히 교회 안으로 들어와 교회학교의 위기를 부채질하고 있다. 이 위기 또한 무시 못할 정도로 빠르게 진행되고 있는 실정이다.

얼마 전 〈기독공보〉에 발표된 우리 교단의 통계보고를 보고 충격을 받은 적이 있다. 교회학교의 침체를 알리는 징후들이 여기저기에서 나타나고 있다는 이야기는 익히 알고는 있었으나, 이렇게까지 심각하리라곤 상상도 하지 못했다.

지난 몇 년간 교회학교의 숫자가 급격히 줄어들고 있다. 1,400명도 아니고, 14,000명도 아니고, 무려 14만여 명이 감소했다고 보도하고 있다. 전체적으로 출산율이 떨어지면서 자연적인 감소현상이 있어온 것은 사실이다. 그러나 이런 결과는 한국 교회가 위기의식을 갖지 못한 채, 예상되는 변화에 대해 너무나 안일하게 대처해 왔으며, 그동안 자라나는 아이들을 제대로 붙잡지 못했다는 뚜렷한 증거가 아닐 수 없다. 교회학교에서 일하는 관계자들을 만나 얘기를 나눠보면 과연 한국 교회의 교회학교들이 예전의 영광을 다시 회복할 수가 있을지 걱정이 앞선다. 이처럼 갈수록 열악해지는 환경 속에서도 묵묵히 자기 자리를 지키며 거룩한 사명을 감당하기 위해 고군분투하는 교사들의 모습을 볼 때마다 감사한 마음을 금할 수가 없다.

오늘날 교회학교가 시급히 해결해야 할 현안들이 산적해 있겠으나, 가장 심각한 문제는 따로 있다. 어떤 이는 건물이나 시설들이 낙후되어 있다는 점을 그 문제점으로 꼽을 것이다. 어떤 이는 세상에 비해 교회 프로그램이 너무 빈약하다는 지적을 할 것이다. 또 어떤 이는 세상에서 가르치는 교재와 비교하면서 '교회학교 교재의 수준이 현저하게 뒤떨어지는 것이 아닌가'라는 비판을 내놓기도 한다. 그러나 문제의 핵심은 시설이나 프로그램이 아니라 '누가 가르치느냐'라는 것이다. 아무리 시설이 남다르고 프로그램이 빼어나더라도 가르치는 자가 없다면 무슨 소용이 있겠는가. 얼마든지 시설은 필요에 따라 개선해 나갈 수가 있고 프로그램은 수시로 바꿀 수가 있으나 아이들을 가르치는 자가 잘못되면 근본적으로 모든 것이 망가질 수밖에 없는 것이다.

주님은 공생애 3년을 거의 가르치는 일에 투자하셨다. 어떤 의미에서 주님은 설교자나 전도자로서보다는 위대한 스승으로 일생을 사셨다고 해도 과언이 아닐 것이다. 예수님은 하늘로부터 온 교사로서 이 땅에서 하나님의 뜻을 나타내 주셨으며 그 비밀을 가르치는 일에 전력을 다하셨다.

혼느 H. H. Horne 는 《가장 위대한 교사》 The Master Teacher 라는 책에서 예수님께서 얼마나 가르치는 일을 중요하게 다루셨는가를 설명하고 있다. 주님은 가르치기 위해서 이 땅에 오셨고, 친히 십자가에서 죽으심으로써 그 가르침을 완성하셨다. 그분이 위대한 교사라는 증거는 단지 많은 지식을 가지고 있거나 하늘의 능력을 가지고 있어서가 아니라 몸소 삶으로 보여주셨다는 데 있다. 가장 위대한 스승이란 말만이 아니라 자신의 삶을 통해 행동으로 옮겨야 하며, 재능이 아니라 본으로 귀감이 되어야 한다.

우리는 가르침의 전형적인 모습을 본문을 통해서 발견할 수가 있다. 이 본문은 예수님께서 어떤 교사의 삶을 사셨는가를 잘 보여주고 있다. 우리 모든 교사들과 하나님을 믿는 자들은 누구나 다 우리의 영원한 모델이 되시는 주님을 본받아야 하며 그 분을 따르는 일에 모든 힘을 경주해야 할 것이다.

자의식을 가져라

예수님은 자신을 가리켜 "나는 선생이요, 주다"라고 인정하신다. 본문 13절이다.

> "너희가 나를 선생이라 또는 주라 하니 너희 말이 옳도다 내가 그러하다"

예수님은 사람들이 자기 자신을 선생이나 주라고 부르는 것에 대해서 한마디 부인도 거절도 하지 않으신다. 오히려 "그렇다. 너희들 말마따나 내가 선생이요, 주다"라고 선언하신다. 복음서를 보면 29회에 걸쳐 직접 자신을 향해 선생님이라는 칭호를 사용하고 있다.

가장 위대한 교사가 지녀야 할 중요한 특성 중 하나가 바로 자의식이다. 자신의 정체성은 물론 사명을 인식하는 데 있어서 이를 대신할 수 있는 것은 없다. '나는 선생이다'라는 자의식이 분명하면 할수록 자신에게 부여된 본연의 임무에 더욱 충실할 수가 있으며, 누가 뭐라해도 개의치 않고 위대한 교육자의 길을 올곧게 걸어갈 수가 있는 것이다.

내가 선생인지 아닌지, 뭐하는 사람인지 헷갈려서 갈피를 잡지 못한다면 어떻게 사명을 끝까지 완수할 수 있겠는가. 자기 정체성이 잘못되면 그와 함께 그의 삶 전체가 흔들릴 수밖에 없을 것이다. '내가 누구다'라는 자의식이 분명해야 어떤 시련이나 고난이 찾아와도 얼마든지 극복할 수가 있다.

그러나 이 자의식이 희미하거나 불분명할 경우, 조금만 힘들고 어려워도 피해 달아나려 하거나 그대로 주저앉고 만다. 교사의 일만 해도 그렇다. 자신의 능력으로 감당하기 버겁다 싶으면 겁부터 집어먹는다. 변명을 늘어놓거나 '잘못 걸려들었네. 이건 내가 할 일이 아닌가 보다'라며 때려치울 생각부터 한다. 그러므로 무슨 일을 하든지 '나는 누구다', '나는 무엇하는 사람이다'라는 자의식만은 뚜렷해야 한다. 이를 왜곡하거나 조금이라도 소홀히 해서는 안 된다.

이 세상에서 성공적인 인생을 원하는 자라면 누구나 빼놓지 말아야 할 것이 있다. 바로 자의식이다. '내가 아버지다', '내가 아내다', '내가 장로다', '내가 권사다', '내가 사업가다', '내가 변호사다', '내가 의사다', '내가 환경미화원이다'라는 자의식이 뚜렷해야 어떤 장애물도 능히 돌파해 나갈 수가 있다.

당신이 가지고 있는 자의식은 무엇인가? 어떤 정체성을 가지고 살아가는가. 아무리 위대한 일을 하고 싶다고 해도 자의식이 없으면 위대한 일은커녕 그 어떤 일도 제대로 감당할 수가 없다. 당신이 훌륭한 교사가 되어 유능한 제자들을 길러내고자 한다면 무엇보다도 '나는 주님이 세우신 교사다', '나는 주님으로부터 부름 받은 선생님이다'라는 의식이 확실해야 한다.

존 슐레터는 "나는 선생님이다" I am a Teacher 라는 사명선언서에서 이런 말을 했다. "나는 선생님이다. 아이들의 입에서 질문이 솟아나는 그 순간에 나는 태어났다. …그들의 이름과 얼굴은 이미 오래전에 잊혀졌으나 내가 심어 놓은 교훈과 인격만은 그들의 삶 속에 영원히 남아 있을 것이다. 나는 선생님이다. …나는 부富를 목적으로 하는 자가 아니라, 아이들의 내면에 감춰져 있는 재능과 은사를 발견하여 새로운 미래를 열어가도록 준비시켜주는 자이다.…나는 선생님이다. 나는 이 사실에 대해서 늘 하나님 앞에 감사드린다."

교사로 부름을 받았다는 것은 참으로 고귀한 특권이 아닐 수가 없다. 어느 누가 천하보다 귀한 영혼을 가르칠 수 있단 말인가. 그들을 주님께로 바르게 인도해나가기 위해서는 다른 것은 몰라도, '나는 선생님이다'라는 자의식과 소명의식만은 가슴속에 활활 타오르고 있어야 할 것이다. 무슨 일을 하든지 언제나 이 자의식에 충실할 때, 우리를 통해 놀라운 역사가 이루어질 것이다.

섬기는 자가 되라

위대한 교사가 되려면 무엇보다도 섬김의 자세를 잃지 말아야 한다. 주님은 섬김의 삶이야말로 교사들이 몸과 마음에 지녀야 할 가장 중요한 자질임을 몸소 가르쳐주셨다. 본문 14절을 보라.

"내가 주와 또는 선생이 되어 너희 발을 씻었으니 너희도 서로 발을 씻어주는 것이 옳으니라"

주님은 친히 주와 선생이 되어서 섬기는 본을 보여주신다. 종이나 하인들이 누군가를 섬기는 일은 쉽다. 마땅히 그렇게 해야 하는 일이기도 하다. 하찮은 위치에 있는 자라면 자기 위에 있는 상전을 섬기는 것은 지극히 당연한 일이다. 종은 아무리 열심히 충성스럽게 섬긴다 해도 주위 사람들로부터 윗사람을 잘 모신다는 칭찬은 간혹 들을지언정 종이라는 자신의 책무에서는 벗어날 수가 없다.

그러나 입장을 바꾸어 상전이 종을 섬긴다고 하자. 이때는 사정이 크게 달라진다. 잘못하면 상전의 체통을 구기는 모양새가 되어 보기 드문 구경거리이자 놀림감이 될 수도 있다. 그러나 다른 한편으로 볼 때, 상전의 이런 예외적이고 파격적인 행위는 종을 비롯하여 이를 지켜보는 모든 이들에게 말로 다할 수 없는 감동과 더불어 잔잔한 파장을 불러일으킬 것이다. 말단 직원이 사장을 섬기기보다 사장이 말단 직원을 섬길 때, 그에 따르는 파급효과는 상당히 크다. 만약 제자가 선생을 섬기기보다 거꾸로 선생이 제자를 섬긴다면 무너진 사제관계는 다시 살아나게 될 것이다.

가령 나라의 최고 통수권자인 대통령이 가난한 노숙자들을 섬긴다고 하자. 소외된 자들을 위해 자신의 지위와 권한을 내려놓고 자신을 헌신한다면 과연 무슨 일이 일어날 것인가. 개가 사람을 물면 별다른 화제가 될 수 없어도 반대로 사람이 개를 물면 커다란 화제가 되듯이 최고의 뉴스거리가 되어 매체들마다 대서특필을 할 것이고 연일 인터넷 검색어 1위로 떠오를 것이다.

진정 위대한 사람은 섬기는 자이지 남 위에 서서 자세하거나 군림하는 자가 아니다. 만약 주님께서 우리를 억누르고 다스리려고 하셨다면 얼마든지 그렇게 하실 수가 있었을 뿐만 아니라 그 수하로 들어가 복종하지 않는 자는 아무도 없었을 것이다. 그는 하나님과의 동등한 위치에서 모두의 경배를 받으며 신적인 능력을 행사하실 수 있었지만 이러한 고유권한을 내려놓고 오히려 인간처럼 되어서 자신을 인간의 한계 속에 가두어 놓으셨다. 더 나아가 죄인들을 구원하기 위해 더 이상 내려갈 수 없는 가장 낮은 자리까지 내려가신다. 그의 철저한 섬김의 삶이 있었기에 우리는 그 은혜를 통해 구원의 복을 누리게 될 것이다.

우리가 섬겨야 하는 이유는 무엇인가? 자기 체면을 유지하기 위해서인가, 아니면 잘 섬기면 상대방으로부터 좋은 평가를 받을 수 있기 때문인가. 섬기기를 힘쓰면 자신의 명성이 올라가고 '저 사람 참 괜찮네'라는 인정이 돌아올 수 있어서인가. 제자들을 섬기는 이유가 단지 제자들의 마음을 사고 그들로부터 칭송과 존경을 받기 위한 것이라면 교사의 자질을 의심할 수밖에 없을 것이다.

　우리가 섬기는 목적은 분명하다. 다른 이유가 있을 수가 없다. 그들보다 못나서도 아니고 힘이 약해서도 아니다. 능력이 부족하거나 가진 것이 없어서도 아니다. 단지 하나의 이유가 있다면 그것은 섬김으로써 그들을 하나님께로 인도하기 위해서이다.

　교만한 마음을 가지고 남을 부리려고만 해서는 그들을 구원해내기는커녕 주님으로부터 거리만 멀어지게 할 뿐이다. 무슨 일을 해도 결코 좋은 영향을 끼칠 수가 없을 것이다. 주님이 십자가에서 우리를 섬겨주신 것처럼 겸손히 남을 섬길 때만이 사람들의 마음을 움직일 수가 있고, 감동을 불러일으킬 수가 있다. 그들은 당신의 행동을 보면서 강한 도전을 받고 주님을 찾게 될 것이다. '하나님을 믿으면 사람이 저렇게 달라질 수도 있구나'라는 것을 깨닫고, 주님 앞으로 가까이 다가갈 것이다.

　겸손하면 사람들이 빠져나갈 것 같지만, 오히려 자석처럼 달라붙도록 되어 있다. 이것이 섬김의 위력이라고 할 수가 있다. 섬기려는 자세는 보이지 않고 남들을 지배하고 호령하거나 무엇이나 된 듯이 행동할 경우, 사람들은 불쾌감을 느끼거나 상처를 받고 그 자리를 떠날 것이다. 남아 있는 자들은 그가 좋아서가 아니라 단지 그의 부와 권력을 두려워하기 때문임을 잊지 말아야 한다. 겸손히 섬길 때, 그들의 내면 깊은 곳으로부터 우러나오는 사랑과 존경을 받을 수가 있는 것이다.

얼마 전 학교들이 앓고 있는 병폐를 전문가들의 분석을 통해 조언을 해주고 보다 나은 방향으로 가도록 만들어주는 프로그램이 있었다. 한번은 학생들에게 존댓말을 하는 선생님의 이야기가 방영된 적이 있다. 처음에는 이상하다 생각을 했었는데 시종일관 아이들을 인격적으로 대하고 온화한 얼굴로 다가가는 선생님의 교육방식을 시청하면서 많은 것을 깨닫게 되었다. 선생님이 존댓말을 하면 그 권위가 떨어지고 아이들이 얕잡아 보고 더 함부로 할 것 같은데 결과는 정반대로 나타났다.

아이들을 있는 그대로 받아주고 최대한 존중하면서 가르치자 수업 분위기는 물론 아이들의 생활 태도까지 현저하게 달라지는 것을 볼 수 있었다. 수업이 끝나고 아이들과 인터뷰를 하는데 이구동성으로 하는 말이 있다. '선생님이 우리들에게 깍듯이 존댓말을 써주시니 왠지 모르게 우리 자신이 높아지는 듯한 느낌을 받았다.' '선생님이 저렇게 겸손한 자세로 우리를 대해 주시는데 우리가 더 잘해야겠다는 생각이 들었다.' '선생님에 대한 존경심이 저절로 생기는 것 같다.' 서로 섬길 때 학교생활이 행복해지고, 서로를 신뢰하고 따르는 관계가 자연스럽게 형성되더라는 것이다.

이처럼 교사가 자세를 낮추어 겸손하게 처신하더라도 엄청난 교육효과를 거둘 수가 있거늘 주님처럼 가장 낮은 자리에서 남을 섬긴다면 얼마나 더 놀라운 일이 일어날 것인가. 항상 문제가 되는 것은 자만심이 지나쳐, 되지도 못하면서 된 것처럼 행동하고, 알지도 못하면서 아는 것처럼 나서기 때문이라고 할 수 있다. 이것만 없으면 더없이 좋은 교사가 될 수 있는데 겸손하지 못해 거기서부터 문제가 복잡해지는 것이다.

주님은 선생이요 주가 되셔서 먼저 섬기는 삶을 실천하셨다. 남보다 더 많이 배운 자가 무식한 자를 섬기면 어떻게 되는가? 남보다 더 큰 권세를 가진 자가 가장 약한 자를 섬길 때 어떤 결과가 나타나는가? 가장 돈이 많은 부자가 가난한 자를 섬기면 무슨 일이 벌어질 것인가? 더 위신이 떨어지고 천박해지고 못난이 취급을 받을 것 같은가. 천만의 말씀이다. 오히려 그의 비범한 행동으로 인해 더 위대해지고, 더 높임을 받고, 더 존경을 받게 될 것이다.

예수님이 하신 말씀을 기억하는가. '큰 자가 되려면 꼴찌가 되고, 꼴찌가 되려면 큰 자가 되라'고 말이다. 세상의 법칙은 낮은 자가 높은 자를 섬기고, 없는 자가 있는 자를 섬기고, 못 배운 자가 배운 자를 섬기도록 되어 있다. 그러나 영적인 법칙은 다르다. 세상의 법칙은 명령하고 지시하고 군림해야 대우받는 것처럼 보이나, 영적인 법칙은 순종하고 겸손히 남을 섬길 때 더 크게 칭송을 받게 된다.

교사들이여, 섬기는 자가 위대한 교사임을 기억하라. 주의 백성들아, 겸손히 섬길 때 주님이 높여주심을 명심하라.

사랑으로 다가서라

본문을 보면 주님께서 제자들을 극진히 사랑하시는 모습을 볼 수 있다. 애정 어린 손길로 그들의 더러운 발을 한 사람 한 사람 정성스럽게 씻어주시고 닦아주신다. 우리는 여기서 예수의 아름다운 마음을 읽을 수가 있다. 그분의 아름다움이란 무엇인가? 제자들을 향한 예수의 뜨거운 사랑과 희생 정신이라고 할 수 있다. 주님의 사역의 절정은 뭐니뭐니해도 제자들의 발을 씻어주신 사건이 아니겠는가. 그 속에 주님의 사랑이 깊이 스며들어 있다. 가난하고 무식한 어부들을 주님의 유능한 제자들로 변화시켜놓은 것은 무엇일까. 고차원적인 지식이나 이성을 초월한 기적이 아니라 바로 주님이 십자가에서 보여주신 가없는 사랑 때문이라고 할 수 있다.

아이들을 변화시키고 그들의 인생을 바꿀 수 있는 것이 지식이라고 생각하면 큰 오산이다. 세상의 지식을 열심히 가르친다고 해서 그들의 인생이 달라지는 것을 보았는가. 많이 배웠다고 더 착하고 선하게 사는 것을 보았는가. 지식이 쌓일수록 죄를 범하지 않는다면 배울수록 죄가 줄어야 하는 것이 아닌가. 그러나 오히려 늘어나고 더 사악해지는 이유는 무엇 때문인가. 오히려 전문적인 지식을 이용하여 더 나쁜 짓을 하고, 잘 알기에 교묘한 방법으로 범죄를 저지르고 있지 않은가.

지식만으로는 절대로 그들의 내면의 삶을 뒤바꿀 수가 없다. 그들의 인생을 변화시켜 줄 수 있는 것은 지식이 아니라 사랑이다. 주님은 언제나 사람들을 만나기 전에 먼저 사랑으로 다가가셨다. 사람들을 외모로 취하거나 그들이 가지고 있는 소유나 사회적인 신분이나 지위로 평가하지 않으셨다. 오직 하나님의 사랑을 아낌없이 부어주셨을 뿐이다.

교사에게 있어서 가장 필요한 것은 무엇인가? 한 치의 빈틈도 없는 완벽한 교수법인가. 아이들을 잘 다루는 능력인가. 아니면 아이들의 심리를 잘 알고 상담해주는 것인가. 교사가 갖추고 있어야 할 가장 중요한 조건은 하나님의 사랑이다. 이 사랑을 나누어줄 준비가 되어 있다면 최고의 교사라고 불러도 손색이 없을 것이다. 그러나 우리는 늘 이 사랑의 결핍으로 인하여 참 교사의 모습을 보여주는 데 실패하고 있다.

미국의 명문 프린스턴 대학 출신으로 21세 때 박사학위 논문을 써서 노벨상을 수상한 인물이 있다. 일찍이 아인슈타인 버금가는 천재 수학자로 이름을 떨친 바가 있으며 졸업과 동시에 세계 최고의 석학들로 구성된 MIT 윌러 연구소에 특채되어 일하던 중, 미 국방성 암호 해독 전문가로 두각을 나타낸다. 그의 천재성에 대한 이런 일화가 있다. 너무 난해하여 극소수의 천재들만 알고 있다는 수학 공식을 단숨에 풀어냈을 뿐만 아니라 밖에서 노는 아이들을 바라보며 그 광경을 즉석에서 공식으로 만들어내기까지 했다고 한다. 남들은 평생 가도 이루기 힘든 과업을 20대 초반에 벌써 성취했다고 하니 입이 다물어지지가 않는다.

더 놀라운 사실은 그의 논문 분량이 터무니없이 적었다는 것이다. 박사논문으로 인정을 받으려면 최소한 180페이지에서 200페이지는 족히 넘어야 한다. 그런데 그의 논문은 겨우 27쪽에 불과하다고 한다. 참으로 신통방통한 노릇이 아닐 수가 없다. 이 논문이 발표되었을 때 그의 이론이 너무나 독창적이고 혁신적이라 학계 전체가 발칵 뒤집어졌다고 한다.

어떤 이는 그의 학문적인 업적을 이렇게 평가한 적이 있다.
"다윈이 진화론을 내놓아 생물학에 대혁신을 가져왔던 것처럼, 뉴턴이 천체역학을 발견하여 물리학을 하루아침에 뒤집어놓은 것처럼, 그가 제시한 '균형이론' equilibrium theory 에 의해 기존의 경제논리는 다 무너지고 말았다."

지금까지 그의 학설을 능가할 만한 이론이 나오지 않고 있으며, 오늘날 세계 경제의 기본 원리로 자리를 잡고 있다.

그러던 어느 날 정신분열증이 악화되면서 오랜 세월을 방황하게 된다. 아내의 헌신적인 간호로 정상적인 삶을 회복하자, 그의 공을 기리기 위해 논문을 발표한 지 44년이 흐른 1994년에 노벨 경제학상을 수상하는 영예를 누린다. 그때 식장에서 그가 이런 연설을 했다고 한다.

"나는 수학자로서 평생을 살아왔다. 논리와 지성이 뛰어넘을 수 없는 한계에 도달하고자 지금까지 끊임없이 도전을 해왔다. 내가 믿고 있었던 것은 오로지 숫자였다. 그러나 무엇이 진정한 논리이며 이성이란 말인가? 나는 그동안 비현실 세계 속에서 정처없이 떠돌다 이제야 다시 돌아와 새로운 방정식을 하나 풀려고 애쓰고 있다. 이 방정식은 지금까지 어떤 논리나 이성으로도 풀 수 없는 신비한 방정식이다. 바로 '사랑의 방정식' formula of love 이다. 오늘날 내가 이 영광스런 자리에 서 있게 된 것은 전적으로 내 아내의 헌신적인 사랑 때문이다. 그것이 내 존재의 이유이다."

아내의 헌신적인 내조와 지극한 사랑이 없었더라면 그는 이미 폐인이 되어 사라지고 말았을 것이다. 이 존 내쉬 John Nash 박사의 파란만장한 일대기를 기록한 책이 《뷰티풀 마인드》 A Beautiful Mind; 실비아 네이자 저 이다. 얼마 전 영화로도 상영이 되었는데 인생의 의미가 무엇이며, 무엇이 인생의 성공인가를 진솔하게 보여준 걸작이다. 그를 극적으로 변화시킨 것은 과연 무엇이었을까. 숫자를 우상으로 생각하고 오로지 숫자만을 섬기던 그의 인생을 바꾸어 놓은 것은 무엇인가. 끊임없이 인간의 이성과 논리에 사로잡혀 자신이 최고인 것처럼 여기고 자기 잘난 맛에 살아가던 그의 인생을 무엇이 바꾸어 놓은 것일까. 결코 그의 지성이 아니었다. 그의 천재적인 머리도 아니었다. 그렇게 진리처럼 믿고 있었던 수도 아니었다. 오직 아내의 사랑이었던 것이다.

우리 아이들의 인생을 바꾸어 놓을 수 있는 힘은 어디에 있는가? 점점 강퍅해지고 사나워져 가는 우리의 아이들을 무엇으로 건져낼 수 있겠는가? 무엇으로 그들의 삶을 돌려놓을 수가 있는 것일까. 바로 사랑이다. 우리의 자녀들을 새롭게 변화시키고 위대한 인물로 길러낼 수 있는 유일한 비결은 지식이 아니라 사랑이다. 주님께서 우리를 어떤 방법으로 바꾸어 놓았는지를 기억하라. 우리가 스스로 그 비밀을 터득했기 때문인가. 그렇지 않다. 오직 주님이 십자가에서 보여준 그 위대한 사랑 때문이다. 그 사랑을 보고 체험하는 자는 누구나 그 앞에 꼬꾸라지지 않을 수가 없다. 이 사랑만이 아이들의 인생을 변화시키며 세상을 바꿀 수 있는 것이다.

유명한 기독교 교육학자 존 반 다이크는 《기독교 가르침의 기술》The Craft of Christian Teaching 이라는 책의 서두에서 이렇게 말했다.

"지금까지 내게 영향을 준 두 사람이 있다. 한 사람은 배우지 못한 전기공이었고, 또 한 사람은 학식도 있고 세상적으로 잘나가는 사람이었다. 그러나 정작 내 인생을 바꿔준 사람은 많은 지식을 가졌던 그 사람이 아니라, 배우지 못했지만 그리스도의 사랑을 끊임없이 전해준 전기공이었다."

당신의 인생을 바꾸어놓고 싶은가? 아이들의 미래를 성공적으로 인도하기를 원하는가? 그리스도의 사랑을 쏟아 부어라.

본을 보여라

위대한 교사는 본을 보여 따라오게 하는 교사이다. 본문 15절을 보라.

"내가 너희에게 행한 것 같이 너희도 행하게 하려 하여 본을 보였노라"

주님은 위대한 교사로서 그 본이 무엇인가를 보여주신다. 주님은 말씀하신 대로 반드시 실행으로 옮기셨고 가르치신 대로 사셨다. 아이들이 누구를 존경하는지 아는가. 어떤 부모를 인정하고 어떤 부모를 신뢰하는가. 말과 행실이 일치하는 사람을 따른다. 아이들은 그들을 통해서 자신의 가치관을 배우고 인생의 이정표를 세우게 된다. 당신이 가르치는 말씀대로 실천하며 살아간다면 아이들은 그 말씀이 진리라는 증거를 가슴 깊이 새기게 될 것이다.

그 삶을 통해 그 말씀이 강력한 지지를 얻을 것이며 그로 인해 큰 영향력을 행사할 것이다. 주님은 '진리로 살아가라'고 말씀만 하신 것이 아니라, 친히 진리가 되어서 진리의 삶을 보여주셨다. '사랑하라' 말만 하신 것이 아니라 진정 사랑이 무엇임을 십자가를 통해서 보여주셨고, '기도해라' 말씀만 하신 것이 아니라 진정 기도하는 자의 모습을 본으로 보여주셨다. 위대한 교사는 말만 하는 자가 아니라 말한 대로 실천하고 살아가는 자이다.

이것이 오늘 진정한 교사로 일생을 헌신하려는 자들에게 주시는 하나님의 뜻이다.

기도

은혜로우신 아버지
우리 모두 주님의 뒤를 따라
위대한 교사의 길을 걸어가게 하소서.
이 시간 주님이 나를 교사로 세우셨다는

분명한 소명감과 자의식을 가질 수 있게 하시며

섬김과 사랑과 모범을 통하여

위대한 제자들을 길러내게 하소서.

우리의 영원한 스승이자 주이신

예수님의 이름으로 기도합니다. 아멘.

위대한 스승의 길
The Way of the Great Teacher

한국교원단체 총연합회에서 '스승의 날'을 앞두고 유·초·중·고 교사들과 대학교 교원들을 대상으로 설문 조사를 한 적이 있다. 총 1,733명 가운데 79.5%에 해당되는 교사들이 교사로서의 자부심과 만족감을 느끼기가 어렵다고 답을 하였다. 그 원인 중의 하나는 교사 예우나 복지에 대한 문제라기보다 교사들의 권위가 말할 수 없이 추락하고 있기 때문이라는 것이다. 예전에는 교사 하면, 스승이라는 그 자체만으로 존경과 인정을 받았으며, 얼마든지 부여된 권위를 재량껏 행사할 수가 있었다.

그러나 요즘은 학생 인권이 지나칠 정도로 강화되고 있어 일방적인 체벌은 물론 최소한의 얼차려마저도 여의치 않은 상태다. 이로 인해 갈수록 교사와 학생 간의 신뢰관계가 급격히 무너지고 교권이 발을 붙일 수 없게 되면서 적절한 통제조차 불가능해지고 있다. 자칫 잘못했다가는 고발조치를 당하거나 소위 사회관계망[SNS]을 통해 집중포화를 만나기라도 하는 날에는 엄청난 피해를 감수해야 한다. 심지어 강단을 떠나야 하는 불상사가 벌어진다.

왜 이런 현상들이 나타나는가? 포스트모더니즘 postmodernism 이라는 쓰나미가 우리 사회를 강타하고 있기 때문이다. 기존의 위계질서들이 뒤바뀌고 권위가 땅에 떨어지고 해체 위기를 겪고 있다. 이제는 조직의 질서를 중시하고 절대복종을 요구하는 군대에서조차 상명하달식의 수직적인 권위주의가 점차 사라져 가는 실정이다. 한 나라를 다스리는 최고통수권자의 권위도 예전 같지가 않다. 대통령도 우습게 알고 조롱하거나 비판거리로 삼는다. 만약 이런 식으로 권위해체 현상이 계속된다면 머지않아 하나님의 신적 권위에 대한 도전도 일상화되지 않을까 심히 우려스럽다.

오늘을 살아가는 현대인들은 모든 권위를 비롯해서 현대주의가 쌓아올린 구조물 일체를 해체 deconstruction 하라는 탈현대주의의 명령 앞에 머리를 조아리고 있다. 어느 누구도 이의를 제기하거나 거부의 사를 밝히지 못하고 있다.

이처럼 권위를 인정하지 않으려는 시대상황 속에서 스승의 권위를 회복하고 그 권위를 가지고 가르치는 일은 거의 통하지 않는다. 교사들의 입에서 이구동성으로 '이제 교사들은 한낱 봉급쟁이에 불과하다.

이런 상황에서 무슨 참 교사상을 논할 수 있겠는가. 정말 못 해먹겠다는 자조 섞인 한숨소리가 흘러나오고 있다. 교사들의 설 자리가 점차 좁아지거나 사라져가고 있는 것이다. 학생들도 교사들을 부를 때, '선생님, 스승님'이라고 깍듯이 존대하지 않는다. 오히려 교사들을 비하하거나 폄하하는 말로 호칭을 한다. 어째서 이런 서글픈 지경에 까지 오게 된 것일까.

스승의 날이 되면 늘 부르는 노래가 있다. '스승의 은혜'라고 들어 보았는가. "스승의 은혜는 하늘 같아서, 우러러 볼수록 높아만지네", 정말 그런가? 스승의 은혜가 하늘은커녕 땅바닥보다 못한 처지로 전락하고 말았다. 존경은 고사하고라도 동네 아저씨만도 못하게 여기는 풍조가 만연해 있다. 참으로 안타까운 일은 교사의 위상마저 허물어지고 있다는 것이다.

우리의 가슴 속에 남아 있는 그리운 스승은 얼마나 되는가. 과연 평생을 두고 잊을 수 없는 스승이 있는가. 그런 스승을 한두 분이라도 모시고 있다면 행복한 자라고 할 수 있다. 예전에는 인생길을 바로 가도록 인도해주거나 도움을 준 자들을 일컬어 스승이라고 불렀다. 부모님이 되었든 친구가 되었든 지나가는 행인이 되었든 할아버지 할머니가 되었든, 누군가 자기 삶에 좋은 영향력을 끼쳤으면 누구라도 스승이 될 수 있었다.

누군가에게 감화를 주었거나, 그들의 삶에 변화를 일으켜 위대한 꿈을 꾸게 하고 새로운 인생을 살게 해준 적이 있는가. 그렇다면 그를 스승이라 불러도 좋을 것이다.

사도 바울은 자신의 위대한 스승을 예수 그리스도라고 밝히는 동시에 주님을 자신이 본받아야 할 유일한 대상으로 선언하고 있다.

1절을 다시 보라.

> "내가 그리스도를 본받는 자가 된 것같이 너희는 나를 본받는 자가 되라"

"그리스도를 본받는 자가 되라"고 결론을 내렸으면 좋으련만, 한 걸음 더 나아가 "내가 본받는 것처럼 너희도 나를 본받으라"고 권면하고 있다. 무슨 말인가? 그가 자만심에 들뜬 나머지 교만해져서 자신을 과시하고 드러내느라 그런 것일까. '봐라, 나처럼 잘 믿는 자가 어디 있느냐, 나처럼 일 많이 하는 자가 누구냐, 나처럼 많은 지식을 가지고 있는 자가 어디 있느냐, 나처럼 다재다능한 자가 누구냐. 그러니 나를 본받아라! 나를 닮아라! 나를 따라라!' 이런 식으로 떠벌이는 것이 아니다.

만약 본문을 그런 식으로 이해하려 든다면 그의 진의를 곡해하고 있는 것에 불과하다. 그렇다면 도대체 무엇을 본받으라는 것인가. 내가 그리스도를 본받아 살아가는 것처럼 너희들도 그리스도를 본받는 일에 힘쓰라는 것이다. 다시 말하면 자신이 얼마나 신앙적으로 인격적으로 훌륭한가, 됨됨이가 뛰어난가를 자랑하고 드러내려는 것이 아니라 얼마만큼 그리스도 중심으로 살아가고 있는가를 보고 그 본을 따라오라는 것이다. 그리스도가 내 삶에 들어오셔서 나를 주관하시고 이끌어 가시는 것처럼 너희들도 예수 그리스도를 주로 모셔들이고 그분을 본받아 열심히 섬기라는 것이다.

진리를 따라 살라

'본을 받는다'는 말 속에는 '말씀하는 대로 순종하며 살아간다'는 의미가 들어 있다. 본받는다고 떠벌이고 큰소리치면서 그분의 말씀을 귓등으로도 듣지 않고 멋대로 행동한다면 어찌 주님의 뒤를 따른다고 할 수 있겠는가. 누가 그 말을 곧이들으려 하겠는가. 모름지기 진리의 말씀과 삶이 일치해야 사람들로부터 존경과 신뢰를 얻을 수가 있다.

우리가 그리스도를 본받는다면 바로 그리스도가 하신 말씀을 그대로 삶을 통해 실천하고 실현해나가야 한다. 그리스도를 본받고 있는가. 그렇다면 스스로에게 질문을 던져보라. 나는 얼마만큼 그리스도가 하신 말씀대로 실천하고 있는가.

우리는 예수 그리스도를 가리켜 진리 그 자체라고 말한다. 주님도 자신의 정체를 바로 그 진리요, 바로 그 생명이요, 바로 그 길이라고 가르쳐주셨다. 주님은 진리 그 자체가 되신다. 그는 진리로 이 땅에 오셨고, 진리를 선포하셨고, 진리를 따라 사역하셨고, 진리대로 주어진 삶을 반듯하게 사셨다. 진리를 안다는 바리새인들조차도 예수의 빈틈을 노리고 계속해서 트집을 잡고 시비를 걸어보았지만 어떤 흠도 책도 잡을 수가 없었다.

총독 빌라도 역시 주님에 대한 감시를 게을리하지 않았으며, 범죄 여부를 철저히 조사해 보았으나 결코 혐의를 입증하지 못했다. 오히려 고소하는 자들을 향하여 "내가 보니 이 사람에게서 잘못한 것을 발견할 수 없었노라"고 공언하고 있다. 십자가에 같이 달렸던 행악자 중의 한 사람도 예수님을 가리켜 "이분은 어떠한 악도 범하지 않았노라!"고 고백한다. 또한 십자가형을 직접 집행했던 백부장도 주님의 죽음을 지켜보면서 조용히 중얼거린다.

"이는 실로 하나님의 의인이었도다!"

주님은 진리의 말씀을 선포하고 가르쳤을 뿐만 아니라 그 말씀대로 사셨다.

우리가 주님을 본받기 위해서는 무엇보다도 먼저 진리 따라 사는 법부터 본받아야 한다. 배우는 자들이 가르치는 자를 언제 존경하는가. 언제 신뢰하고 따라가는가. 가르치는 것과 자신의 삶이 일치할 때이다. 제자들은 이런 모습을 보면서 '야, 이 예수야말로 진국이다! 믿을 만하다. 틀림없다. 뭔가 배울 만하다. 과연 위대한 스승이로다!' 스스로 감동하고 있다.

진리가 우리의 삶을 통해 진리로 밝혀질 때, 강력한 힘을 나타낼 수가 있으며, 많은 이들에게 감화를 끼칠 수가 있다. 한마디 말도 중요하지만, 실천을 통해서 뿜어져 나오는 힘이야말로 사람의 마음을 움직일 수 있는 것이다. 우리의 영원한 스승 되시는 주님을 본받아 진리를 따라 사는 자들이 되어야 하겠다.

변화를 주라

본받는다는 것은 그분을 통해서 나의 삶이 변화되는 것을 의미한다. 사람들이 언제 본받으려고 결심하는가. 언제 스승으로 인정하고 따르게 되는가. 그를 통해서 나의 삶이 변화되는 것을 경험할 때이다. 스승이 전하는 말, 행동거지 하나하나가 배우는 자들에게 큰 영향을 미친다. 이를 보여주는 좋은 사례들이 있다. 위대한 스승은 누가 만들어내는가? 두말할 것도 없이 위대한 스승만이 그 일을 할 수 있다. 위대한 스승을 본받아 살아갈 때 그 본을 따라 위대한 스승들이 만들어진다. 그러므로 위대한 스승이신 주님을 본받는 자들이 되어 우리를 통해 또 다른 위대한 스승을 길러내야 할 것이다. 주님을 닮은 위대한 스승들이 많아질 때 우리의 미래는 희망으로 가득 차게 된다.

요즘 세계적으로 인기를 얻고 있는 한국인 여류 작가 한 사람이 있다. 그녀가 쓴 책이 영어로 번역 출간되자마자 영국, 미국, 유럽을 위시하여 전 세계로 팔려나가면서 커다란 반향을 불러일으키고 있다. 바로 신경숙 씨가 쓴 《엄마를 부탁해》라는 소설이다. 이 책이 서구인들에게 읽혀지면서 많은 호평이 쏟아지고 있다. 현재 100만 부 이상이 판매되고 있다고 한다. 출판업 관계자들에 의하면 베스트셀러가 되기 위해서는 3,000권 이상이 나가야 한다는데 이미 100만 부를 넘어섰다고 하니, 그 인기가 얼마나 대단한가를 증명하고도 남는다.

그런데 놀라운 사실은 그녀가 처음부터 소설가가 되려고 하지 않았다는 것이다. 당시 영등포에는 공단에서 일하는 여공들이 많아 낮에 일하고 밤에 공부하는 특수학교들이 있었다. 이들을 교육하기 위해서 세워진 학교가 영등포상업고등학교다. 그녀 역시 뒤늦게 입학하여 공부를 하는데, 그 시절 인생의 진로를 정하도록 해준 사건이 터진다. 최홍이라는 선생님을 만난 것이다. 한번은 그녀가 무단결석을 하는 바람에 처벌 대상에 올랐다. 그대로 학칙에 따라 처리하면 학업에 지장이 있을 것 같아 그녀를 아끼는 마음으로 반성문 20장을 써 오라고 한 것이다. 그 정도 선에서 일을 마무리하려는 스승의 배려였던 것이다.

모든 잘못을 없던 일로 해주겠다는 말에 고무되어 밤새 자기의 지나온 이야기를 깨알같이 써서 제출하였다. "다시는 너 그런 엉뚱한 짓 하면 안 돼! 다음에는 국물도 없어! 혼날 줄 알아!" 뭐 이렇게 야단이라고 치고 끝내리라 예상했는데, 느닷없이 "야- 너 문장 실력 대단하더라! 문학적 소질이 뛰어난데. 너 앞으로 소설가로 나가 봐라." 이렇게 격려해 주었다고 한다. 그 순간 자신의 인생을 뒤바꾸어 놓은 그분의 한 마디가 가슴에 깊이 새겨진 것이다. 그래서 그때부터 '이 길이 내가 가야 할 길이로구나' 결심하고 지금까지 글 쓰는 일을 천직으로 알고 지내왔다는 것이다.

그녀가 한 말이다.
"그때 선생님의 한 마디가 얼마나 큰 감동을 주었는지 그분이 하라고 하는 일은 다 하고 싶은 마음이 들었다."
소설가가 아니라 뭐가 되라고 해도 그 길을 걸어갔을 것이라고 한다. 스승의 한 마디 격려와 칭찬과 위로와 뼈 있는 책망이 그의 삶을 뒤바꿔놓고 위대한 꿈을 꾸게 하고 새로운 미래를 향해 나가도록 만들어주었던 것이다.

일본에 나가노 마키라는 목사님이 있다. 그는 목사 안수를 받자마자 도심에서 멀리 떨어진 해안 촌락에 개척교회를 시작한다. 동서남북 100km 반경 내에 교회가 없어야 한다는 조건을 내걸고 찾다 보니 가나사와라는 지역이 나타났다. 그런데 문제는 그 동네 주민들 모두가 지독할 정도로 미신을 믿고 우상을 섬기고 있었다는 것이다. 1년이 가고 5년이 가도 교인은 늘지 않았다. 오직 자기 마누라와 자녀 둘만을 놓고 설교하고 예배를 드리기 일쑤였다고 한다.

그러던 어느 날 깡마르고 초췌한 차림을 한 청년이 불쑥 나타났다. 얼마나 반갑고 기뻤겠는가. 그러나 천군만마를 얻은 듯한 기분도 잠시, 깊은 고민에 빠지고 말았다. 폐결핵 말기환자로 오늘내일 하던 차였기 때문이다. 교회 가면 혹시 살 수 있을지 모르겠다는 주위의 말만 듣고 무작정 물어물어 요양차 찾아왔다는 것이다.

우리 같으면 그런 상황에서 무슨 생각을 했겠는가. '아이고, 내가 복도 지지리도 없지. 하나님, 이럴 수가 있습니까. 기왕 보내주시려면 좀 건강하거나 잘 써먹을 만한 자를 보내주실 것이지 이게 뭡니까. 폐기처분 직전인 자를 어디다 쓰라는 것입니까. 누구 골탕 먹는 것을 보려고 이러십니까.' '내가 뭐하러 여기 와서 이렇게 고생하고 있나'라는 푸념이 절로 나오지 않겠는가. 그런데 그 목사님은 불평하거나 조금도 싫은 내색을 하지 않고 그를 극진히 돌보아주었다. 식사할 때도 늘 겸상을 하고 그의 수발을 일일이 들어주었다.

밥을 먹다가도 상에다 피를 토해내는 일이 자주 있었지만, 얼굴 한 번 찡그리지 않았다. 오히려 미소를 지어 보이며 더러운 피를 깨끗이 씻어주고 아무 일도 없었다는 듯이 사랑으로 대해주었다고 한다. 그 어디에서도 결코 받아본 적이 없었던 사랑을 느끼는 순간, 놀라운 감동이 청년의 가슴 속에 차고 넘쳤다.

무조건적이고 변함없는 목사님의 사랑을 확인하면서 비로소 자신의 사명을 발견하기에 이른다. 이분의 사랑이 진정 하나님 때문이라면, 그 하나님을 위해서 일생을 바치겠노라고 결심을 하고 신학교 문을 두드린다. 그후 혈혈단신 빈민굴에 들어가 가난하고 병든 자들을 위해 자신의 삶을 불태운다. 이 소문이 일본 전역으로 퍼져나가자 기자들이 몰려온다.

"무슨 계기로 이곳에 오게 되었는가? 빈민들을 위해서 헌신하게 된 이유는 무엇인가?"

그때 이런 대답을 했다고 한다.

"나는 보고 배운 대로 한 것밖에 없습니다. 배운 대로 했을 뿐입니다."

"대체 그 스승이 누구란 말인가?"

"나가노 마키 목사님입니다."

그가 바로 그 유명한 가가와 도요히코 Kagawa Toyohiko, 하천풍언이다. 일본의 정신세계를 움직이는 인물 중 하나로 손꼽힌다. 그런 목회자가 누구를 통해서 길러졌는가? 바로 예수 그리스도의 삶을 자기의 몸으로 실천해 보인 한 목회자를 통해서 깊은 영향을 받은 것이다. 그로 인해 세상을 변화시키는 위대한 일을 감당할 수 있었던 것이다.

증거하라

예수 그리스도를 본받는다는 것은 주님을 나의 삶을 통해 드러내는 것을 의미한다. 우리가 그리스도를 본받는다면 나의 삶을 통해서 그분의 모습을 보여주어야 할 것이다. 사도 바울은 예수 그리스도의 삶이 자기를 통해 그대로 나타나기를 소원하였으며 매사 주님을 본받고자 노력했다. 우리의 삶을 통해 얼마나 예수 그리스도를 보여주고 드러내고 증거하고 있는가?

우리가 예람축제를 앞에 놓고 영혼 구원을 위해 힘쓰고 있지만 가장 효과적인 방법은 모델 전도라고 할 수 있다. 누군가가 좋은 모델이 되어 예수 그리스도를 삶으로 소개하는 것이다. 세상 사람들이 그 모델을 보면서 예수 그리스도를 알고 믿고 따르게 되는 것이다.

모델을 세울 때 한 가지 원칙이 있다. 선전하고 광고하려는 물건에 걸맞은 모델을 택하라는 것이다. 화장품 광고라면 누가 보더라도 피부가 깨끗하고 부드럽고 아름다운 여인을 등장시켜야 한다. 추하고 지저분한 인상을 주는 자를 모델로 했다가는 역효과를 거두고 말 것이다. 소화제를 선전할 때 동원되는 모델들이 있다. 빼빼 마른 자나 소화불량에 걸려 제대로 소화도 못 시킬 것 같은 자는 쓰지 않는다. 당연히 먹을 만해서 먹는다고 여길 뿐이다. 일단 외적으로 풍채가 좋고 뭘 먹어도 왕성하게 소화시킬 만한 건장한 자들이 적격이다. 왜 그러는지 아는가? 보는 이로 하여금 '야, 저런 사람도 소화제 먹는다면 나야 두말할 필요가 없지 않은가'라는 자극을 주기 위해서다.

우리가 예수 그리스도를 모델로 삼는다는 것은 바로 그런 의미가 내포되어 있다. 우리의 삶을 통해 예수 그리스도를 증거할 때, 우리를 통해 나타나는 주님의 모습을 보고 다가오게 되는 것이다.

3가지 본

위대한 스승이 되기 위해서는 3가지 본이 있어야 한다. 믿음의 본, 섬김의 본, 사랑의 본이다.

예수 그리스도는 먼저 믿음의 본을 우리에게 보여주셨다. 믿는다는 것이 무엇이고, 믿음의 결과가 무엇이고, 믿음으로 인한 축복이 무엇이며, 믿음을 통해서 어떤 위력이 나타나는가를 자신의 삶을 통해 친히 보여주셨다. 주님은 말씀하신다.

"하나님을 믿으니, 또 나를 믿어라."

우리 주님은 인간의 몸을 입고 이 땅에 오셔서 하나님을 믿고 의지하는 것이 얼마나 귀하고 복된 일인가를 가르쳐주시기 위해 자기의 전 생을 바치셨다.

예수 그리스도는 제자를 양육하실 때도 언제나 믿음훈련에 초점을 맞추셨다. 기회가 있을 때마다 강한 믿음의 소유자로 키워주시기 위해서 믿음의 중요성을 강조하시곤 했다. 언제나 제자들을 대하면서 늘 확인하시려는 것이 하나 있다. 바로 믿음의 여부다. 주님은 믿음이 없거나 부족하여 고통받는 이들을 보고 안타까워하시며 "왜 믿음이 없느냐?"라고 물으신다. 그러나 믿음을 가진 자에게는 칭찬을 아끼지 않으신다.

"네 믿음이 크도다, 잘 하였도다, 네가 놀라운 역사를 행할 것이다!"

주님은 믿음이 얼마나 중요한가를 자신의 삶을 통해 증거해 주셨다. 믿음의 본을 보일 때 그 믿음을 통해서 하나님의 능력이 나타나고 온갖 축복을 받아 누릴 수 있는 것이다.

둘째, 섬김의 본을 보여야 한다. 주님은 가장 높은 보좌를 버려두고 가장 낮은 인간의 몸으로 이 땅에 오셨고, 마지막에는 십자가까지 지시면서 우리를 섬겨주셨다. 우리는 주님을 통해 섬김의 정신을 본받아 낮은 자세로 이웃을 섬겨야 한다. 섬김이 어느 때 가장 감동적인지 아는가? 가장 높은 자가 가장 낮은 자리로 내려가 겸손히 섬길 때라고 할 수 있다. 배우는 자들이 언제 감동을 받는가? 스승이 스스로 교만하게 행동한다면 어느 누가 본받으려고 하겠는가. 실력자가 겸손히 낮아져서 아랫사람들을 섬기고, 가르치는 자가 배우는 자를 섬길 때, 저절로 존경하고 따르게 되는 것이다.

셋째, 사랑의 본을 보여야 한다. 우리 주님은 친히 십자가를 지심으로 사랑의 극치가 무엇인가를 보여주셨다. 주님을 위대한 스승이라 부르는 이유가 여기에 있다. 교육에 있어서 사랑이 빠지면 무슨 의미가 있으랴. 한 마디를 하더라도 사랑이 담겨 있어야 하고 참된 사랑이 표현되어야 한다. 교육은 교수 기술이나 지식 전달을 통해서가 아니라 사랑을 통해 이루어진다. 진정한 교육에는 언제나 사랑이 동반되어야 한다. 사랑만이 사람들을 변화시킬 수 있다. 배우는 자들은 스승의 사랑에 감격하게 된다. 우리의 자녀들, 교회학교 아이들, 젊은이들로부터 존경과 사랑을 받고 싶은가. 그들에게 사랑을 쏟아 줘 보라. 말로만 하지 말고 식사 대접이라도 한번 해보라. 저절로 존경하고 따를 것이다.

지난주 우리 예람유치원 원장이 찾아와 "어린이날을 맞아 우리 아이들 위해서 축복기도 좀 해주세요"라고 하기에 "그러마" 약속을 하고 접견실로 모이게 했다. 이름을 불러가며 기도해주고 선물을 주면서 안아주고 "사랑합니다"라고 하자 얼마나 좋아들 하는지. 그러고 났더니 어떤 일이 벌어진 줄 아는가. 전에는 계단에서 마주쳐도 멀뚱멀뚱 쳐다보기만 하던 아이들이 얼마나 반갑다고 야단들 하는지! 큰 소리로 "대장 목사님! 파이팅! 고맙습니다"라고 하는데 가슴이 뿌듯해지는 것을 경험할 수 있었다. 손바닥을 치며 인사하는 '하이 화이브' Hi, five 를 하자고, 우르르 몰려드는 것을 보면서 사랑의 힘을 실감할 수 있었다.

우리 교회 나오시는 새 교우는 어린 자녀들을 데리고 나오는 가족들이 있으면 몰래 뒤로 가서 아이들에게 선물과 함께 사랑을 나눠준다고 한다. 그 후로 아이들은 물론 그 부모님들까지 달려와 반가워하고 친부모처럼 따르더란다.

위대한 스승이 되는 길은 그리 어렵지 않다. 위대한 사랑을 베푸는 자만이 위대한 스승의 길을 갈 수 있다.

믿음의 본, 섬김의 본, 사랑의 본을 통해 주님을 닮은 위대한 스승들을 길러냄으로 이 세상을 변화시켜나가야 할 것이다.
이것이 오늘 위대한 스승의 길을 가는 자들에게 주시는 하나님의 뜻이다.

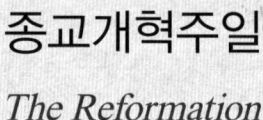

종교개혁주일
The Reformation

끝나지 않은 종교개혁
Ecclesia Semper Reformanda 롬 1:17

무엇을 개혁할 것인가
The Reformation by Jesus Christ 요 2:13-22

끝나지 않은 종교개혁
Ecclesia Semper Reformanda

104년 된 이명래 고약집이 술집카페로 바뀌었다는 사실을 아는가. 지난 한 세기 동안 국민의 건강을 위해 봉사했던 그 유서 깊은 건물이 어찌하여 다른 이의 손에 넘어가게 된 것일까. 그것도 고상한 연구소나 병원이 아니라 술집으로 말이다. 이 소식을 접한 이들은 누구나 애석한 마음을 금치 못했으리라.

대한민국에 사는 국민치고 이 고약 덕을 보지 못한 이는 아무도 없을 것이다. 종기 해결사로서 이만큼 국민들의 사랑과 인기를 독차지한 상비약도 드물 것이다. 왜 그런 사태가 벌어진 것일까. 어디서부터 무엇이 잘못된 것일까. 그 위기의 원인들을 찾자면 한두 가지가 아닐 것이다. 이는 변화무쌍한 소용돌이 속에서 개혁의 시기를 놓칠 때에 어떤 일이 벌어지는가를 상징적으로 보여주고 있다.

경영학의 아버지로 일컫는 피터 드러커 Peter Ferdinand Drucker 는 《미래의 조직》 The Organization of the Future 이라는 책의 서두에서 이런 이야기를 했다. 어떠한 조직이든지 변화를 두려워하거나 끊임없이 자기 갱신과 혁신에 힘쓰지 않는다면 결코 발전하거나 성장할 수 없다. 개혁의 시기가 왔을 때, 만난을 무릅쓰고라도 과감히 개혁의 메스를 가해야 조직이 새로워지고 강해지고 튼튼해질 수가 있다.

다가올 미래사회는 과거에는 도저히 상상할 수 없었던 충격적인 변화들이 예상되고 있다. 과연 이런 속에서 조직이 끝까지 살아남기 위해서는 개혁이 뒷받침되어야 한다. 개혁을 게을리하거나 소홀히 할 때 역사의 현장에서 사라질 수밖에 없다는 사실을 기억해야 한다.

오래전 서울시장 선거에서도 보았듯이 변화에 대한 거센 요구를 무시하거나 거절해 버렸을 때, 어떤 결과가 나타나는가를 여실히 알 수 있다. 하나님의 교회도 마찬가지이다. 개혁해야 할 때 개혁하지 못하면 그 교회는 세상에서 어떠한 역할도 제대로 감당할 수가 없게 된다. 교회가 시대 변화에 부응하려면 스스로 개혁해 나갈 수 있는 자정 능력과 개혁의 힘이 있어야 한다.

하나님 재발견

본문은 개혁의 원리가 무엇인가를 말하고 있다. 종교개혁의 문을 여는 중요한 열쇠 단어 세 개가 나온다. '하나님, 믿음, 복음'이다. 이 셋 중에 어느 것 하나라도 빠져서는 곤란하다. 교회가 교회다운 교회로 계속해서 거듭나려면 하나님에 대한 재발견, 믿음에 대한 재발견, 그리고 복음에 대한 재발견이 반드시 뒷받침되어야 한다. 이 원리를 떠난 참된 개혁은 존재할 수가 없다.

종교개혁의 원리에 있어서 가장 첫 번째로 꼽는 것이 '하나님을 하나님 되게 하라'이다. 독일어로 '움 고테스 고트하이트' Um Gottes Gottheit 라고 하는데 '하나님으로 하여금 하나님이 되게 하라'는 것이다. 다시 말하면 하나님의 자리에 하나님이 주권자로 앉도록 해드리라는 것이다. 탐욕의 노예가 돼버린 인간들이 그동안 줄기차게 빼앗아 온 주인의 자리를 주인께 돌려드려야 한다. 하나님이 하나님의 자리에 앉아 세상만물을 통치하실 때, 비로소 참다운 개혁이 일어날 수 있는 것이다.

무엇을 어떻게 개혁해야 하는가? 개혁한다고 해서 무조건 두드려 부수고 뜯어고치고 뒤집어엎고 난장판을 만들라는 것이 아니다. 하나님을 하나님 되게만 하면 개혁은 저절로 이루어질 수 있다. 한국교회에 일어나는 수많은 문제들이 발생하는 근본적인 이유는 무엇인가? 우리의 신앙생활이 갱신에 실패하는 이유는 무엇인가. 삶의 우선 순위를 제멋대로 뒤바꾸어 놓았기 때문이다.

하나님을 하나님으로 섬기는 대신에 하나님 아닌 다른 것들을 섬기고 있는 것이다. 하나님의 자리에 다른 것들을 올려놓는 순간부터 순위가 달라지면서 하나님 아닌 다른 것들의 지배를 받는 최악의 상황이 벌어진다.

우리가 개혁을 시도한다면 무엇부터 어디서부터 시작해야 하는가? 하나님보다 더 높이는 게 있다면 무엇인가. 하나님보다 더 자랑하는 것이 있다면 무엇인가. 하나님에게 돌아갈 영광을 우상에게로 돌리고 있지는 않은가. 하나님보다 다른 것을 더 귀하게 여기고 있는가. 그렇다면 개혁해야 할 이유가 바로 거기에 있다는 사실을 알아야 한다.

오늘날 한국 교회의 개혁을 가로막고 있는 장애물들을 살펴보면 세속주의, 물질숭상주의, 성장제일주의, 교권주의 등을 들 수 있다. 그동안 성장에 가려져 보이지 않는 것들이 그대로 적나라하게 드러나면서 세상으로부터 비난을 받는 원인으로 작용하고 있다. 이러한 장애물들은 그리스도인들 스스로 하나님 아닌 다른 것들을 더 중히 여기고 높이 떠받들려고 하기에 생겨난 부산물들이다. 하나님보다 자기 명예, 자기 성공을 추구하려는 나머지 세상적인 욕망에 이끌려 본질에서 벗어난 행동을 서슴지 않은 결과라 할 수 있다. 그로 인해 우리의 신앙이 변질되고 오염되고 병들어가고 있는 것이다.

이러한 문제들을 타개해 나가려면 무엇보다도 먼저 하나님을 하나님의 자리로 원위치시키는 일부터 해야 한다. 우리의 신앙생활 속에서 하나님보다 더 소중히 여기는 것은 하나도 없어야 한다. 물질에 대해서도 분명한 선을 그어야 한다. 오늘날 우리가 살아가는 삶의 형태를 보면 하나님보다 물질을 더 숭상하고 신으로까지 받들어 섬기는 것처럼 보인다.

예수께서도 경고하셨듯이 두 주인을 겸하여 섬기는 일은 스스로를 불행에 빠트리는 어리석은 짓에 불과하다. 어느 한쪽을 미워하든지 사랑하든지 둘 중의 하나를 선택해야 하기 때문에 자칫 잘못하면 둘 다를 만족시키려 하다가 둘 다를 잃어버릴 공산이 커진다. 물질이 아무리 귀하다 해도 하나님 다음이라는 사실을 기억해야 한다. 하나님의 권좌에 하나님이 앉도록 해드리는 것이 바로 종교개혁의 핵심이다.

종교개혁은 하나님과의 관계를 새롭게 정립하는 데서부터 시작한다. 내가 하나님을 어떤 식으로 섬기고 있는가. 마음과 뜻과 정성과 목숨을 다해 하나님을 사랑하고 하나님만을 경배하고 있는가. 아니면 세상의 권세를 하나님보다 더 두려워하고 세상의 물질에 더 관심을 쏟으며 사는 것은 아닌가. 우리는 무슨 일이 있어도 오직 하나님 중심으로 주님만을 사랑하며 주님만을 높이며 주님께 모든 영광을 올려드려야 할 것이다.

믿음의 재발견

두 번째 개혁의 원리는 믿음에 대한 재발견이다. 다시 말하면 예수 그리스도를 믿는 믿음 안에서 우리는 구원함을 얻고 의롭다 함을 받는다. 이것이 복음의 핵심이다. 본문에는 "의인은 오직 믿음으로 말미암아 살리라"라고 선언하고 있다. 오직 믿음만이 우리를 구원할 수 있고 우리를 의롭다고 인쳐 주실 수가 있다는 것이다. 믿음 외에 그 어떠한 방법을 동원한다고 해도 우리는 구원을 얻을 수가 없다.

칼 바르트는 이 종교개혁의 의미를 설명하면서 '오직'이라는 단어와 '그러나'라는 두 단어를 사용하고 있다. 종교개혁의 근본적인 정신은 무엇인가. '오직 믿음으로'이다. 그렇다면 누구를 믿는 것이냐? '예수 그리스도를 믿음으로'이다. 예수 그리스도가 어떻게 하신 것을 믿느냐? 예수 그리스도가 십자가에서 피를 흘려주심으로 우리의 모든 죄를 사하시고 용서하셨다는 사실을 믿는 것이다.

그 믿음으로 겸손히 주님 앞으로 나아갈 때에, 주님은 그 믿음을 보시고 우리를 의롭다 인쳐 주신다. 내 의로 하나님 앞에 나아가는 것이 아니다. 내 공로나 내 선행으로 주님 앞에 나아가는 것이 아니다. 오직 하나님의 의로 그 의를 힘입어 주님 앞에 나아갈 수 있는 것이다.

요즈음 종교다원주의나 포스트모더니즘의 영향으로 인해 상대주의가 극성을 부리고 있다. 이들의 주장에 따르면 구원으로 가는 길은 한 길이 아니라 여러 갈래라는 것이다. 서로 추구하는 길은 다 다를지 모르나 결국 하나로 통합되어 정상에서 만난다고 한다. 모든 종교에는 이 구원의 씨앗이라는 것이 들어 있기 때문에 어떤 종교를 믿든지 궁극적으로는 다 구원을 얻을 수 있다고 말한다. 이러한 영향으로 인해 우리 그리스도인들조차 구원에 대한 확신을 갖지 못한 채, 좋은 게 좋은 거 아니냐는 식으로 우물쭈물하거나 대충 얼버무리고 넘어가려고 애쓴다.

이런 거짓된 진리에 현혹되지 않도록 주의해야 한다. 우리의 죄를 해결해 주실 수 있는 분은 오직 예수 그리스도이시다. 세상을 구원할 자로 예수 외에 다른 이름을 주신 적이 없다는 것을 기억해야 한다. 예수 그리스도께서 우리의 모든 죄를 사하셨다는 사실을 믿는 믿음 안에서 우리는 비로소 하나님의 의를 덧입게 되고, 그 의를 덧입을 때 우리는 하나님 앞에 당당히 나아갈 수 있는 것이다.

주님은 선행으로 살리라고 말씀하지 않으셨다. 고행을 해야 살리라고 하지 않으셨다. 자기 의를 계속 쌓아가야 살리라고 하지 않으셨다. 본문은 "오직 의인은 믿음으로 말미암아 살리라"고 선포하고 있다. 오직 예수 그리스도를 믿음으로 구원에 이르고, 그 구원의 축복을 받아 누릴 수 있는 것이다.

복음의 재발견

개혁의 세 번째 원리는 복음의 재발견이다. 복음에는 하나님의 의가 나타나서 믿음에서 믿음으로 이르게 해준다고 선언하고 있다. 그러므로 복음이 없이는 우리의 구원도, 우리의 믿음도, 우리의 예배도 헛될 수밖에 없다. 아무 의미가 없는 것이다. 복음을 떠나서 우리의 신앙을 어떻게 설명할 수 있겠는가. 구원의 길을 무슨 수로 제시할 수 있겠는가.

우리의 신앙의 표준이자 삶의 최종적인 권위는 바로 하나님의 말씀, 복음이다. 어느 누군가의 가르침이 아무리 빼어나고 훌륭하더라도 최종적인 권위가 될 수 없다. 어느 유명한 설교가의 메시지가 최종적인 권위가 될 수 없다. 더 나아가 교회의 법도 최종적인 권위가 될 수 없다. 오직 복음만이 우리의 최종적인 권위가 되며 신앙과 삶의 표준이 된다는 사실을 명심해야 한다.

하나님의 말씀의 조명을 통해서 우리 자신을 돌아보며 주님의 뜻을 이루어 나가야 한다. 말씀에 기초하지 아니하는 개혁은 개혁이 아니라 개악이 될 수밖에 없다. 하나님의 말씀대로 살고 말씀 중심으로 행하고 말씀 중심으로 신앙생활 해 나갈 때 비로소 말씀이 우리를 개혁시켜 나가게 되는 것이다. 개혁은 내가 한다고 해서 이루어지는 것이 아니다. 말씀이 우리 속에 들어와 박힐 때 그 말씀이 우리 속에서 폭발하면서 그 힘으로 우리를 변화시키고 혁신시키는 것이다.

프린스턴 Princeton 신학교 성서신학자인 오토 파이퍼 Otto Piper 는 이렇게 말했다.

"종교개혁은 마틴 루터에 의해 시작된 것이 아니다. 그렇다면 종교개혁을 일으킨 주인공은 누구인가? 바로 갈라디아서다."

루터가 갈라디아서를 연구하면서 오직 의인은 믿음으로 말미암아 살리라는 의미를 깊이 깨달았던 것이다. 그동안 예수에 의한 믿음이 아니더라도 인간의 공로나 수행도 구원의 방편이 될 수 있다는 교황의 가르침에 의심을 품고 있던 차에, 이 말씀은 구원의 의문부호들을 말끔히 걷어내어 버리고 참 자유를 누리게 해주었다. 그는 이 말씀이야말로 진정한 복음이라고 확신하였던 것이다.

그는 이 말씀을 신호탄으로 삼아 종교개혁의 횃불을 높이 들어올렸다. 하나님의 말씀이 루터의 가슴속에서 폭발하면서 종교개혁을 더더욱 힘차게 이끌어 갈 수 있었다.

개혁이 필요한가. 개혁하기를 원하는가. 그렇다면 무엇보다도 먼저 하나님의 말씀에 붙들려야 한다.

진리의 말씀이 우리 속에 들어와 우리를 자유케 하고, 삶을 움직여 나갈 때 진정한 개혁이 일어날 수 있고, 그러한 개혁을 통해서 이 세상을 변화시켜 나갈 수 있는 것이다.

자기 개혁

그렇다면 우리가 어떻게 해야 개혁다운 개혁을 해 나갈 수 있는가? 개혁은 나 자신부터 시작해야 한다. 우리는 '개혁' 하면 항상 남을 가리키기 쉽다.

"네가 문제의 원인이다. 너부터 고쳐라, 너 때문에 이런 일이 생겼으니 너부터 바꿔라. 너부터 갱신해라."

한국 교회에 대해서 부정적인 말들이 난무하고 있다. 마치 동네북처럼 아무나 한마디씩 하고 지나간다. 남들이 비난한다고 해서 우리까지 가세하는 것은 바람직하지 않다. 적어도 우리끼리는 비판을 삼가야 한다. 꼭 듣고 고쳐야 할 것은 즉시 개혁해나가야 하지만 비난을 위한 비난은 지혜롭게 걸러내야 한다.

너무 소극적인 자세도 문제지만 너무 적극적인 것도 해로울 수 있다. 자칫 교회의 치부를 시시콜콜 들추어내면서 비판하고 정죄하다 보면 오히려 해결은커녕 사태를 악화시킬 수가 있다. 누워서 침 뱉는 꼴이 된다.

물론 성도들도 무엇을 개혁해야 할 것인가를 놓고 고민하며 함께 기도해야 한다. 그러나 지나칠 정도로 정죄하다 보면 욕하면서 닮는다는 말이 있듯이 자신도 은연중에 그 부류에 끼게 되는 것을 볼 수 있다.

개혁은 '너부터'가 아니라 '나부터'라는 사실을 알아야 한다. 오늘날 교회가 개혁의 주체가 아니라 개혁의 대상으로 전락할 수밖에 없는 이유를 외부에서 찾아서는 안 된다. 어느 누구 때문이 아니라 바로 내 탓이라는 자성이 있어야 한다.

종교개혁가들을 연구해 보면 처음부터 종교개혁을 부르짖고 제도 개혁을 부르짖고 구조 개혁을 부르짖고 세상 개혁을 부르짖은 것이 아님을 알 수 있다. 루터가 95개조의 반박문을 써 붙이기 전에 그가 자기 개혁을 위해서 얼마나 고민하며 갈등했었는가를 깊이 성찰해 볼 필요가 있다.

그는 당시 교황과 중세교회에 대한 반발감이 너무 컸던 나머지, 그 분노를 참지 못하고 맹공격을 퍼부어 대기 시작하였다. '이 모든 게 교황 때문이고 사제 탓이고 제도 잘못이고…' 하면서 비판의 화살 쏘기를 멈추지 않았다. 그러던 가운데 자기 자신을 향한 책망의 음성이 들려온다. '그래, 너는 얼마나 잘났기에 큰소리치느냐. 과연 그럴만한 자격이 있느냐. 개혁을 외칠 만큼 너 자신이 개혁되어 있느냐.'

그는 밖으로 향하던 손가락이 자신을 가리키기 시작하면서 자신이 얼마나 형편없는 죄인인가를 깊이 깨닫는다. 그때부터 하나님 앞에 바로 서기 위해서 몸부림을 친다. 그는 남의 죄를 지적하려다가 자기의 죄를 발견하고 나서 이렇게 외친다.

"My sin! My sin! My sin!" 나의 죄! 나의 죄! 나의 죄!

그는 먼저 자기 개혁에 성공할 수 있었기에 이를 기반으로 다른 개혁들을 점차 확대해 나갈 수가 있었다. 세상이 개혁되었으면 하는가. 하나님의 교회가 정화되기를 원하는가. 그렇다면 자기 개혁부터 힘써야 한다. 자기 개혁이 이루어질 때 개혁할 수 있는 힘과 용기와 담력이 생긴다. 그래서 루터가 법정에 서서 목숨을 걸고 두려움 없이 이렇게 선언하지 않았는가.

"내가 여기 서 있습니다. 오 주여, 나를 도와주소서." Here I stand. Oh, help me, God.

그는 이렇게 온갖 협박에도 굴하지 아니하고 자기가 바랐던 개혁을 힘차게 추진해 나갈 수가 있었다.

내면의 개혁

개혁에 힘쓰기 위해서는 우리가 어떻게 해야 하는가? 겉모양의 변화만으로는 개혁이 일어날 수가 없다. 겉모양이 성장하고 발전하듯이 우리의 속사람 또한 성숙해져야 한다. 겉은 화려한데 내면이 보잘것없다면 아무짝에도 쓸모가 없게 된다. 이런 자를 가리켜서 예수는 '회칠한 무덤'이라고 경고하면서 꾸짖으셨다. 밖은 회칠을 해서 번드르르한데 속은 송장 썩는 냄새가 나고 오물이 넘치고 있더라는 것이다.

한국 교회는 그 유례를 찾아보기 어려울 정도로 폭발적인 성장을 해온 것이 사실이다. 압축성장이라는 말이 경제에만 해당되는 말이 아니라 한국 교회에도 동일하게 적용된다. 너무나 빠른 시간 내에 성장하다 보니 거품이 끼고 후유증이 커지기 시작한 것이다. 성장과 확장만을 추구하던 나머지 제대로 내면의 힘을 기르지 못했다. 내적인 내실을 소홀히 하고 겉모양만 화려하게 가꾸는 데 혈안이 되어 있었다.

진정한 개혁의 힘과 에너지는 겉과 속이 일치하는 데서 나타난다. 한국 교회가 새롭게 개혁의 바람을 불어일으키고 공신력을 회복하여 세상 사람들로부터 인정과 존경 받는 교회로 거듭나려면 이제라도 성장지상주의를 버리고 내면의 성숙을 위해 헌신해야 한다. 내면의 힘을 갖추어야 개혁의 물결을 타고 도전해 나갈 수가 있는 것이다.

지속적인 개혁

개혁을 위해서는 과거 개혁한 것으로 만족해서는 안 된다. 지속적인 개혁이 이루어져야 한다. 종교개혁의 구호가 무엇인가? "Ecclesia semper reformanda", 에클레시아는 '교회'이고 셈빼르는 '항상'이라는 뜻이고 레훠르만다는 현재진행형으로 '혁신해 나가는 것'을 말한다. 개혁된 교회가 아니라 계속해서 혁신해 나가야 할 교회로서의 위상을 회복해야 한다.

만약 한국 교회가 오늘에 이르기까지 혁신을 포기하거나 중단했더라면 오늘의 성장은 존재할 수 없었을 것이다. 교회가 세계를 돌고 돌아 대한민국 땅에 뿌리를 내리고 눈부신 성장을 이루어 낼 수 있었던 것은 앞서 개혁에 성공한 교회들이 있었기 때문이다.

한국 교회는 해결해야 할 수많은 난제들에 둘러싸여 있다. 문제는 자체 정화력과 개혁의지가 있느냐는 것이다. 이제라도 종교개혁의 정신을 되살려 과감히 개혁을 시도한다면 분명 더 나은 미래를 약속할 수 있다. 여기에 희망이 있다. 교회의 앞날이 불투명하고 상황이 여의치 않다고 해서 지레 겁을 먹거나 패배주의에 스스로를 가두어 놓을 필요가 없다.

오늘날 우리를 향한 비판들은 한국 교회를 사랑하는 충정의 마음에서 나온 것이라고 믿고 갱신에 최선을 다해야 한다. 끊임없이 우리 자신들이 걸어온 길을 돌아보고 앞으로 나아갈 길을 내다보면서 개혁할 것을 개혁하고 하나님 보시기에 건강한 교회로 세워나갈 때 제2, 제3의 부흥시대가 도래할 것이다.

하나님의 교회가 계속해서 성장해 나가려면 우리 믿는 사람 각자가 자기 갱신에 힘써야 한다. 겉과 속의 일치를 통해 신앙의 내실과 성숙에 힘써야 한다. 지속적인 개혁을 통해 더욱 복되고 아름다운 교회로 가꾸어나가야 한다.

이것이 바로 빛과 소금이 되어 진정한 개혁을 실천하며 이 땅에 주님의 나라를 건설하려는 자들에게 주시는 하나님의 뜻이다.

무엇을 개혁할 것인가

The Reformation by Jesus Christ

인류의 역사를 한 마디로 말하면 개혁의 역사라 할 수 있다. 무슨 일이든 개혁을 통해서 새로운 발전과 도약이 이루어지기 때문이다. 어느 조직이나 공동체를 막론하고 개혁을 무시하거나 거부하면, 결국 그 힘에 밀려 퇴보하거나 도태되거나 소멸해버리고 만다. 특히 이 세상에 존재하는 기업들의 흥망성쇠를 살펴보면 그 사실을 분명히 알 수 있다.

성공하는 기업들의 특징은 하나같이 변화의 기회를 놓치지 않고 희생을 무릅쓰고라도 개혁을 완수해 나갔다는 것이다. 오늘날과 같은 명성과 영화를 누리게 된 그 이면에는 개혁을 위한 치열한 몸부림이 있었다.

개혁에는 하나의 공식이 따른다. 개혁이 다 성장일 수는 없으나, 개혁이 없이는 결코 성장이 불가능하다는 것이다. 아무리 잘나가는 기업이라도 현실에 안주하거나 개혁을 주저하거나 게을리해서는 안 된다. 물결을 거슬러 올라가려고 부단히 노력하지 않으면 변화의 거친 물살에 떠내려가는 것은 시간 문제이기 때문이다. 개인도, 교회도, 나라도 마찬가지다. 문명도 하등 다를 바가 없다.

아무리 거대하고 찬란한 문명도 개혁에 실패할 경우, 점차 쇠퇴의 과정을 밟다가 마침내 역사의 뒷장으로 사라지는 것이다. 이 지구상에 생존하는 문명들은 하나의 공통점을 가지고 있다. 개혁의 시기가 왔을 때, 개혁할 줄 아는 지혜와 용기를 가지고 도전하였기에 성공했던 것이다.

만약 한국 교회가 기나긴 역사와 전통만을 자랑하는 데 급급한 나머지 개혁을 등한히 했다면 어떻게 되었을까? 일찌감치 존재감을 상실한 채, 교회의 문을 닫고 말았을 것이다. 갱신하려는 개혁 의지나 미래를 향해 나아가려는 개혁운동이 결여된 상태에서는 성장을 꿈꿀 수도 없거니와 존립 자체가 어려워질 것이다.

개혁을 거부하면서 어찌 살아남기를 바라겠는가. 우리 교회도 예순넷 성상을 지나는 동안, 급진적인 개혁은 전무했을지 모르나, 점진적인 개혁이 있었기에 오늘날 부산을 대표하는 교회로 성장하고 자리를 잡은 것이 아닐까.

앞으로 100년, 아니 그 이상을 넘어 끊임없이 발전하고 부흥해가려면 어떻게 해야 하는가. 무엇을 보고 그 가능성을 알 수 있는가. 우리 성도들의 마음속에 진정 개혁하려는 의지와 용기가 있느냐, 없느냐로 결판이 날 것이다. 5년 후가 더 아름답고 복된 교회, 10년 후가 더 크게 부흥하는 교회, 50년 후가 더 영향력을 발휘하는 교회, 100년 후가 더 찬란한 영광을 누릴 수 있는 교회가 되려면 무엇보다도 개혁에 대한 뜨거운 소원과 열망이 있어야 한다.

본문에는 예수께서 성전을 정화하시는 사건이 기록되어 있다. 주님은 성전으로 들어가신 즉시 대뜸 채찍을 만들어 장사하는 자들을 내쫓으신다. 당시로서는 감히 상상도 하기 어려운 일대 개혁운동이라고 할 수 있다. 기존의 제사의식은 물론, 성전 체제와 질서를 한꺼번에 뒤집어엎는 파격적인 행동이었기 때문이다. 예수님의 일거수일투족을 보면 얼마나 과격하고 열정적인지 두 눈이 휘둥그레질 정도다.

제자들은 이런 예수님의 모습에 깊은 인상을 받은 나머지 시편 69편 9절을 인용하여 증거하고 있다.

"주의 전을 사모하는 열심이 나를 삼키리라"(17절)

15절에는 세 동사를 사용하면서 예수님의 행동을 실감나게 묘사하고 있다.

"노끈으로 채찍을 만드사 양이나 소를 다 성전에서 내쫓으시고 돈 바꾸는 사람들의 돈을 쏟으시며 상을 엎으시고"

'내쫓으시고, 쏟으시고, 엎으셨다'는 동사들은 예수님이 얼마나 심적으로 격분한 상태에 있었는가를 짐작하게 해준다. 과연 무엇이 예수님을 이토록 분노케 한 것일까. 예수께서 성전에 들어가서 보신 것이 대체 무엇이기에 이런 행동을 하시는 것일까. 예수께서 질풍노도와 같이 성전을 정화하실 수밖에 없었던 이유는 대체 무엇이었는가?

외식주의

예수께서 성전을 숙청하시는 결정적인 이유는 무엇인가? 본문은 성전에서 이루어지는 모든 제사가 거짓된 제사라는 점에 초점을 맞추고 있다. 거짓 제사가 될 수밖에 없었던 것은 그 제사들이 형식으로 흐르고 있었기 때문이다. 무슨 일에나 형식과 내용은 같이 따라다니도록 되어 있다. 형식 없는 내용이 있을 수가 없고, 내용 없는 형식도 있을 수가 없다. 내용이 있더라도 형식이 없으면 무질서해지고 전달하기가 어려워진다.

반면에 형식이 아무리 아름답고 훌륭하더라도 그 안에 내용이 빈약하거나 보잘것이 없으면 아무 소용이 없다. 비록 형식은 별 볼 일 없더라도 그 내용이 훌륭하면 강력한 힘을 나타낼 수가 있다. 가령 담는 그릇은 다를지라도 그 안에 다이아몬드가 들어 있다고 하자. 겉모양으로 모든 것을 판단할 수 있을까. 그릇의 모양이나 크기와는 상관없이 그로 인해 찬란히 빛을 발할 것이다. 담는 그릇은 문제가 되지 않는다. 내용이 바뀌지 않는 한, 그 가치는 변하지 않기 때문이다.

그러나 아무리 겉포장이 화려하더라도 그 안에 내용이 들어 있지 않다면 무슨 유익이 있으랴. 우리의 신앙생활이 형식에 치우칠수록 경건의 모양만 있고 경건의 능력은 실종되어 버린다. 겉은 그럴듯할지 모르나 속은 거짓과 위선으로 가득 차 있는 것이다.

우리가 드리는 예배는 어떤가? 우리의 중심이 실리지 않고, 하나님을 사랑하는 마음이 없으며, 하나님의 말씀에 순종하려는 의지가 결여되어 있다면 이를 참 예배라고 할 수 있으랴. 그런 예배는 백번, 천 번을 드린들 외식에 치우치고 위선으로 끝날 뿐이다. 주님께서 채찍을 휘두를 수밖에 없었던 이유는 분명하다. 한마디로 형식만 가득한 제사였기 때문이다.

제사라는 형식만 거창했을 뿐, 주님에 대한 믿음은커녕 감사하는 마음조차 인색했던 것이다. 형식적인 예배는 그 안에 아무것도 들어 있지 않기에 아무런 변화를 일으킬 수가 없다. 생명력이 역사하지 않기 때문에 역동성 있게 밀고나가지 못한다. 그러나 예배의 내용이 충실하고 그 속에 진실이 담겨 있다면 그로 인해 큰 영향력을 발휘할 수 있는 것이다.

우리의 예배가 형식에 치우치고 있는가? 그렇다면 지체하지 말고 회개해야 한다. 형식적인 예배는 하나님이 역겨워하시는 행위에 불과하다. 하나님은 예언자들을 통해 마음에도 없는 제사를 드리는 자들을 향하여 질책하신다.

"헛된 제사를 드리지 마라! 내 마당만 밟을 뿐이다!"

심지어 예수님은 가면을 쓴 위선자들에게 '독사의 자식들'이라고 부르면서 회칠한 무덤과 무엇이 다르냐고 불같이 화를 내신다. 수천 수만의 제물이 중요한 것이 아니라 한 번이라도 하나님이 받으실 만한 신령과 진정이 들어 있어야 한다. 예배 안에 순종이라는 내용이 빠져 있으면 예배를 드렸다는 것뿐이지, 하나님의 영광과는 거리가 멀다. 특히 예배의 핵심은 하나님께 대한 절대적인 순종임을 간과하지 말아야 한다.

하나님은 제사라는 형식보다 순종이라는 내용을 더 귀하게 보신다. 불순종하는 사울 왕에게 하신 경고의 말씀이 있다.

"순종이 제사보다 낫다."

제사가 수도 없이 드려진들 순종하지 않는다면 무슨 의미가 있겠는가? 하나님께서 아무리 많은 말씀을 하신들 반항하는 마음, 의심하는 마음으로 듣는다면 받는 즉시 다 쏟아버리고 말 것이다. 우리가 기도하고 찬송하고 설교 말씀을 듣고 봉헌하고 여러 순서를 따라 예배를 드리지만 이는 다 형식에 불과하다.

기도를 드리더라도 그 기도에 자기의 진심이 실리지 않으면 형식으로 그칠 뿐이다. 봉헌을 해도 인간적인 생각이 앞선다면 거짓 봉헌이 되기 쉽다. 불순하기 짝이 없는 봉헌은 아무리 많이 바쳐도 기뻐하시지 않는다. 다시 강조하거니와 하나님께서 우리에게 원하시는 것은 형식이 아니라 내용임을 간과하지 말아야 한다.

'이 시간 정해진 순서를 따라 기도하고 찬송하고 말씀 듣고 봉헌했으니 오늘의 임무는 다 끝났다. 이것으로 할 일을 마쳤다' 하고 만족한다면 형식주의에 깊이 빠져 있는 증거다. 하나님이 원하시는 예배는 신령과 진정으로 드리는 예배임을 기억해야 한다.

예배드릴 때마다 우리의 마음이 담기고 사랑이 담기고 믿음이 담기고 순종이 담긴다면 하나님께서 얼마나 흐뭇해하실까. 아무리 형식이 웅장하고 화려하고 훌륭해도 성령의 역사와 진리가 결여되어 있다면 온전한 예배가 될 수 없을 뿐만 아니라, 하나님의 책망을 면할 수가 없을 것이다.

배금주의

　예수께서 채찍을 드신 이유는 성전제사가 온통 물질주의에 오염되어 있었기 때문이다. 당시 종교지도자들은 예배를 명목으로 돈벌이에 치중하고 있었다. 기록에 따르면 유월절에 도살된 양만 해도 18,000마리가 넘었다고 한다. 거기다 소나 염소 등의 다른 짐승들까지 합치면 그 규모는 상당했을 것이다. 무려 200여 만 명에 달하는 순례자들이 몰려들었다고 하니 예루살렘 전체가 한동안 시장바닥처럼 시끌벅적하지 않았을까. 그러나 그들이 드리는 제사 속에는 물질주의가 깊이 스며들어 있었던 것이다.

　이를 이해하려면 당시의 배경을 자세히 알 필요가 있다. 당시 성전에 들어오는 자들은 율법이 정한 규정에 따라 의무적으로 성전세를 내야 했다. 그러나 이방의 돈은 부정하다는 이유로 반드시 성전에서 발행한 화폐를 사용하도록 하였다. 자연히 환전제도로 인해 막대한 수입이 생기면서 차츰 장삿속으로 변하였다. 처음에는 더없이 순수하고 거룩한 뜻을 가지고 시작한 일이었으나 돈에 욕심이 나자 터무니없이 환율을 올려 받았다. 환전하지 않고는 성전으로 들어갈 수 없다는 순례자들의 약점을 이용하여 폭리를 취한 것이다.
　제물의 경우는 그 부패 정도가 더 심하고 악랄하여 원성의 대상이 되었다. 업자들과 결탁하여 바깥에서 들여오는 제물 대신에 성전 구매소에서 파는 것을 사서 바치도록 강요하였다. 순례자들이 미리 정성들여 준비해 온 제물들은 이런저런 트집을 잡아 퇴짜를 놓는 일이 비일비재했으며 검사라는 명목으로 뒷돈이나 웃돈을 요구했다.

제사를 빙자하여 맘몬 mammon 이 판을 치고 하나님 대신 지위나 돈이 행세하는 세상이 돼버린 것이다. 어느덧 예배의 중심에 하나님을 쫓아내고 돈이 자리를 잡은 것이다. 예수께서 분노하실 밖에 없었던 이유가 바로 이것이다. 예배의 대상이 하나님이 아닌 돈으로 둔갑한 것이다.

오늘날도 그때와 별로 다르지 않을 것이다. 주님 앞에 예배드린다고 말은 하면서도 배금주의에 물들어 돈을 섬기고 물질에 절하고 있는 것은 아닌가. 요즘 그 어느 때보다 돈이라면 사족을 쓰지 못한다. 돈의 힘이 얼마나 막강해졌는지 모른다. 돈이면 못하는 것이 없고 심지어 우리의 영혼까지 사고파는 정도가 되었다. 어디서나 무소불위의 능력을 자랑하고 있다. 물질이 생명을 볼모로 잡고 교회 안으로 들어와 주인 행세를 하면서 존립 자체를 뿌리째 흔들고 있다.

교회는 영성을 상실한 채 물질에 휘둘리고 있고, 신령한 열매들이 사라지면서 돈에 대한 탐심과 이기적인 욕망만을 추구하는 데 열심이다. 이러한 황금만능주의와 상업주의로 인해 교회는 교회의 본질과 원형을 잃어가고 있으며 개혁의 주체가 아니라 객체로 전락하고 있다. 물질보다는 당연히 하나님을 앞세워야 함에도 불구하고 언제부턴가 순위가 역전되어 교회의 타락을 가속화시키고 있다.

하나님 나라와 의를 구하기보다 돈을 먼저 찾느라 야단이다. 교회 안에서도 무슨 일을 하려고 할 때, 예전처럼 "다같이 기도합시다"라든지 "믿음으로 도전해 봅시다"라는 말은 들리지 않고, 대뜸 "예산이 있는가?" "돈이 마련되어 있는가?"라는 질문들부터 쏟아져 나온다. 돈이 있으면 하고 없으면 안 하는 것이다. 여기에는 하나님도, 믿음도 끼어들 공간이 전혀 보이지 않는다.

몇 년 전인가 청와대 정책실장을 지낸 변양균 씨를 둘러싸고 빚어진 비리 사건을 기억할 것이다. 한 권력가의 장단에 불교재단인 동국대가 추태를 부리고 사찰들이 춤을 추고 기업들이 노래하고 은행들이 말없이 거들고 가짜 예술가들이 개입하면서 정치는 물론 교육, 문화, 예술, 경제, 종교 등을 총망라하여 하나같이 비리의 온상이 돼버렸다. 그 핵심에 무엇이 있는가? 바로 돈이다. 불교종단에서도 이 사건을 통해 큰 위기감을 느끼고 결사대회를 열면서 자정의 기회로 삼은 적이 있다.

과연 이런 문제가 불교에만 해당이 되겠는가. 우리 교회는 어떠한가. 한 마디로 돈이 쥐락펴락하는 세상으로 바뀌고 있다. 세상을 나무라거나 비판할 것도 없다. 다른 종교가 어떠니 저러니 손가락질할 필요도 없다. 미안한 말이지만 무슨 선거에 '사락오당'이라는 말이 생겨나고 있다. 무슨 말인가? 4억을 쓰면 떨어지고 5억을 쓰면 당선된다는 뜻이다. 장 자리 하나 얻으려고 금품이 오가고 금권선거가 판을 치는 상황에 이르러 있다.

과연 하나님께서 이 상황을 어떻게 보실까. 남에게 개혁하라고 요구하기 이전에 나부터 솔선수범해나가야 한다. 그렇지 않다면 결코 이 사회를 변화시킬 수가 없다. 요즘 되어가는 일들을 보면 하나같이 너도나도 돈을 주워 모으느라 혈안이 되어 있다.

이 시간 예배드리면서도 장사꾼들처럼 돈 생각에 붙들려 있지 않은가. 하나님은 온데간데없고 물질에 대한 불안으로 가득 차 있다면 그 예배는 거짓될 수밖에 없다. 주님께서 뭐라고 말씀하셨는가? "너희는 먼저 그의 나라와 그의 의를 구하라"고 하셨지 돈을 먼저 구하라고 하시지 않았다. 과연 우리가 먼저 구하고 있는 것은 무엇인가. 누구에게 예배를 드리고 있는가. 하나님인가, 돈인가. 우리의 관심이 온통 돈에만 쏠려 있지는 않은가.

하나님 없는 신앙생활은 죽은 사자처럼 무기력할 수밖에 없다. 성전제사가 부패하고 타락한 이유는 무엇인가? 제사를 빌미로 돈벌이에만 치중하고 있었기 때문이다. 주님 앞에 나올 때 세상의 염려나 불안은 전적으로 주님께 맡겨야 한다. "너희는 먼저 그의 나라와 그의 의를 구하라 그리하면 이 모든 것을 너희에게 더하시리라"마 6:33 고 주님은 약속하신다.

차별주의

예수께서 분노하실 수밖에 없었던 것은 예배를 통해서 사람을 차별하고 있었기 때문이다. 주님께서 숙청을 단행하고 있는 마당은 소위 이방인의 뜰로 알려진 곳이다. 이는 성전 바깥에 위치하고 있었으며 이방인들의 왕래가 허용되는 유일한 장소였다. 그러나 이마저도 강도의 소굴로 만들어 놓고 만 것이다. 종교지도자들은 성전을 통해서 모든 인종과 계층을 하나로 묶지 못하고 오히려 차별을 조장하거나 분리시키는 정책을 썼다. 성전이 성도들 사이는 물론, 사회와 세상과의 관계를 가로막는 분열의 경계선으로 바뀐 것이다.

성전 안에는 이방인들이 들어가는 이방인의 뜰과 여성만이 들어가는 여성의 뜰과 남성들이 들어가는 남성의 뜰과 제사를 드리는 제사의 뜰이 있었고, 더 안쪽으로 들어가면 성소와 지성소가 있었다. 이방인은 제아무리 애를 써도 이방인의 뜰 외의 그 어디에도 들어갈 수가 없었다. 그마저도 장사하는 자들에게 빼앗기고 말았으니 그들이 설 곳은 아무데도 없었던 것이다.

본문을 보면 예수께서 이방인의 뜰에서 행해지는 장사 행위를 금지시키면서 "아버지의 집을 장사하는 집으로 만들지 말라"고 경고하신다. 무슨 뜻인가? 이스라엘의 뜰만 거룩한 것이 아니라 이방인의 뜰 역시도 거룩한 장소가 되어야 하며, 이스라엘의 뜰에서만 예배할 것이 아니라, 이방인의 뜰에서도 자유롭게 예배를 드릴 수 있어야 한다는 것이다.

예수님은 이방인의 뜰을 숙청하시면서 나누어져 있던 모든 뜰을 하나로 통합하신다. 예수님은 인종별로, 계층별로, 이념별로, 사회적으로 분리된 성전이 아니라 모두가 주 안에서 하나 되어 하나님의 기업을 받아 누리는 축복의 장소로 생각하셨던 것이다.

오늘날 우리 교회는 어떠한가. 사람을 차별하고 있지는 않은가? 돈 좀 있다고, 지식이 있다고, 신앙이 있다고 해서 그렇지 않은 자들을 몰아내고 은근히 무시하지는 않는가. 서로 마음이 통한다는 이유로

끼리끼리 어울려 놀지는 않는가.

교회 안에서까지 하나님을 중심으로 하나 되지 못하고 뿔뿔이 흩어지고 분열한다면 어찌 주님의 성전이라고 할 수 있으랴. 더 이상 하나님을 예배하는 거룩한 곳이 될 수는 없을 것이다. 성전에 들어오는 자마다 살아계신 하나님을 찬양하고 예배하며 교제하는 아름다운 공동체를 이뤄가야 할 것이다.

거듭나야 한다

그렇다면 어떻게 해야 우리가 예수님이 지향하셨던 개혁을 실천할 수 있을까? 나부터 바른 예배자로 거듭나야 한다. 누구를 탓하기 이전에 나부터 개혁하고 고치고 갱신시켜나가야 한다. 나 자신을 향한 항거의 자세를 가다듬어야 한다. 나 하나 개혁하지 못하면서 무슨 개혁을 한단 말인가. 자신의 잘못에 대한 회개 없이는 결코 새로운 개혁은 불가능하다. 형식만 바꾼다고 그것을 어찌 개혁이라고 할 수 있겠는가. 내용까지 송두리째 바꾸어야 한다.

우리의 마음이 180도 변해야 한다. 속사람이 전적으로 달라져야 한다. 우리의 중심이 변하지 않는다면 진정한 개혁은 일어날 수가 없다. 수많은 개혁들이 실패하는 이유가 무엇인가? 틀이나 외양만 바꾸려 하기 때문이다. 믿는다고는 하지만 인간성이 달라지지 않고, 죄성이 바뀌지 않기 때문에 결국 개혁을 성공시킬 수 없는 것이다.

구두도 그때그때 수선을 해야 오래 신을 수 있고 그 생명력이 지속되는 것이다. 우리의 삶도 예외는 아니다. 가만히 놔두면 얼마 지나지 않아 밑으로 떨어진다. 저절로 타락의 길을 걷게 되는 것이다.

위로 올라가는 삶을 살아가려면 계속해서 자신을 돌아보며 회개할 것은 회개하고, 고칠 것은 고치고, 수선할 것은 수선하고, 개혁할 것은 개혁해 나가야 한다. 그래야 주님을 바르게 예배하며 주님의 일을 힘 있게 감당할 수 있을 것이다. 끊임없는 자기 개혁만이 부흥을 위한 첩경임을 기억해야 한다.

참 예배를 드려라

진정한 개혁을 하려면 예배의 주인이 누구인가를 깨달아야 한다. 본문을 보면 예수님은 성전을 가리켜 '아버지의 집'이라고 말하고 있다. 그렇다. 이 교회는 아버지의 집이다. 우리의 집이 아니다. 돈 많은 자의 것이 아니다. 어느 누구의 소유가 아니다. 사람이 주인이 아니다. 성전의 주인은 오직 하나님 한 분밖에는 없다. 하나님 아닌 다른 것이 주인 노릇을 하고 있다면 거짓 신앙에 지나지 않는다. 우상을 섬기면서 하나님을 기쁘게 할 수는 없다.

우리는 예배를 드리면서 번번이 착각을 일으킨다. 번영의 신이나 성공의 신을 하나님처럼 여기고 경배를 한다. 우리 스스로 만들어낸 신에게 빌면서 예배를 드렸다고 만족해한다. 이 얼마나 커다란 모순이란 말인가. 하나님이 누구신가를 모르면서 어찌 참 예배를 드릴 수 있겠는가.

마치 상가에 가서 한참 통곡을 하고 난 후 "누가 죽었소?"라고 묻는 것과 무엇이 다르단 말인가. 우상에게 열심히 절해 놓고 "우리가 누구에게 예배했지?"라고 묻는 어리석은 짓을 되풀이해서는 안 될 것이다. 예배의 대상이 헷갈린다면 이를 어찌 예배라 할 수 있겠는가. 오직 살아계신 참 하나님께만 경배하고 영광을 돌려야 한다.

새 성전을 지어라

진정한 예배를 드리려면 새 성전이신 예수님을 우리의 중심에 모셔 들여야 한다. 본문 19절을 보라.

"너희가 이 성전을 헐라 내가 사흘 동안에 일으키리라"

여기서 이 성전은 무엇을 가리키는가? 헤롯 왕이 통치하던 시절, 유대인들의 환심을 사기 위해 무려 46년 동안 수만 명의 노동자들을 동원하여 세운 성전을 말한다. 엄청난 무게가 나가는 돌들을 쌓아 만들었다. 그러나 사람들의 눈에 보이는 건물에 불과하다. 반면에 예수께서 사흘 만에 다시 세우겠다고 하신 성전은 어떠한가.

가시적이고 물질적인 건물이 아니라 예수님의 십자가 수난과 부활을 통하여 우리 영혼에 세워질 영적 성전을 의미한다. 다시 말하면 제사드리는 성전의 시대는 이미 지나갔으며 예수님을 중심으로 하는 새 성전의 시대가 도래했다는 것이다.

여기서 '헐라'는 말은 파괴하라는 것이다. 기초까지 깨끗이 제거하라는 것이다. 돌로 지은 성전과 새 성전의 차이는 무엇인가? 돌은 돌일 뿐, 그 이상도 이하도 아니다. 돌로 지은 성전은 아무리 아름답고 정교하고 웅장해도 결코 우리를 구원할 수가 없다. 우리의 죄를 대속하기엔 역부족이다. 하나님과의 교제를 맺어줄 수가 없다. 예배하는 공간은 될 수 있을지 모르나 예배 자체를 가능케 하지는 못한다.

그러나 예수님이라는 새 성전은 이런 문제들을 넉넉히 해결하고도 남는다.

새 성전이신 예수님을 믿고 의지하기만 하면 그를 통해서 단번에 하나님과의 교제가 이루어지고 죄 용서함을 받고 구원의 축복을 누릴 수 있다. 이 얼마나 신기하고 놀라운 축복이란 말인가. 아무런 도움도 주지 못하는 성전 건물에 연연하는 것은 어리석은 일에 불과하다. 오로지 새 성전 되신 예수님을 중심으로 우리에게 베풀어주신 구원의 은총을 노래하며 예수님의 영광을 온 세상에 증거해야 하리라.

예수께서 오늘 한국 교회를 찾아오신다면 과연 무슨 말씀을 하실까? 과연 어떤 행동을 취하실까? '과거 예루살렘 성전을 숙청하신 것처럼 개혁의 채찍을 드시지는 않을까'라는 두려운 마음이 앞선다. 우리가 드리는 예배가 형식적이지는 않은지, 물질주의에 오염되어 있지는 않은지, 하나님 아닌 다른 신을 섬기고 있지는 않은지, 예배를 드리면서도 사람을 차별하고 주님께로 가는 길을 막고 있지는 않은지 자신들을 돌아보며 개혁에 힘써야 한다.

참 예배를 회복하는 것만이 영적 부흥과 개혁의 초석이자 출발점이 된다는 사실을 기억해야 한다.

　이것이 오늘 참 예배자로 살기 원하는 자들에게 주시는 하나님의 뜻이다.

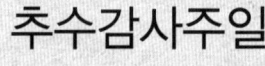

추수감사주일
Thanksgiving

감사로의 초대
Calling to Thanksgiving 시 107:1–9

감사함으로 들어가라
Come Before Him with Thanksgiving 시 100:1–5

감사로의 초대
Calling to Thanksgiving

　신학자 라인홀드 니버 Reinhold Niebuhr 는 그리스도인의 3대 미덕에 하나를 더 추가할 필요가 있다는 말을 한 적이 있다. 믿음, 소망, 사랑 다음에 '감사'라는 제 4의 미덕이 포함되어야 한다는 것이다. '그리스도인이 누구인가? 그리스도인이 어떤 존재인가?'를 보여주는 분명한 특징이 있다. 믿음, 소망, 사랑은 물론, 거기에 더해 감사가 있어야 한다.
　신앙인들은 언제나 자신을 향하여 '얼마나 잘 믿고 있느냐? 얼마나 소망 중에 살아가고 있느냐? 얼마나 사랑을 많이 하고 있느냐?'라는 질문과 함께 '얼마나 감사의 삶을 실천하고 있느냐?'라는 질문을 던져야 한다. 이 4가지를 살펴보면 그가 진정한 신앙인인지, 성숙한 그리스도인인지를 분별할 수 있을 것이다.

　그리스도인의 표지가 바로 감사에 있다는 것은 누구도 부인할 수 없을 것이다. 얼마나 자주 감사를 표현하고 있는가? 범사에 감사하라고 했는데 손꼽을 정도로 터무니없이 부족해서야 되겠는가. 우리의 신앙생활은 이루 헤아릴 수 없을 만큼 감사로 충만해야 한다. 날마다 순간마다 감사하며 살기 위해 힘써야 한다.

'그렇게 해야지'라고 늘 결심은 하면서도 실천이 잘 되지 않는 일 중의 하나가 바로 감사이다. 감사에 대한 생각과 마음은 목구멍 안에 걸려 있고, 그 앞으로 비집고 나오는 것은 온통 불평으로 가득 찰 때가 허다하다. 우리의 삶 속에서 감사 언어와 불평 언어를 얼마나 사용하느냐를 재보면 과연 어느 쪽이 더 많을까. 매사 감사로 충만할수록 참으로 복된 인생이라고 할 수 있을 것이다.

불만족

많은 사람들이 감사해야 한다는 것을 알면서도 감사하지 못하는 이유가 무엇인가. 불평을 제어하지 못하고 터트리는 이유는 무엇인가. 감사를 말로만 하고 실천하지 못하는 이유는 무엇인가. 우리의 삶에 만족감이 결여되어 있기 때문이다. 삶이 만족스럽다면 뭐하러 불평을 늘어놓겠는가. 모든 게 부족하고, 모자라고, 결핍되어 있다 보니 빈 공간을 채우기 위해 안달을 하고 욕심을 부린다. 마음먹은 대로 이루어지면 좋으련만 그게 쉽지가 않다.

원하는 대로 되지 않기에 속에서 원망이 싹튼다. 결국 감사보다는 불평을 일삼고 마는 것이다. 돈 많은 사람, 지위가 높은 사람, 학식이 있는 사람들을 더 알아주는 풍토 속에서는 더 가지지 못해 안달할 수밖에 없다. 이 사회가 이런 자들을 성공하고 출세했다고 인정해주고 내세워주기에 그렇지 못한 자들은 늘 소외감과 박탈감에 사로잡히게 되는 것이다.

만족감이란 다분히 상대적인 것인데 마치 절대적인 것처럼 수치화하거나 공식화해 버린다면 그때부터 골치가 아파진다. 왜냐면 사람이 정한 기준에 따라 만족감 여부가 결정되기 때문이다. 그 기준 이상이라면 다행이나 이하로 떨어진다 싶으면 항상 불평의 원인으로 작용하게 된다. 혹시 남보다 뒤떨어지지 않는가. 불행하다고 여기고 있지는 않는가. 남들에 비해 뭔가 모자란다고 생각하는 한, 어찌 만족할 수 있으랴.

오늘날 경쟁이 치열하다 보니 '너 죽고 나 살자'는 생존방식이 판을 치고 있다. 남보다 앞서가기 위해서는 수단 방법을 가리지 말아야 한다는 주장을 서슴없이 내뱉는다. 경쟁자를 비열하게 제거하는 것을 놓고 지극히 당연하다는 듯이 떠벌린다. 이처럼 인간관계가 살벌해지면서 남들에 대한 배려나 양보는 거의 찾아보기 힘들다.

오히려 남보다 먼저 가야 하고, 남보다 위에 서야 하고, 남보다 더 가져야 한다는 논리를 내세워 자신의 욕망을 정당화시키는 데 급급해 한다. 서로가 자기 욕망을 향해 치닫다 보면 욕망의 포로로 전락하는 것은 시간 문제다. 어느 정도 선에서 만족할 줄 알면 얼마나 좋겠는가. 삶에 대한 불만족이 커질수록 감사가 식어지고 줄어들게 된다. 한 마디로 말하면 욕망은 감사에 반비례한다.

요즈음 부모의 지나친 기대와 바람 때문에 수많은 아이들이 온갖 스트레스와 강박관념에 시달리고 있다. 아이들이 성적을 잘 받아오면 잘했다고 칭찬해주고 격려해주면 좋으련만 한다는 소리가 가관이다. "문제가 쉬웠나 보네, 어이구야, 해가 서쪽에서 뜨겠네, 네가 100점인 걸 보면 다른 아이들은 150점씩 받았겠구나…"

그런 말을 들은 아이들이 무슨 생각을 하겠는가. 그야말로 살맛이 나지 않을 것이다. 그들의 가슴에 멍이 시퍼렇게 들고 만다. 어떤 일이 있어도 아이들의 사기를 꺾는 것은 금물이다. 부정적인 언행이 그들의 영혼을 실족시킨다고 상상해 보라. 참으로 두려운 일이 아닐 수 없을 것이다.

성적에 관련된 재미있는 이야기가 하나 있다. 한 아이가 성적표를 내미는데 전부 '가'투성이고 그 중에 '양'이 딱 하나 있었다고 한다. 그러자 한참을 생각하던 아버지가 입을 열었다.

"야, 너무 한 과목에만 치중하는 거 아니냐."

이 말에는 세태를 꼬집는 교훈이 들어 있다. 자녀들이 자신감을 가지고 기쁜 마음으로 살아가도록 하려면 무엇보다도 격려와 감사의 말을 많이 듣도록 해주어야 한다.

주어진 상황에 대해서 좀더 여유를 가지고 긍정적으로 받아들이면서 감사를 실천한다면 얼마나 행복이 넘치겠는가. 남보다 조금 부족하다고 해서 전전긍긍하면 결국 자기만 피곤해지고 고달파지는 것이다. 불행을 자초하게 된다.

얼마 전 TV에서 성형에 대한 좌담회를 하는 것을 본 적이 있다. 미모의 탤런트가 나와서 분위기를 띄우고 있는데, 사회자가 그녀를 향해서 이런 질문을 던진다.

"우리가 볼 때 당신의 미모는 아주 완벽한 것 같다. 그래도 고쳤으면 하는 부분이 있을 텐데 말해줄 수 있는가?"

소위 8등신에다 S라인까지 갖춘 그녀가 대답을 한다.

"다 좋은데, 눈이 커서 걱정입니다."

남들은 조금이라도 큰 눈을 만들려고 쌍꺼풀 수술도 하고 눈가를 찢는 등, 별짓을 다 하는데 욕심이 과하다 못해 자기만 아는 철부지 같다는 생각이 들었다. 아니나다를까 주위 사람들로부터 너무한다는 핀잔을 들어야 했다. 생긴 대로 감사하며 살지 못하고 오히려 더 예뻐지고, 더 날씬해지려고 발버둥치는 나머지 불평을 입에 달고 있다.

아주 못된 노래 중 하나가 "어머니, 왜 날 낳으셨나요?"다. 이 세상에 생명을 가지고 태어난 것만 해도 감사할 일인데, '왜 날 낳아서 이렇게 고생시키느냐'고 투정을 부리고 있으니 이런 불효막심한 자식이 어디 있단 말인가.

하나님은 우리 인생들에게 100% 만족할 수 있도록 해주지 않으셨다. 우리의 외모나 우리의 성격이나 우리의 재능도 그렇다. 모든 면에 100% 만족을 못하도록 하신 것이다. 만일 100% 만족할 수 있다면 기도할 일도 없지 않겠는가. 아마 하나님을 찾을 일도 없을 것이다.

주님은 우리를 조금씩 부족하게 만들었다. 그래야 겸손해질 것이 아닌가. 물론 어떤 이는 평균 이상일 수도 있고 반면에 평균 이하인 경우도 있을 것이다. 그렇다면 그 부족한 부분을 무엇으로 메워야 하는가. 다른 것으로는 불가능하다. 오직 감사만이 해결할 수 있다. 그래서 주님은 그 빈 자리를 감사로 채워 넣도록 하신 것이다.

다른 사람에 비해서 20%, 50% 부족하더라도 감사로 채우는 자가 남보다 50%, 80% 잘난 자가 감사하지 않는 것보다 훨씬 더 성숙한 인생이라고 할 수 있다. 비록 가진 것 없고, 배운 지식이 신통치 않아도 그 부족한 것을 감사로 채워갈 때 진정한 행복이 넘치리라. 주님이 주신 풍성한 은혜에 대해 감사하는 것은 물론, 더 나아가 부족한 것마저도 주님에 대한 감사로 채워나가야 한다.

자기중심

감사하지 못하는 이유는 무엇인가? 매사 자기중심적으로 살려고 하기 때문이다. 모든 것을 자기 기준으로 이해하고 판단을 내린다. 자기에게 맞으면 옳은 것이고 그렇지 않으면 틀린 것이다. 얼마든지 자신도 착각하고 모를 수 있는데 그마저 인정하려고 하지 않는다. 자기 멋대로 모든 것을 해석하기 때문에 '나 외에는 다 엉터리다. 나 말고는 다 잘못되었다'는 식으로 고집을 피운다.

이런 삶 속에는 감사가 숨쉴 수가 없다. 자기만 옳고 의롭다고 여기는데 어떻게 감사할 수가 있겠는가. 얼마든지 나도 타락할 수 있고, 죄를 범할 수 있고, 실수할 수 있다는 것을 솔직히 인정해야 한다. 감사하면서 살아야 조화를 이루며 지낼 수가 있다. 자기 혼자만

잘났다고 떠들어 대서는 아무도 상대하거나 가까이 하지 않으려 할 것이다.

자기 성격 까다로운 것은 생각지도 않고 상대 속 좁은 것만 계속 지적하고 손가락질하고 비난한다고 해보라. 어떻게 그 성화와 불평을 견디겠는가? 자기는 무리한 요구를 하면서 상대방이 들어주지 않는다고 야단을 하는 것은 극히 이기적이고 어리석은 짓이 아닐 수 없다. 내 요구는 지극히 정당한데 상대의 실력과 수완이 바닥이라서 못 따라한다고 신경질을 부리고 욕을 퍼붓는다. 자신이 마음에 안 들고, 조금 불리한 상황에 빠질 경우, 다른 누군가의 실수로 불가불 그리되었다고 핑계를 댄다.

이런 식으로 모든 것을 사람 탓으로, 세상 탓으로, 환경 탓으로 돌리다 보면 점점 더 원인 규명은 물론, 감사생활 자체가 더욱 고달파진다. 자기중심적으로 모든 삶을 꾸려가려는 자는 반드시 불평에 시달리고 만다. 감사하려면 무엇보다도 자기중심적인 삶에서 벗어나야 한다.

자기 비하

감사가 잘 되지 않는 이유가 있다. 자기를 비하하기 때문이다. 자기를 마치 피해자처럼 생각하고 항상 피해의식에 사로잡혀서 기회 있을 때마다 자기를 학대한다. 이런 사람은 항상 자기를 희생자로 여긴다. '왜 나만 이래야 하는가, 왜 나만 이렇게 피해를 봐야 하나, 왜 나

만 손해를 입어야 하는가, 왜 나만 희생해야 하는가.'
 엄격히 말하면 자기만 희생하는 게 아닌데 그렇다고 남의 희생만 강조하는 것도 꼴볼견이다. 서로 희생하고 고생하고 다 똑같이 힘쓰고 애쓰는데 꼭 자기만 피해를 입은 것처럼 주장해서는 곤란하다. 그런 상황하에서는 삶이 피곤하고 우울해질 수밖에 없다.

 하나님은 우리 인간을 그의 형상대로 고귀하게 만드셨다. 우리를 만드신 목적에 따라서 살지 못하는 것처럼 어리석은 일이 어디 있으랴. 주님이 우리를 고상하고 귀하게 만드셨다면 우리도 자신을 스스로 귀하게 여길 줄 알아야 한다. 자기에 대한 존중감이 없으면서 어떻게 감사를 실천할 수 있겠는가. 자기를 학대하고 비하하는 상황에서는 결코 어떠한 감사도 있을 수 없을 것이다.
 나는 하나님의 형상대로 지어진 귀한 존재다. 어느 누구와도 비할 데 없는 아름다운 존재다. 나 자신이 얼마나 귀한 존재인가를 알아야 감사가 절로 되지 않겠는가. 이 놀라운 사실을 인식하지 못해 계속 불평만 하는 것은 아닌가. 무엇보다도 먼저 자신이 귀한 존재라는 것을 깊이 깨달아야 한다. 순간순간 '나는 귀한 사람이다. 어느 누구와도 바꿀 수 없는 탁월한 존재다. 세상적으로는 턱없이 부족할지라도 하나님이 보실 때 나는 귀한 존재다'라는 의식을 가지고 살면 날마다 감사할 수가 있으리라.
 시편 107편의 말씀은 하나님께서 우리 모두를 감사로 초대하시는 초청장과 같은 말씀이다. 주님의 백성들이 하도 감사하지 못하니까 감사해야 할 조건들을 조목조목 제시하면서 감사에 참여하라고 강권하신다. 이 시간도 주님은 우리 모두를 감사로 초대하신다. 그 초대에 응답하여 날마다 감사의 삶을 구현해나가야 한다.

명령에 순종하라

어떻게 감사를 실천할 수 있는가? 시편 기자는 "여호와께 감사하라"고 명령하고 있다. 주님의 초청에 응하려면 무엇보다도 그 명령에 귀를 기울여야 한다. "여호와께 감사하라!" 이는 어느 누구도 아닌 주님의 명령이다. 선택사항이 아니다. 필수적인 일임을 기억해야 한다. 솔직히 말해서 감사를 하나님의 명령으로 의식하는 자가 얼마나 되겠는가. 대부분 '내가 감사하고 싶으면 하는 거고, 그렇지 않으면 안 하는 거지 무슨 명령까지 할 거야 없지 않은가?'라고 생각하고 있을 것이다.

본문은 우리에게 분명하게 선언하고 있다. "여호와께 감사하라!" 주님의 명령에는 무조건 순종이 따라야 한다. 명령을 순종으로 받을 때 그 명령이 비로소 효력을 발휘한다. 그 명령에 순종해야 주님이 주시는 복을 받아 누릴 수가 있다. 명령에 순종하지 않으면서 어떻게 주님의 복을 받아 누릴 수가 있겠는가.

부모의 명령에 복종하지 않는 자녀에게 누가 좋은 것을 선사하겠는가. 주님은 우리가 그 명령에 순종하기를 기다리신다. 이 명령에 귀를 기울이고 순종하는 자에게 감사를 충만케 해주실 것이다.

세상이 어둡고 삭막하고 거칠어지고 있다. 이런 상황에서 황무지와 같은 세상을 벗어날 수 있는 길은 어디에 있는가. '감사하라'는 주님의 명령을 실천하는 데 있다. 감사가 없기에 더욱 각박해지고 더 황폐해지는 이 세상 속에서 감사로 이 세상을 기름지게 하고 감사로 이 세상을 밝히는 자들이 되어야 할 것이다.

주님은 우리를 감사로 초청하시면서 매사 감사하라고 명령하고 있다. 감사할 때 더 큰 감사의 조건을 허락해 줄 뿐만 아니라 모든 문제를 해결해 주신다. 인생이 행복해지기를 원하는가? 성공적인 인생을 원하는가? 그렇다면 무엇보다도 감사를 먼저 실천해나가야 한다.

오프라 윈프리가 이런 말을 했다.
"나는 지금까지 감사의 일기를 한 번도 쉬어본 적이 없다."

매일 감사의 일기를 쓰는데 하루에 다섯 가지 이상 감사할 일들을 기록으로 남겼다고 한다. 예를 들면 아침에 눈을 뜨는 순간, '내가 살아 있구나'를 깨달으면서 감사하고, 점심을 맛있게 먹을 수 있게 해주셔서 감사하고, 흑인으로서 도저히 성공할 수 없는 위치에 있었지만 토크쇼의 진행자로 만들어 주신 은혜 등, 온갖 종류의 감사를 매일매일 실천하며 살았다는 것이다.

지금부터라도 하나님이 내게 주신 것에 대해 항상 감사하는 마음을 품어야 한다.

태도를 갖춰라

감사를 실천하려면 무엇보다도 감사하는 태도가 잘 준비되어 있어야 한다. 주님이 좋은 것을 주시더라도 감사로 받으려는 자세가 부족하면 아무런 유익이 없다. 그러나 아무리 하찮은 것이라도 감사하는 태도로 받으면 더 귀하고 복된 것이 될 수 있다. 중요한 것은 '얼마나 훌륭하냐, 얼마나 가치가 있느냐'가 아니라 '얼마나 감사하는 자세를 갖추고 있느냐'라고 할 수 있다.

감사가 잘 안 되는 이유는 분명하다. 사사건건 감사의 조건을 따지려 들기 때문이다. 조건이 좋으면 감사하고 나쁘면 불평하고, 그렇게 해서는 진정한 감사를 실천하기 어렵다. 그것이 감사의 조건으로 합당하느냐를 헤아리기보다는 감사하는 태도를 가지고 있느냐를 챙겨보아야 한다. 다시 말하면 어떤 일이 발생했느냐가 아니라 그 발생한 일에 대해서 어떤 태도로 대하느냐가 더 중요한 것이다.

설령 그 일이 마음에 안 들고 썩 좋지 않은 일이라도 일단 감사하는 태도를 가지고 사건을 해석하고 받아들이면 오히려 감사가 넘칠 수 있다. 그 일로 인해 유익한 결과를 얻게 되고 더 나아가 하나님의 복을 풍성히 받게 된다. 감사하는 태도를 잘 갖추고 있다면 매사 합력하여 선을 이루어주시는 주님의 은혜를 날마다 경험할 수 있다.

태도란 일을 하거나 공부를 하거나 운동을 하거나 간에 가장 중요한 기초를 형성해 준다. 자세를 바로잡는 것이야말로 성공의 첫출발이라고 할 수 있다. 운동을 잘하려면 그에 필요한 자세를 처음부터 잘 익혀야 한다. 가령 태권도라면 품세가 몸에 배어야 한다. 그 위에 기술이 더해져 유능한 선수가 될 수 있는 것이다.

공부도 마찬가지다. 공부하는 태도가 잘 되어 있으면 공부를 잘하는 것은 시간 문제다. 공부하라고 닦달하는 대신에 공부하는 태도부터 길러주어야 한다. 공부보다도 공부하는 습관이 먼저 되어야 한다. 태도는 무시한 채, 공부하라고 강요만 해서는 아이들을 엇나가게 할 뿐이다.

감사도 그렇다. 감사의 태도가 잘 준비되어 있어야 한다. 감사의 태도가 잘 되어 있으면 상황이 아무리 어렵고 고통스러워도 낙심하지 않는다. 불평하지 않는다. 원망하지 않는다. 두려워하지 않는다. 무엇을 하려고 하기 전에 감사의 태도를 몸에 익혀야 한다. 감사로 모든 상황을 극복해나가면 행복이 점점 커지고 넘치게 될 것이다. 감사하는 자만이 참으로 행복한 인생을 누릴 수 있다.

여호와께 감사하라

우리가 감사하려면 여호와께 감사해야 한다. 감사할 대상이 누군가를 바로 찾아야 한다. 감사의 대상이 누구냐에 따라 감사의 질이 달라지고, 감사의 내용이 달라지고, 감사의 방향이 달라진다. 사람이나 물질이 감사의 대상이면 좋을 때는 감사가 되지만 그렇지 않을 때는 불평을 하게 된다.

그러나 감사의 대상이 하나님이라면 상황이 어떠하든지 감사할 수 있다. 능력의 주님이 우리를 그대로 버려두지 아니하시고 능히 건져주실 것임을 믿는다면 어찌 감사치 않을 수가 있으랴. 화가 변하여 복이 되게 하시는 주님의 섭리를 믿는 자는 화를 당해도 감사할 수 있다.

감사는 하나님과의 관계 속에서 이루어진다는 것을 잊지 말아야 한다. 물질과 관련시켜서 감사를 따지면 감사도 물질의 유무에 따라 좌우될 수밖에 없다. 그래서는 참다운 감사가 불가능하다. 상황에 따라 변하는 것을 감사의 대상으로 삼아서는 안 된다. 진정한 감사의 생활을 하려면 변치 아니하는 하나님이 감사 중심이 되어야 한다.
본문은 감사하는 자에게 내려주시는 축복이 무엇인가를 증거하고 있다. 본문 2절이다.

> "여호와의 속량을 받은 자들은 이같이 말할지어다 여호와께서 대적의 손에서 그들을 속량하사"

대적의 손에서 '나를' 안전하게 구속해주실 뿐만 아니라 대적과의 싸움에서 승리하도록 역사해주신다. 이 세상에 우리를 해치려는 대적이 얼마나 많은가. 곳곳에 대적들이 숨어서 우리가 낙오하기를 기다리고 있다. 어떻게 그들과 싸워서 승리할 수 있는가? 주님이 대적을 물리쳐주지 아니하시면 결코 승리할 수가 없다. 누구에게 이런 축복을 주시는가. 여호와께 감사하는 자가 아닐까. 주님은 감사하는 자를 든든히 지켜주시며 대적의 손에서 구출해내신다. 이 승리가 우리의 승리가 될 것이다. 본문 6절을 보라.

"이에 그들이 근심 중에 여호와께 부르짖으매 그들의 고통에서 건지시고"

그 고통 중에 하나님께 부르짖으매 응답하셨다고 기록하고 있다. 하나님은 감사하는 자에게 놀라운 응답을 준비해놓고 계신다. 기도의 응답을 받고 싶은가. 소원이 성취되기를 원하는가. 그렇다면 주님께 감사부터 하고 시작하라. 무조건 주님께 감사하면 응답은 저절로 주어진다. 무엇 때문에 근심하고 있는가? 무엇 때문에 불안해하는가? 무엇 때문에 아직도 두려워하는가?

근심 중에, 불안 중에, 두려움 중에 있을지라도 주님 앞에 감사함으로 아뢰면 다 물리쳐주시고 하늘의 평화와 기쁨으로 충만케 채워주실 것이다. 우리 주님은 우리의 기도에 신속하게, 정확하게, 세세하게 응답해주신다는 것을 기억해야 한다. 감사하면서 부르짖어라. 감사하면서 하나님 앞에 매달릴 때 반드시 형통한 은혜를 베풀어주실 것이다. 7절 말씀이다.

"또 바른 길로 인도하사 거주할 성읍에 이르게 하셨도다"

주님은 우리 모두를 거주할 성으로 인도하신다. 그러나 아직도 많은 이들이 거주할 성을 찾지 못해서 방황하고 있다. 주님이 예비하신 성을 향해 들어가는 것보다 더 큰 은혜가 어디 있으랴? 그보다 더 큰 감사의 조건이 어디에 있겠는가? 우리가 평생을 두고 감사할 일 중 하나가 아닐까.

아직 거주할 성을 찾지 못했는가? 주님의 인도하심에 맡겨라. 본문을 보면 바른 길로 인도하신다고 말한다. 원어로 '야솨르'라고 하는데 "구부러지지 않고 똑바른, 곧은, 의로운"이라는 의미도 있지만, "가장 알맞은, 적합한"이라는 뜻도 가지고 있다. 주님은 우리를 가장 적합한 길로 인도하신다.

우리가 위치를 찾아내기 위해 내비게이션 navigation 을 이용하지만 안내를 잘못하면 엉뚱한 길을 헤매게 된다. 일전에 지시하는 대로 길을 찾아가는데 목적지가 나오지를 않아 애를 먹은 적이 있다. 내비게이션도 사람이 만든 것이라 아무리 똑똑해도 믿을 게 아니다.

그러나 하나님의 인도하심은 정확할 뿐만 아니라 적합하다는 사실을 기억하고 그분께 전적으로 의지해야 한다. 주님은 가장 적합한 길로, 가장 옳은 길로, 가장 축복된 길로, 행복한 길로 인도해주실 것이다. 주님의 인도하심에 모든 것을 맡기고 나아간다면 무엇이 두렵겠으며 무엇이 불안하겠는가. 늘 감사하며 살 수 있지 않을까. 9절 말씀이다.

"그가 사모하는 영혼에게 만족을 주시며 주린 영혼에게 좋은 것으로 채워주심이로다"

주님은 감사하는 우리 모두에게 좋은 것으로 채워주시기를 원하신다. 이 얼마나 감사한 일인가?

이 시간 주님은 감사로 우리를 초청하신다. 한 사람도 빠짐없이 이 감사의 잔치에 참여하여 늘 감사하는 가운데 영광을 주님께 돌려야 할 것이다.

이것이 오늘 감사하는 자에게 주시는 하나님의 뜻이다.

기도

은혜가 풍성하신 아버지,
'범사에 감사하라'고 하셨지만 그동안 우리에게는 감사가 부족했습니다.
아니, 감사가 없었는지도 모르겠습니다.
사랑의 주님, 우리에게 감사할 수 있는 믿음을 더욱 허락하여 주소서.
어떤 상황에 놓여 있든 먼저 감사로 나아가게 하시고
감사하는 가운데 형통의 복을 받아 누리게 하옵소서.
예수님의 이름으로 기도합니다. 아멘.

감사함으로 들어가라
Come Before God with Thanksgiving

　벤자민 프랭클린 Benjamin Franklin 이 쓴 회고록을 보면 첫 추수감사예배를 어떻게 드렸는가에 대한 기록이 생생하게 남아 있다. 신앙의 자유를 찾아 102명의 청교도들이 신대륙 미국으로의 이주를 결심하고 1620년 7월 네덜란드 라이덴을 떠난다. 66일이라는 오랜 항해 끝에 미 동북부 매사추세츠 주에 위치한 플리머스 Plymouth 항에 닻을 내린다. 항해 중에 죽은 자는 1명이었으나 정착을 시작하던 그 해 혹독한 추위가 불어닥치면서 47명이 사망한다.
　설상가상으로 그들 대다수가 도시민들이었기 때문에 농사짓는 법을 몰라 수차례에 걸쳐 시행착오를 겪는 동안 기아에 시달려야 했다. 추위와 굶주림, 그리고 원주민들의 위협에 둘러싸여 생존을 위한 극한 투쟁에 던져지고 만다. 그러나 그들은 낙심하지 않고 위기에 처할 때마다 하나님 앞에 나아가 금식하며 기도하기를 게을리 하지 않았다. 상황이 상황인지라 우리를 돕는 분은 오직 하나님 한 분뿐이라는 절대 신앙을 가지고 결사적으로 매달릴 수밖에 없었던 것이다.

그들은 하나님 앞에 엎드려 기도할 때마다 이렇게 부르짖었다고 한다.

"하나님, 우리를 불쌍히 여겨주옵소서. 우리가 여기 온 목적이 무엇입니까? 주님을 잘 섬기기 위해서가 아닙니까? 만약 이곳에서 뜻을 다 펴보기도 전에 다 죽어 없어진다면 어떻게 하나님의 영광을 나타내겠으며 주의 이름을 높일 수 있겠나이까? 사랑의 주님, 우리를 이 위기에서 건져내 주소서. 이 위기 속에서 우리를 붙들어 주시고 선한 길로 인도하소서."

절박한 상황 속에서 그들이 드리는 기도는 마치 외마디 비명소리와도 같았을 것이다. 그들이 할 수 있는 일은 오로지 눈물로 기도하는 것이었다. 어느 날 또 다른 위기가 닥쳐오자 전처럼 금식을 선포하고 기도하려는 계획을 세웠다. 그때 한 사람이 손을 들고 일어나 이런 주장을 내놓았다.

우리는 지금까지 위기에 직면할 때마다 주님의 도우심을 구하면서 금식을 선포하고 기도해왔다. 그러나 이번만큼은 우리가 방법을 달리 할 필요가 있다고 생각한다. 금식을 선포하기 이전에 그동안 주님이 베풀어주신 은혜를 기억하면서 감사한 일을 찾아보자. 과거와는 달리 더 뜨겁게, 더 깊이, 더 많이, 더 크게 하나님 앞에 감사를 드리자. 위기상황에 놓인 것은 사실이나 주님이 함께하신다면 반드시 벗어날 수 있을 것이다.

그러므로 우리를 인도하신 주님의 은혜에 감사하면서 한 주간을 보내자. 우리가 영국에서 살 때와 비교하면 지금의 형편은 너무나 열악하다. 시시각각 생존을 위협하는 어려운 일들로 인해 악전고투를 하고 있다. 언제, 어느 때, 어떻게 될지 우리는 아무도 알지 못하는 불확실성 가운데 살고 있다. 그러나 지나간 나날 속에서 우리에게 베풀어주신 주님의 은혜를 찾아본다면 감사할 조건들을 얼마든지 발견할 수 있을 것이다. 비록 상황은 고통스러워도 우리가 그토록 원하던 신앙의 자유를 누리고 있지 않은가?

과거에는 정치적인 핍박으로 인해 숨도 못 쉬고 살았으나, 더 이상 그런 고난은 없지 않은가? 뿐만 아니라 우리 앞에는 광활한 대지가 펼쳐져 있다. 또한 우리는 하나님이 주신 재능과 능력을 가지고 있다. 우리의 가능성을 십분 펼쳐나간다면 이루지 못할 일이 어디 있겠는가? 세상적으로는 빈털터리일지 모르나 우리에게 남아 있는 것이 한 가지가 있다.

바로 하나님이시다. 세상의 것은 다 사라지고 고통은 계속되고 있더라도 우리를 인도하시는 주님은 지금도 우리와 함께하고 있지 않은가? 전능하신 주님을 믿는 자들이 이렇게 주저앉아 있어서야 되겠는가? 그러니 이 한 주간 동안 마음껏 감사하며 즐기자.

그의 말이 끝나자 사람들의 얼굴에 감동과 희망의 빛이 서려 있었고 그 의견에 전적으로 동의하게 되었다. 드디어 금식주간 대신에 감사주간을 선포하였고 하나님 앞에 감사의 제사를 드리면서 축제를 열었다고 한다. 이렇게 해서 오늘날 추수감사절로 바뀌게 된 것이다.

본문은 '감사의 시'라는 제목이 시사해주듯이 축제나 절기 시에 주로 사용되었으며, 감사의 근원적인 이유를 설명해주는 모범적인 감사

시편으로 널리 알려져 있다. 우리가 감사의 삶을 살아가려면 무엇보다도 먼저 '왜 감사해야 하는가'를 분명히 알아야 할 것이다.

나의 창조자

3절은 하나님을 '우리를 지으신 이'라고 소개하고 있다. 우리를 창조하신 분이라는 것이다. 주님은 자신이 만드신 피조세계 안에 감사라는 보화를 숨겨 놓으셨다. 무슨 말인가? 상황을 보면 감사할 일이 없고 환경을 보면 불평할 수밖에 없어도 하나님이 만드신 피조세계를 보면 감사할 일이 쌓여 있다는 것이다.

주님은 자신의 형상대로 우리를 창조하셨을 뿐만 아니라 세계 유일의 걸작품으로 살게 해 주셨다. 우리를 만드신 주님께서 우리를 그대로 내버려두시겠는가? 하나님께서 창조하신 피조물을 볼 때마다 감사할 수밖에 없을 정도로 모든 것을 완벽하게 창조하셨다. 특히 주님이 설계하신 우리의 신체를 보면서 얼마나 감사해 보았는가?

2000년 7월경 한 여대생이 도서관에서 공부를 하고 집에 가다가 차가 충돌하면서 대형사고를 당하게 된다. 갑자기 차가 화염에 휩싸이는 바람에 전신의 55% 이상이 3도 화상을 입었다. 의사나 병원 관계자들은 이 정도의 중화상이라면 얼마 살지 못할 것이라고 최후통첩을 내렸다. 회생할 가능성은 1%도 없었다. 모두가 절망적이라고 손을 놓고 포기했다.

그러나 이 여대생의 마음에는 주님을 믿는 믿음이 있었다. "주님께서 고쳐주시면 나을 줄로 믿습니다. 주님께서 살려주시면 다시 일어설 것입니다"라고 간절히 기도하면서 주님께 매달리자 놀랍게 건강을 회복하도록 해주셨다. 11차례에 걸쳐 어려운 대수술을 받았지만 중요한 조직과 근육들을 잃어버렸기 때문에 지금도 엄청난 고통과 불편을 겪고 있다고 한다.

그녀의 간증을 들어보면 빼놓지 않고 하는 이야기가 있다. 건강할 때는 자신의 신체에 대해서 고맙다는 생각을 못했는데 한꺼번에 여러 기능들이 마비되고 나니 그것 하나하나가 얼마나 소중한지 비로소 깨달았다는 것이다.

눈썹만 하더라도 그렇다. 왜 눈 위에 붙어 있는지 몰랐으나 눈썹이 다 없어져 얼굴이 밋밋해지면서 비와 눈이 바로 눈으로 들이닥치는 고통을 경험하고 나서야 그 존재가치를 절실히 깨달았다고 한다. 눈썹을 자세히 보면 결이 옆으로 가지런히 뻗어 있어 이물질이나 물방울이 떨어지면 그 결을 따라 옆으로 떨어지도록 절묘하게 고안되어 있다.

그뿐만이 아니라 뼈의 관절들이 자유롭게 움직이는 것에 대해 깊은 고마움을 느꼈다는 것이다. 화상을 입고 몸이 뒤틀리고 망가지다 보니 그냥 막대기처럼 굳어지는 통에 움직일 때마다 불편한 것은 물론 고통과 아픔을 견딜 수가 없더라는 것이다.

지금 손을 들어서 머리를 잡아보라. 등을 긁어보라. 얼굴을 만져보라. 그것이 얼마나 감사한 일인지 아는가? 팔을 자유자재로 움직이는 것이 별로 어렵지 않아 보여도 일단 관절이 상하면 꼼짝할 수 없게 된다. 관절을 다쳐봐야 손발을 마음대로 폈다 굽혔다 올렸다 내렸다 하는 것이 얼마나 놀라운 하나님의 축복인지 알 수 있다.

양손에 열 손가락이 다 붙어 있는 이유도 전에는 무관심하게 지나쳤었는데 화상으로 8개의 손가락이 날아가고 겨우 붙어 있는 엄지손가락만으로 모든 일을 해결하려고 하니 도저히 힘들어서 견딜 수가 없었다고 한다. 손가락 하나로 열 개의 손가락이 하던 것을 대신하려니 얼마나 힘들고 어려운지 먼 산을 바라보며 하염없이 눈물만 흘렸다는 것이다.

손가락에 왜 손톱이 붙어 있는지 생각해본 적이 있는가? 매니큐어나 봉숭아 물들이라고 있는 게 아니다. 긴 손가락 뽐내라고 달려 있는 것이 아니다. 손톱이 없으면 손가락에 힘이 가해지지 않아 일을 할 수가 없는 것이다.

그녀의 결론은 이렇다. 화상으로 손가락이 다 녹아 없어지고 난 후에야 비로소 그 가치를 인식하고 철저히 감사하게 되었다고 한다. 다 잃어버렸을지라도 엄지 하나 남겨주신 것만 해도 천만다행이라는 것이다. 사실 우리의 눈, 코, 입, 귀가 정상적으로 작용하고 있다는 사실 하나만으로도 얼마든지 감사의 조건이 되는 것이다. 하나님이 만드신 참으로 신묘막측한 신체의 비밀을 안다면 날마다 감사가 넘칠 것이다.

누구나 그녀와 비슷한 경험을 한 적이 있을 것이다. 우리 장로님들과 중국 여행을 몇 차례 다녀왔는데 한번은 연길을 떠나 백두산을 우회하여 장백이란 곳을 갈 기회가 있었다. 지금은 포장이 되어 비교적 편해졌지만 예전에는 택시로 해서 8시간 이상 걸리는 험한 길이었다. 게다가 비포장이라 비만 오면 땅이 패여 달릴 수도 없고, 조금 속력을 냈다 하면 파인 웅덩이 때문에 얼마나 고생을 하는지 모른다.

아무리 조심해도 '쿵'할 때마다 차 안의 온갖 곳에 부딪쳐 멍이 든다. 더구나 의자에 쿠션이 없는 관계로 몇 분만 달려도 엉덩이 부분이 얼얼해진다. 그런 식으로 장시간 타고 나면 녹초가 되어버린다. 그런데 그때 깊이 깨달은 것이 하나 있다. 하나님께서 이 엉덩이를 유리로 만들지 않은 것이 얼마나 다행스런 일인가. 두고두고 감사했던 기억이 있다.

경험해 본 자만이 무슨 말인지 이해할 것이다. 이 엉덩이 부분을 만져보면 웬만한 충격에도 잘 견딜 수 있는 고탄력 재질로 되어 있어 완충작용 역할을 훌륭하게 해내고 있다. 어디 그뿐이겠는가. 신체 어디를 뜯어보더라도 지으신 주님의 솜씨를 발견할 수 있을 것이다. 다른 것은 고사하더라도 사지백체 오장육부가 별 탈 없이 움직이고 있다는 이 한 가지 사실만으로도 얼마든지 감사할 수 있는 것이다.

나의 목자

주님은 우리를 지으셨을 뿐만 아니라 우리를 그의 소유로 만드시고 목자가 양을 기르듯이 보살펴주신다. 3절 하반절을 보라.

"우리는 그의 것이니 그의 백성이요 그의 기르시는 양이로다"

동물들 중에 양은 가장 약한 동물에 속한다. 누군가의 도움이 없으면 혼자 생존하기가 어렵기 때문이다. 시력도 고도근시이기 때문에 눈앞에 맹수가 나타나도 속수무책이다. 더구나 제 발로는 풀밭이나 쉴 만한 물가를 찾아가지 못한다. 목자가 하나부터 열까지 손수 돌봐주어야 한다. 우리도 어떤 의미에서는 양처럼 어리석고 연약한 존재라고 할 수 있다. 목자의 보살핌이 없이는 맹수의 밥이 되든가 주려 죽든가 둘 중의 하나일 것이다.

주님의 인도하심이 없었다고 가정해보라. 한시도 안전할 수가 없을 것이다. 어떻게 우리가 여기까지 나아올 수 있었는가? 목자장이신 주님이 우리의 일거수일투족을 돌봐주시고 필요한 것을 때때로 공급해주시고 원수의 목전에서도 보호해주시고 잔이 넘치도록 부어주시고 사망의 음침한 골짜기를 다닐지라도 해를 당하지 않도록 막아주시고 늘 주 안에서 승리하도록 역사해주셨기에 가능한 일이 아닌가.

한국 교회가 낳은 위대한 목회자 가운데 사랑의 원자탄으로 불리는 손양원 목사님이 있다. 그는 일경에게 붙잡혀서 말할 수 없는 고문과 핍박을 받고 차디찬 감옥에 갇혀 여러 해 동안 고생을 하면서도 끝까지 신사참배를 거부하는 등 신앙의 절개를 지킨 순교자이다. 그가 이런 간증을 한 적이 있다.

"무지막지한 일본 경찰의 고문과 핍박을 이겨낼 수 있었던 비결이 무엇인지 아는가? 나는 힘들 때마다 시편 23편 1절을 되새기며 위로를 얻었다. '여호와는 나의 목자시니 내게 부족함이 없으리로다' 일제는 나로부터 모든 것을 사정없이 닥치는 대로 빼앗아갔지만 주님은 언제나 부족함이 없도록 채워주셨다."

우리가 얼마나 결핍된 세상에서 살고 있는가? 얼마나 부족한 인생을 살고 있는가? 이것도 있어야 하고, 저것도 있어야 하고. 온통 필요하고 부족한 것투성이라고 할 수 있다. 어떻게 이를 극복해나갈 수 있겠는가? 주님이 우리의 목자가 되어주신다면 언제나 참 만족과 기쁨을 얻게 될 것이다. 여기에 감사의 조건이 있다.

인자와 성실

우리가 하나님께 감사해야 하는 또 하나의 이유가 있다. 5절 말씀이다.

> "여호와는 선하시니 그의 인자하심이 영원하고 그의 성실하심이 대대에 이르리로다"

이 구절은 항상 주님의 언약과 관련해서 나온다. 주님은 인간과 언약을 맺으실 때 언약의 진실성을 보장하신다는 의미에서 이 말씀을 덧붙이신다. 언약의 기초가 되는 것은 인자와 성실이다. 언약을 지키려면 인자와 성실이라는 두 바퀴가 함께 굴러가야 한다. 우리가 약속을 철썩같이 하더라도 지키고야 말겠다는 의지가 부족하면 어떻게 되겠는가? 그 약속은 이내 파기되거나 있으나마나한 것이 되고 만다. 더 이상 신뢰할 수가 없는 것이다.

그러나 주님의 약속은 확실히 믿고 의지할 수가 있다. 왜냐하면 그의 인자하심은 영원하고 성실은 대대에 미치기 때문이다. 세월이 가더라도 변경되거나 달라지지 않는다. 시대가 바뀌더라도 변함없이 자신의 약속을 이루어주신다. 인간처럼 상황에 따라 함부로 왜곡하거나 수정하지 않는다. 속고 속이고, 이용해먹고 이용당하는 세상 속에서 신실하신 주님이 우리와 함께하신다는 것은 얼마나 감사한 일인가.

주님은 약속하신 것을 스스로 어기거나 무효화시키는 법이 없다. 한 번도 거짓된 공약을 남발하거나 허언을 하신 적이 없다. 오직 자신이 한 약속을 그대로 지키실 뿐이다. 우리를 향한 주님의 약속이 그대로 이루어진다는 것을 믿는다면 어찌 감사치 않을 수 있겠는가.

주님을 알라

감사를 하려면 감사의 대상이 누구인가를 분명히 알아야 한다. 대상에 대한 지식이 없이 어떻게 감사할 수 있으랴. 만약 하나님이 누구시며 무슨 일을 하셨으며 나와 무슨 관계가 있는가를 정확히 이해할 수만 있다면, 어떤 형편에서든지 감사가 가능할 것이다. 다시 3절을 보라.

"여호와가 우리 하나님이신 줄 너희는 알지어다"

무슨 말인가? 감사하기 위해서는 먼저 하나님을 잘 알아야 한다는 것이다. 하나님이 누구신가를 알면 반드시 감사하게 될 것이나 모른다면 결코 감사가 뭔지도 모르게 될 것이다. 하나님이 누구신가를 알고 있는가? 그렇다면 그분을 아는 만큼 감사하고 찬양을 돌리게 될 것이다. 하나님에 대한 지식 여부에 따라 감사의 수준과 질이 달라지는 것이다.

청교도들이 참담한 위기를 겪으면서도 감사할 수 있었던 이유는 무엇인가? 바로 하나님이 자신들의 유일한 전능자가 되심을 알고 믿었기 때문이다. 진정한 감사는 가난, 고생, 환난, 실패가 문제가 아니라 하나님이 나의 하나님이 되신다는 이유에서 찾아야 한다. 무엇을 받았느냐에 따라 감사가 결정된다면 다분히 조건에 좌우되는 이기적이고 표면적인 감사로 그치고 말 것이다.

모든 감사의 근원은 하나님이어야 하고 오직 하나님만이 감사의 유일한 대상임을 기억해야 한다. 하나님 없이는 감사 자체가 불가능하고, 하나님과 관련이 없는 감사는 결코 존재할 수 없다.

하박국 선지자는 그 누구보다도 하나님에게서 감사의 조건을 찾았던 대표적인 인물이다. 그는 모든 상황이 불리하게 돌아가고 있었음에도 불구하고 조금도 낙심하거나 절망하지 않고 오히려 여호와로 인하여 감사하노라고 고백한 적이 있다. "밭에 소출이 없고 과실나무에 열매가 없고 우리에 양떼가 없고 외양간에 소떼가 없을지라도 하나님으로 인하여 즐거워하리라. 감사하리라. 반드시 승리하리라. 축복을 누리리라"고 부르짖었다.

본문을 보면 "감사함으로 그의 문에 들어가서 하나님을 송축하고 노래하고 감사하고 영광을 돌리라"고 명령하고 있다. 우리가 무엇 때문에 감사하고 있는가. 바라던 것이 잘 이루어졌기 때문인가. 모든 문제들이 잘 풀리고 있기 때문인가. 만족할 만한 결과를 얻었기 때문인가. 주어진 조건이 더없이 훌륭하기 때문인가. 만약 우리가 어떤 조건 때문에 감사하고 있다면 결국 다른 조건 때문에 불평하고 원망하게 될 것이다. 조건이 유리하게 작용하면 감사하다가도 불리하게 작용하면 이내 원망을 털어놓는 우리의 위선적인 행동은 조건에 따라 감사를 결정하는 것이 얼마나 위험한 일인가를 보여준다.

우리 주위를 보면 실망할 수밖에 없고, 되어가는 상황을 보면 절망적일 수밖에 없고, 나 자신을 보면 불안하고 앞을 내다보면 불확실할지 모르나 하나님이 우리를 도우시는 한 반드시 승리하게 될 것이다. 이러한 담대한 믿음이 있을 때 두려워하지 않게 되며 감사함으로 어떤 위기든지 타개해나갈 수 있는 것이다.

본문에 흐르고 있는 전반적인 주제는 하나님께 감사하라는 것이다. 다시 말하면 우리의 감사의 대상은 사람이나 세상의 물질이 아니요, 조건이나 환경에 따른 것이 아니다. 우리의 감사를 받으실 분은 오직 하나님 한 분뿐임을 잊지 말아야 한다. 무엇을 하든 인생을 주관하시는 하나님 앞에 감사하는 것이 우리가 마땅히 실천해야 할 도리이다.

예배를 드려라

그렇다면 우리가 어떻게 해야 하나님 앞에 감사할 수 있는가? 본문을 보면 "감사함으로 그의 문에 들어가 그를 찬양하고 송축하라"고 말한다. 감사함으로 그의 문에 들어가라는 것은 하나님 앞에 예배할 때 감사를 잊지 말라는 것이다. 예배에 있어서 가장 핵심 되는 요소는 감사이다. 감사를 빼면 아무것도 남지 않는다.

하나님 앞에 물질을 드리더라도 그 속에 감사가 들어 있어야 한다. 물질의 과다를 보는 것이 아니라 그 물질 속에 얼마나 감사가 실려 있느냐를 보시기 때문이다. 하나님 앞에 드릴 때 그 물질 속에 주님이 베푸신 은혜에 대한 감사의 마음이 듬뿍 담겨야 한다. 많은 물질을 기뻐하시는 것이 아니라 감사가 담긴 예물을 기쁘게 받아주신다. 뿐만 아니라 놀라운 축복을 내려주셔서 더 많은 감사를 하도록 역사하여 주신다.

여기서 감사함으로 그의 문에 들어가라고 말하는데, 그 문이 어느 문인가. 무엇하는 문인가. 바로 하나님이 계시는 문이다. 그의 문으로 들어가려면 어떻게 해야 하는가. 무엇보다도 먼저 감사하는 마음을 가져야 한다. 감사함으로 그의 문에 들어가라고 말한다. 그의 문에 들어갈 수 있는 자는 누구인가. 감사하는 자이다.

교회에 들어올 때 그냥 아무 생각 없이 드나들지 말고 언제나 감사하면서 주님 앞으로 나아가야 한다. 감사함으로 예배하고, 감사함으로 찬양하고, 감사함으로 기도하고, 감사함으로 봉헌하고, 감사함으로 증거할 때 주님의 은혜가 풍성히 임할 것이다.

범사에 감사하라

어떻게 감사하는 삶을 살 수 있는가. 매일의 삶 속에서 감사를 실천해야 한다. 본문을 보면 '나아오라 2절, 들어가라 4절'라는 명령이 거듭해서 나타나고 있다. 우리의 삶이란 한마디로 말해 들어가고 나오는 행위의 반복이라 할 수 있다. 신앙생활이란 무엇인가. 주님의 문으로 들어가고 나가는 것이다. 우리의 신앙생활이 잘못되는 경우는 이 출입에 이상이 있기 때문이다. 주님은 우리로 하여금 추수감사주일 하루만이 아니라 매일매일 순간순간의 감사를 원하신다. 다시 말하면 진정한 감사는 생활을 통해서 드러나야 한다.

믿음이 좋은 장로님 부자가 살고 있었다고 한다. 그런데 어느 날 자녀 되는 장로님이 허겁지겁 집으로 들어오면서 아버지를 찾았다.

"아버지!"

"왜 그러느냐?"

"오늘 너무너무 감사한 일이 있었어요. 제가 차를 타고 언덕길을 오르다가 벼랑 아래로 떨어지는 바람에 다섯 번이나 굴렀어요. 차는 망가져서 쓸모없게 되었으나 생명을 안보해주셔서 이렇게 구사일생으로 살아났습니다."

그러자 아버지가 이렇게 말했다.

"나는 너보다 더 감사한 일이 있었단다."

"아니, 그러면 아버지는 일곱 번 굴렀어요?"

"아니다. 오늘 아무 탈 없이 무사히 나갔다가 들어왔단다."

다 죽었다가 살아나는 것만이 감사한 일이 아니라 아무 일 없이 하루를 지낼 수 있고 편안한 가운데 행복을 만끽할 수 있다면 이 얼마나 감사한 일인가. 기적이 달리 기적인가. 하루하루 주님의 은혜의 날개 아래서 날마다 감사하며 살 수 있다면 그보다 더 큰 기적이 어디 있단 말인가.

우리의 감사는 어떤 보상이 주어지고 소원이 성취되고 조건이 충족되었기 때문이 아니라 그와는 상관없이 주님이 나의 하나님이라는 사실을 알고 그분께 나의 삶을 전적으로 위탁하는 데 있다. 날마다 순간마다 주님의 도우심이 없이는 결코 살아갈 수 없는 존재임을 깨달아 늘 부족함이 없도록 채워주시는 주님 앞에 감사를 드려야 한다.

이것이 오늘 감사함으로 그 문에 들어가기를 힘쓰는 자에게 주시는 하나님의 뜻이다.

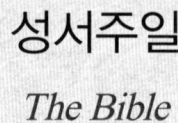

성서주일
The Bible

말씀 안에서 자라가라
Growing in the Word 골 1:6–8

배우고, 배우고, 배워라
Learning to Revere Me 신 4:10–12

말씀 안에서 자라가라
Growing in the Word

어느 교회의 목사님이 격려차 부서들을 돌아보았다고 한다. 하나하나 점검하고 다니는데 마침 교회학교 아이들이 신나게 떠들면서 놀고 있었다. 이들이 얼마나 교육을 잘 받고 있으며, 신앙 수준이 어느 정도나 되는가를 알아볼 겸해서 아이들을 불러 질문을 던졌다.

"얘들아, 여리고 성을 누가 무너뜨렸는지 아니?"

그러자 서로를 쳐다보기만 할 뿐, 질문 같지도 않다는 듯이 조용히 침묵을 지키더란다. 그중에 제법 똑똑해 보이는 아이에게 다시 물어보았다.

"누가 여리고 성을 무너뜨렸지?"

질문이 떨어지기가 무섭게 화들짝 놀라면서 극구 부인을 한다.

"목사님, 전 안 그랬어요! 그런 적이 없단 말이에요."

하도 어이가 없어 선생님을 찾아가 따졌다.

"아니, 도대체 어떤 식으로 가르쳤기에 아이들이 이렇게 엉뚱한 대답을 한단 말입니까. 좀 문제가 심각한 거 아닌가요?"

그러자 선생님이 하는 말이 가관이다.

"걔는 절대로 그런 나쁜 짓을 할 아이가 아닙니다. 얼마나 모범적으로 교회생활을 하는데요."

그러자 더 열을 받은 목사님이 이번에는 부장 집사님을 찾아가 따져 물었다.

"아니, 우리 교회학교 수준이 이게 뭡니까. 여리고 성을 무너뜨린 자도 모르고 있다니 말입니다. 도대체 말이나 되냐고요. 아이는 아직 어려서 그렇다치더라도 교사마저 이래서야 되겠습니까. 뭔가 대책을 세워야 할 것 같습니다."

부장 집사님 왈, "목사님, 그게 무슨 말씀이세요. 그건 오해예요. 우리 교회학교 아이들은 워낙 착해서 그런 무모한 짓을 할 리가 없습니다. 만약 그런 일이 있다면 교회에서도 배상책임을 져야 하겠죠"라고 하더란다.

이 말을 들은 목사님은 너무나 어이가 없고 한심한 나머지 울어야 할지 웃어야 할지 몰라 한동안 씩씩거렸다고 한다. 이 이야기는 하나님의 말씀 중심으로 살아가야 하는 교인들이 역설적으로 성경에 대해 무지하거나, 말씀과는 영 동떨어진 상태에 머물러 있다는 것을 풍자하고 있다.

우리는 흔히 하나님의 말씀이 귀하다는 사실을 인정하는 것은 물론, 말씀이 뒤따르지 않는 삶은 무의미하다고 큰소리를 친다. 또는 성경을 누구보다도 많이 읽고 잘 안다는 듯이 허세를 부리기도 한다. 그러나 실상을 자세히 들여다보면 성경을 제대로 이해하고나 있는지 의심이 들 때가 있다. 잘 믿는다고 설쳐대는 자들일수록 오히려 성경을 떠나 자기주장을 앞세우거나 멋대로 행동하는 것을 볼 수 있다.

신앙생활이란 무엇인가? 주님의 말씀대로 순종하며 살아가는 것이 아닌가. 기독교가 말씀의 종교요, 말씀만이 전부라고 믿고 고백하고 있다면 우리의 삶 또한 말씀에 기초하여 전적으로 믿고 따라야 하지 않는가. 우리가 한 해를 어떻게 살아야 '잘 살았다, 복되게 살았다, 성공적으로 살았다'라고 감히 자부할 수 있겠는가? 내가 원하는 목표를 이루었기에 성공적이라고 할 수 있는가. 계획한 대로 모든 일이 척척 맞아떨어졌기에 참으로 복된 한 해였다고 할 수 있는가. 물론 그런 것들도 성공이나 축복의 이유가 될 수 있다. 그러나 가장 중요한 것은 '한 해를 얼마만큼 말씀 중심으로 살았느냐'라는 것이다. 뒤를 돌아보며 "그동안 하나님의 말씀 중심으로 살았더니 이렇게 행복해졌노라, 성공적인 인생이었노라"고 고백한다면 참으로 복된 인생이라 해도 과언이 아니리라.

본문은 말씀이 흘러들어갈 때, 어떤 역사를 일으키는가를 여실히 보여 준다. 말씀이 전해짐으로 골로새 교회가 든든히 세워지고 교인들의 신앙이 자라나 천하에 많은 열매들이 퍼지게 되었다고 칭찬하고 있다. 이는 주님의 말씀이 얼마나 힘이 있고 역동적인가를 증거해 주고 있는 것이다.

하나님의 뜻

왜 우리가 하나님의 말씀 안에서 자라가야 하고 그 안에서 성숙한 신앙생활을 해야 하는가? 말씀을 떠나서는 하나님의 뜻을 결코 알 수가 없기 때문이다. 주님은 자신의 모든 뜻을 말씀 안에 계시해 주셨다. 따라서 그 뜻을 알려면 필히 성경을 펼쳐서 보아야 한다. 하나님의 말씀을 잘 알아야 그 속에 담긴 뜻을 발견할 수 있고 그 뜻을 이루어갈 수 있다. 성도의 삶이란 한마디로 말하면 주님의 뜻을 좇아서 사는 삶이다. 하나님의 뜻이 무엇인가를 알고 그 뜻을 깨달은 대로 나의 삶 속에 실천하는 것이 바로 진정한 그리스도인의 삶이라고 할 수 있다.

이렇게 볼 때 말씀 안에서 살아가는 것이 얼마나 복된가를 다시 한번 확인할 수 있다. 신앙인들에게 있어서 중요한 것은 실패나 질병이 문제가 아니라 '얼마나 하나님의 뜻을 깊이 깨달았느냐'라는 것이다. 실패를 경험했더라도 그 뜻을 깨달았다면 결코 실패가 아니다. 실패를 통해 더 나은 발전을 도모할 수 있기 때문이다. 실패를 통해 아무것도 배우지 못한다면 결국 실패의 쓰디쓴 맛만 보게 될 것이다. 질병만 해도 그렇다. 그 아픔을 통해서 하나님의 뜻을 알았다면 그로 인해 하나님의 은혜를 체험할 수 있을 것이다. 그러나 그 뜻을 모른다면 질병이 가져다주는 고통으로 인해 불평만 털어놓게 될 것이다.

성공을 했더라도 그것을 주신 주님의 뜻을 모르면 자기 공로로 돌리거나 멋대로 사용해버릴 공산이 크다. 그러나 그 성공에 대한 주님의 뜻이 무엇인가를 분명히 깨닫는다면 그 성공을 통해서 주위 사람들에게 놀라운 영향력을 나타낼 수 있을 것이다. 많은 돈을 벌었더라도 주님의 뜻을 깨닫지 못한다면 단순히 자신의 꿈을 이루거나 욕망을 채우기 위해 흥청망청 허비하고 말지 않겠는가. 그러나 하나님의 뜻을 안다면 그 물질을 가지고 그 뜻을 이루고, 그분의 영광을 나타내는 일에 기꺼이 투자하지 않을 것이다.

결국 신앙의 성패는 주님의 뜻을 아느냐, 모르느냐에 따라 결정된다고 할 수 있다. 하나님의 뜻을 모르고 사는 일생과 알고 사는 일생과 그 차이가 뭐라고 생각하는가. 한마디로 목적지를 알고 가는 것과 모르고 가는 것과의 차이라고 할 수 있다. 둘 중에 누가 먼저 목적지에 도달할지는 불문가지일 것이다. 가장 복된 삶이란 우리를 향하신 주님의 뜻을 깨달아 그 뜻을 이루어드리는 일임을 잊지 말아야 한다. 그러므로 그 뜻을 알기 위해서는 항상 주님의 말씀에 귀를 기울여야 한다.

참 분별력

성숙한 그리스도인이 되려면 무엇보다도 먼저 분별력이 뛰어나야 한다. 왜 그런가? 이 세상에는 선과 악이 뒤섞여 있기 때문이다. 온통 가짜와 진짜가, 참과 거짓이 드렁칡처럼 서로 얽히고설켜 있기에 자칫 잘못하면 어느 한쪽을 제거하려다 양쪽 다 큰 피해를 입게 된다. 오히려 무엇이 거짓이고 무엇이 참인지 가려내지 못할 경우, 노상 헛다리만 짚다가 볼일 못 볼 것이다.

　나름대로 중대한 결단을 내린다 하지만 분별력이 부족하면 엉뚱한 결론에 도달할 것이고, 바른 선택을 해도 크게 빗나갈 것이다. 그러므로 무엇을 하든지 간에 무엇이 참인가 정도는 가려낼 수 있어야 한다. 요즘은 온통 가짜가 판을 치고 있고, 진짜보다는 가짜가 더 화려한 모습으로 교묘하게 변장하고 다가오는 통에 십중팔구 실수하기 십상이다. 가짜 같은 진짜, 진짜 같은 가짜로 인해 정신을 똑바로 차리고 있어도 겉으로는 식별해낼 재주가 전무하다. 멀쩡하게 눈뜨고 보는 앞에서 순식간에 속아 넘어간다.

　물건을 구입하더라도 짝퉁 때문에 손해 본 경험들이 있을 것이다. 유명 메이커들의 가장 큰 고민은 '이 가짜들을 어떻게 효과적으로 제거하느냐'라고 한다. 심혈을 기울여 신개발품을 내놓았더라도 2-3일 지나면 똑같은 제품이 가짜로 만들어져서 시장에 팔리기 때문에 브랜드 이미지가 깎이는 것은 물론, 막대한 피해를 본다는 것이다. 각 회사들마다 이를 타개하기 위한 전문 부서가 따로 있을 정도라고 한다.

　인생도 마찬가지라고 할 수 있다. 보다 성공적으로 살아가려면 진짜와 가짜를 잘 분별하는 힘이 있어야 한다. 지금으로부터 40여 년 전, 젊은이들 사이에 널리 유행하던 패션이 하나 있었다. 청바지 차림에 통기타를 메고 다니는 것이었다. 당시 외제가 귀했던 시절이라 오리지널을 얻어 입는 것을 로망이자 소원으로 여겼다. 그때 가장 인기가 높았던 상표가 바로 리바이스 LEVI'S 이다. 이 가죽 마크가 붙어 있으면 막말로 환장하고 달려들 정도였으니 무슨 말이 더 필요하겠는가. 어떤 이들은 이를 구입하려고 계를 들거나 아르바이트까지 했던 것으로 기억한다. 이 바지가 우리 젊은이들에게 미친 영향은 가히 상상을 불허하는 것이었다. 단순히 유행의 차원을 넘어 청년문화로 깊이 뿌리를 내리고 있었다.

그런데 그 청바지가 불티나게 팔려나가자 심각한 문제가 생기고 말았다. 그와 엇비슷한 이름을 가진 가짜들이 쏟아져 나온 것이다. 진짜라고 샀는데 나중에 보면 대부분 가짜로 판명되었다. 악화가 양화를 구축해버린 꼴이다. 그러던 어느 날 우연히 장사하는 주인으로부터 짝퉁을 감별해 낼 수 있는 방법을 전수받았다.

그 비결은 청바지 안쪽에 붙어 있는 단추 속에 들어 있었다. 손으로 주위를 만져보아 각이 8각으로 뚜렷하면 물 건너온 것이고, 각은 커녕 그냥 둥글둥글하면 보나마나 가짜라는 것이다. 그 당시만 해도 우리나라 단추 만드는 기술이 정교하지 못했기에 거기서 판가름이 났던 것이다. 다른 것은 다 흉내 낼 수 있어도 그것만은 불가능했다고 한다. 나중에 확인한 결과, 그 가게 주인이 말한 그대로였다.

가짜가 판을 치는 상황에서 능력이 떨어진다는 것은 손해를 자청하는 미련한 짓일 뿐이다. 거짓된 것을 분별해내기 위한 가장 좋은 방법이 있다. 어떤 것이 가짜인가를 구분하려고 애쓰지 말고, 대신에 진짜가 무엇인가를 찾아내라는 것이다. 거짓을 발견하려면 무엇보다도 먼저 진리가 무엇인가를 정확하게 이해하고 있어야 한다. 진리를 알면 거짓은 금방 들통이 나기 때문이다.

위조지폐를 골라내는 전문가들이 매일 반복하는 훈련이 있다고 한다. 한눈에 진짜 지폐를 식별하는 훈련이다. 가짜 지폐를 종류별로 모아놓고 '이런 게 가짜다'라고 가르치는 것이 아니라 진짜 화폐만을 집중적으로 다룬다고 한다. 그렇게 하는 이유가 있다. 이를 확실히 알아두면, 다른 가짜들은 손쉽게 찾아낼 수 있기 때문이다.

이와는 반대로 가짜를 구별한답시고 가짜만을 열심히 들여다보면 얼마 가지 않아 가짜의 마술에 걸려든다는 것이다. 한번 어느 것이 맞는지 헷갈리면 나중에는 종잡기가 어려워진다고 한다. 왜냐하면 가짜의 종류가 하도 많아 일일이 대조해가면서 찾아낼 수가 없기 때문이다.

그러나 진짜 하나만 제대로 알아놓으면 가짜는 그 즉시 발견할 수 있다. 우리가 세상의 가짜에 속지 않으려면 참 진리의 말씀을 잘 알아야 한다. 이 말씀이 삶의 표준이 되고 기초가 되면 어떤 유혹도 능히 물리치고 승리할 수 있다. 우리의 인생이 복되려면 참 진리인 하나님의 말씀을 중심으로 성장해 나가야 한다.

능력의 도구

우리가 하나님의 말씀 안에서 자라가야 하는 분명한 이유가 있다. 복음에는 하나님의 능력이 들어있기 때문이다. 우리가 이 세상 그 어디로부터 이 능력을 공급받을 수 있는가. 오직 하나님의 말씀만이 그 일을 할 수 있다. 그 안에는 능력이 숨어 있어 그 말씀이 닿는 곳마다 반드시 능력이 발휘되어 주님의 위대한 역사가 나타나는 것이다. 본문 6절이다.

> "이 복음이 이미 너희에게 이르매 너희가 듣고 참으로 하나님의 은혜를 깨달은 날부터 너희 중에서와 같이 또한 온 천하에서도 열매를 맺어 자라는도다"

여기서 '열매를 맺는다', '자란다'는 동사는 현재분사로 오늘도 계속해서 열매를 맺고 있고, 계속해서 자란다는 의미를 내포하고 있다. 말씀 속에는 열매 맺는 능력과 자라는 능력이 들어 있다는 것이다. 말씀이 가지고 있는 생명력이 역사하여 힘차게 자라나고 열매를 맺고 큰 영향력을 나타낸다는 것이다. 미치는 범위가 온 천하에까지 이른다고 하니 그 위력이란 실로 엄청나다고 할 수 있다.

우리는 여기서 한 가지 흥미로운 사실을 발견하게 된다. '자라서 열매를 맺는다'라고 하지 않고 순서를 바꾸어 '열매를 맺어 자란다'라고 말한다. 당연히 열매보다는 자라는 게 먼저 아닌가. 바울 자신도 그 순서를 모를 리는 없었을 것이다. 그렇다면 왜 이런 실수 아닌 실수를 범하고 있는가? 말씀의 능력을 강조하기 위해서라고 할 수 있다. 자라는 것을 건너뛰어 열매부터 맺을 정도로 강력한 힘을 드러낸다고 할 수 있다. 말씀이 역사하면 곧바로 열매를 먼저 맺고 그 후에 그 열매를 통하여 계속해서 자라나는 것이다.

다시 말하면 말씀의 능력이 나타날수록 더 많은 이들에게 더 큰 영적 유익이 돌아간다는 것이다. 천지를 만드신 하나님께서 말씀 한마디로 이 세상을 창조하셨다면 그 말씀이 가지고 있는 능력이란 얼마나 되겠는가. 주님은 요한복음 6장에서 이런 말씀을 하셨다.

"너희에게 이르는 내 말이 곧 영이요 생명이다." the Words I have spoken to you is spirit and life.

주님의 말씀 안에는 영적인 권능과 무에서 유를 만드는 창조력이 담겨 있음을 기억해야 한다. 그러므로 말씀 중심으로 행하면 그 능력이 역사하여 위대한 일을 감당할 수 있는 것이다. 우리가 병자들 앞으로 갈 때 세상 사람들처럼 음료수만 들고 가서는 안 된다. 무엇보다도 말씀을 들고 가야 한다. 실패한 자들에게도 위로의 인사만 건네서는 부족하다. 말씀을 가지고 그들 앞에 서야 한다. 그 말씀이 역사할 때 실패로부터 벗어날 수가 있고 질병으로부터 놓임을 받게 될 것이다.

하나님의 말씀이 가지고 있는 능력을 과소평가하지 말아야 한다. 이 말씀 안에는 창조적인 능력이 담겨 있어 인간이 할 수 없는 일도 얼마든지 가능케 할 수가 있다. 누가복음 5장에는 베드로와 다른 제자들이 호숫가에서 고기를 잡는 이야기가 나온다. 그들은 밤새도록 수고했으나 어찌 된 셈인지 한 마리도 잡을 수가 없었다. 자신들의 경험과 기술과 노하우를 총동원해 보았으나 계속 허탕만 치고 말았다. 과연 무엇이 문제였는가? 그물이 없었는가? 배가 없었는가? 실력이 없었는가? 그렇지 않다. 다 있었으나 오직 하나, 말씀이 없었다. 주님께서 "오른편에 그물을 던져라" 하시자 베드로가 뭐라고 외쳤는가?

"밤새 한 마리도 잡지 못했으나 주께서 명하시니 말씀대로 그물을 내리리이다."

말씀에 순종하여 그물을 내렸을 때, 상상치도 못했던 큰 고기떼가 몰려든 것이다. 단 한 번으로 모든 실패를 만회할 수 있었던 것이다.

올 한 해 어떻게 살아가려는가? 우리의 재주로, 기술로, 경험으로 그물을 내리려 한다면 반드시 실패하고 말 것이다. 그러나 '말씀대로 그물을 내리리라' 순종하고 나아갈 때 놀라운 축복과 기적의 역사가 나타날 것이다.

들어라

그렇다면 우리가 어떻게 해야 말씀 안에서 잘 자랄 수가 있는가? 본문 6절을 보라.

"이 복음이 이미 너희에게 이르매 너희가 듣고"

"너희가 듣고"라고 말씀하신다. 이 말은 우리의 신앙생활에 있어서 빼놓을 수 없는 가장 중요한 단어라고 할 수 있다. 많은 이들이 '듣고'라고 하면 "그야 귀가 있으니까 당연히 듣는 거 아니냐"라고 반문할 것이다.

그러나 이 듣는 행위를 통해서 어떤 일이 일어나는가를 안다면 깜짝 놀랄 것이다. 우리의 믿음이 어디에서 오는가? 하늘에서 떨어지는가? 우리 힘으로 스스로 만들어 내는가? 아니다. 바로 '들음'에서 온다. 그렇다면 무엇을 들어야 하는가? 그리스도의 말씀을 들음으로 이 믿음이 생기는 것이다. 우리 속에 말씀이 떨어지면 말씀이 가지고 있는 생명력이 역사하여 믿음이 점점 더 자라고 강해지는 것이다.

'무엇을' 듣느냐도 중요하나 '어떻게' 듣느냐도 그 못지않다. 대부분 듣기는 들으나 귓전으로 다 흘려버린다. 귀로 듣는 것과 마음으로 듣는 것은 천양지차이다. 귀로 듣는 것은 잠시 머릿속에 머물다 사라지나 마음속으로 들은 것은 그 안에 심겨져 풍성한 열매를 맺어 자라나게 된다. 그러므로 주님의 말씀을 들을 때는 항상 집중해서 들어야 한다. 잡다한 딴 생각 하면서 듣는 것은 금물이다. 많은 이들이 하나님의 말씀을 듣지만 들으면서도 엉뚱한 생각으로 마음을 빼앗기는 경우가 허다하다. 나중에 무슨 말씀을 들었느냐고 물어보면 핵심이 빠진 구름 잡는 얘기만 하고 있다. 귀가 막힌 다음 기막힌 말만 하지 말고 귀가 잘 들릴 때 귀를 기울여 들어야 한다. 말씀을 청종할수록 은혜가 넘치고, 은혜가 넘쳐야 영적으로 더욱 자라나 승리하는 삶을 살게 되는 것이다.

어느 할머니가 예배 중에 계속 울고 있더란다. 목사님은 속으로 넘겨짚기를 '이야, 내가 설교를 얼마나 잘하면 저렇게 은혜를 받아서 눈물을 흘릴까'라는 생각이 들었다고 한다. 다른 때보다 더 신이 나서 설교를 하니 점점 자신도 감동할 정도가 되었다. 마침내 예배를 마치고 인사를 하다가 어떤 대목에서 은혜를 받았는지 궁금해서 여쭈어

보았다.

"할머니, 아까 예배시간에 계속 우시던데 왜 그러셨어요?"

그러자 할머니가 하시는 말씀이 "목사님 얼굴을 보니 지난주에 죽은 송아지 새끼가 문득 떠올라서 그랬어요."

예배도 드리고 말씀도 들었지만 머릿속에는 온통 잡념으로 가득 차 있었던 것이다. 결국 아무것도 들으려 하지 않은 것이다. 딴 생각 하느라 예배도 건성으로 드린 것이다.

어느 젊은 집사님이 임종 전에 목사님을 불렀다. 목사님 역시 안타까운 마음이 들어 "아직 할 일이 많은데 일찍 불러 가시면 어떻게 합니까?" 하면서 간곡하게 말씀을 전하고 기도했다고 한다. 그때 그 집사님이 목사님의 손을 잡고 감격한 어조로 이런 고백을 털어놓았다.

"목사님, 제 평생에 목사님 설교를 오늘 처음 들었습니다."

"아니, 처음 듣다니요? 집사님, 오랫동안 교회 출석하지 않았습니까?"

"맞습니다. 지난 세월 집사랍시고 덜렁거리고 다니긴 했으나 죄송한 일이지만 정식으로 설교를 들은 적은 한 번도 없습니다. 예배 시 설교 때마다 딴 생각만 했습니다. 사업 구상이나 하고, 골프 칠 생각이나 하고, 친구들과 어울려 놀 생각만 했을 뿐, 말씀에 귀기울여 본 적이 없습니다."

마지막에 이르러 '그 설교 처음 듣습니다'라는 식으로 끝나지 말아야 한다. 말씀을 들어야 그 말씀을 통해서 믿음이 생기고, 믿음이 있어야 주님의 놀라운 역사가 일어나는 것이다. 새해라고 이것저것 하느라 번잡을 떨지 말고 오직 말씀 잘 듣는 일 하나만이라도 잘하겠노라, 결심하고 실천해보라. 하나님의 말씀을 들을 때, 은혜가 있고 믿음이 자라고 능력이 역사할 것이다.

깨달아라

두 번째로 은혜를 깨달아야 한다. 6절 후반절을 보면 이런 말씀이 있다.

"하나님의 은혜를 깨달은 날부터"

'그 은혜를 깨달은 날부터' 무슨 일이 일어난 것인가? 열매를 풍성히 맺고 점점 자라나게 되었다는 것이다. 이 말씀은 은혜의 말씀이다. 은혜 없이는 하나님의 말씀을 한마디도 깨닫지 못할 뿐더러 전혀 알 수도 없다. 왜냐하면 이 말씀 자체가 하나님의 은혜의 행동을 기록하고 있기 때문이다. 은혜가 무엇인가? 자격이 없는 나에게 베푸시는 하나님의 호의 아닌가.

은혜 받은 증거가 무엇인가. 첫째는 자신이 얼마나 무가치한 존재인가를 깨닫고 나를 가치 있게 만들어주시는 주님을 믿는 것이다. 자신이 뭐라도 된 듯이 자랑하고 오만방자하게 행동하는 자는 결코 은혜받았다고 할 수가 없다. 은혜를 모르는 자는 교만할 수밖에 없고, 교만한 자에게 하나님의 은혜는 항상 닫혀 있다는 것을 알아야 한다.

말씀을 깨달을 때 주님의 은혜가 임하고 은혜를 깨달을 때 말씀이 더 밝히 이해가 되어 더 깊이 은혜의 심층부로 들어가는 것이다. 무엇보다도 하나님의 은혜를 체험해야 한다. 기도할 때 다른 시시콜콜한 말들을 꺼내지 말고 "하나님, 은혜를 알게 해주세요. 하나님의 은혜가 무엇인지 깨닫게 하시고 체험하게 해주세요"라고 간구해야 한다. 하나님의 은혜를 깨닫게 될 때 비로소 말씀의 열매가 우리 삶 속에서 풍성하게 맺힐 것이다.

배워라

세 번째로 잘 배워야 한다. 7절 말씀이다.

"이와 같이 우리와 함께 종 된 사랑하는 에바브라에게 너희가 배웠나니"

배웠다고 말한다. 배워야 한다. 처음부터 잘하는 자가 어디 있는가. 처음부터 노련한 전문가로 나설 수는 없다. 처음부터 능숙한 기술자가 되는 법은 없다. 가장 기초적인 것부터 배워야 한다. 사람은 배우지 않으면 아무것도 할 수 없는 무기력한 존재로 전락한다. 배워야 산다는 말이 있듯이 배우는 게 힘이다. 배우는 게 능력이고 경쟁력이다. 요즘 시대는 나이가 들어도 배우지 않으면 뒤처지고 만다.

우리 교회의 어르신들을 보면 존경스런 마음이 들 때가 있다. 집에서 주로 뭐하시냐고 물어보면 "요즘 컴퓨터 배우고 있어", "휴대폰 문자 메시지 보내는 재미에 푹 빠져 있어"라고 대답하신다. 배우지 않으면 결코 시대의 변화를 따라가지 못한다.

신앙생활도 마찬가지다. 배우지 않으면 성장할 수 없다. 처음부터 다 잘하는 자가 어디 있는가. 시작부터 통달하는 자가 어디 있는가. 처음에는 온갖 수모를 다 겪어가면서 청소하고 빨래하고 심부름하는 과정을 거친 후, 조금씩 가르쳐주는 기술을 응용하여 점점 더 높은 경지로 올라가는 것이다.

빅토르 위고가 한 말이다.

"누가 이 세상에서 가장 현명한 자인가? Who is the wisest person in the world? 그는 배우는 사람이다. It's a learning person."

이 세상에서 배우는 자보다 지혜로운 자는 없다. 이 세상을 능력 있게 살고 싶은가. 강자로서 하나님의 영광을 나타내기를 원하는가. 그렇다면 주님의 말씀을 부지런히 배워야 한다. 말씀을 배울 때 그 말씀을 통하여 지혜가 오고 은혜가 오고 능력이 오고 믿음이 오는 것이다.

배움의 위력에 관한 좋은 속담이 있다. "서당 개 삼 년이면 풍월을 읊는다"고 말한다. 전에는 우스갯소리로만 여겼는데 우연히 사실로 확인할 수 있었다. 어느 날 개를 무척이나 좋아하는 교회 권사님이 "우리 집 개는 찬송가를 불러요"라고 자랑을 하시는 것이 아닌가. 도무지 믿어지지 않아 "어디 한번 보여주세요" 했더니 개를 데리고 왔다. "내 주를 가까이-" 찬송을 부르자 아니나다를까 이 개가 곡에 맞추어 "우-우-우-" 하면서 따라하는 것이었다. '권사님 집 개도 3년이면 찬송가를 부른다.' 교회 옆에 사는 개는 3년이면 은혜를 안다고 한다. 한낱 미물도 배우면 달라지거늘 하물며 인간인 우리랴.

주님은 오늘도 우리 모두가 성숙한 그리스도인으로 쓰임 받기를 원하신다. 성장하지 못하는 것처럼 답답하고 안타까운 일은 없을 것이다. 이 한 해를 어떻게 보내려는가? 하나님의 말씀 안에서 열심히 배우고 열심히 듣고 열심히 은혜를 체험하여 말씀 안에서 힘차게 자라가야 한다. 말씀 속에 깊이 뿌리를 내릴 때 풍성한 열매를 맺어 하나님 앞에 영광을 돌리게 될 것이다.

이것이 오늘 주님의 말씀을 듣고 배우는 자들에게 주시는 하나님의 뜻이다.

배우고, 배우고, 배워라
Learning to Revere Me

　현대인들이 쉽게 범하는 3대 죄악이 있다고 한다. 첫째는 모르면서도 배우지 않는 죄, 둘째는 알면서도 가르치지 않는 죄, 셋째는 할 수 있으면서도 하지 않는 죄이다. 이들은 우리가 살아가면서 흔히 짓는 죄의 모습이라고 할 수 있다. 그중에 가장 쉽게 저지르는 죄를 하나 꼽으라면 무엇일까? 바로 '모르면서도 배우지 않는 죄'라고 할 수 있다. 왜냐하면 대부분 무지한 상태를 그리 심각한 것으로 받아들이지 않거나 배우는 것을 별로라고 여기기 때문이다. 누구나 "배워야지, 배워야 산다, 배우는 게 힘"이라고 말은 하지만 실제로는 배움을 실천하려고 애쓰지 않는다.

　그러나 우리의 삶이 점점 성장하고 발전해 나가려면 반드시 배우는 일이 뒷받침되어야 한다. 다른 방법은 존재하지 않는다. 배우지 않고 알 수 있는 것이 도대체 어디 있단 말인가. 이 세상의 모든 것은 다 배워야 알 수 있도록 설계되어 있고, 알아갈수록 지혜의 세계가 열리면서 더 창조적이고 역동적인 인생을 영위하게 된다.

하나님은 우리 인간을 배우는 존재 a learning person 로 만드셨다. 인류의 시조 아담이 에덴동산에서 허구한 날 하는 일도 없이 그저 무위도식하며 지냈다고 생각하면 큰 오산이다. 창세기 1장을 보면 그에게 주님으로부터 특별한 임무가 주어진다. 동물들에게 이름을 붙여주라는 것이다. 과연 이 과업이 누워서 떡 먹기처럼 쉽고 간단한 일이라고 생각하는가.

이름을 명명하려면 무엇보다도 먼저 그들 하나하나의 특징이나 습성을 정확하고 세세하게 파악하고 있어야 한다. 그냥 대충 해서 될 일이 아니다. 일정한 법칙과 원칙에 따라서 체계적인 연구가 이루어져야 한다. 설령 아무 이름이나 지어주는 것도 지식이 없이 가당키나 한 일인가. 더구나 고도로 정신을 집중하지 않으면 나중에는 붙여준 이름조차 기억나지 않아 고생할 것이 뻔하고, 조금만 딴 생각을 해도 이름들이 헷갈리는 통에 큰 혼란에 빠질 것이다.

그 많은 종류의 동물들을 어떻게 일일이 구분하고 외울 수가 있었을까? 전문적인 지식을 쌓지 않고 주먹구구식으로 감당할 수 있을 만큼 간단한 일은 결코 아닐 것이다. 모르긴 해도 아담은 그 사명을 성공적으로 수행하기 위해 머리를 싸매고 하루 종일 분석하는 일에 매달렸을 것이다. 오로지 자연세계를 관찰하고 정리하고 그 속에서 살아가는 동식물들을 분류하는 일 외에 달리 무엇을 할 수 있었겠는가. 에덴동산에서 가장 먼저 시작된 기관은 바로 학교이다. 인간은 배움을 통하여 유능한 청지기로 거듭나 사명을 충실히 수행할 수 있었던 것이다.

하나님은 이스라엘 백성들에게 기회가 있을 때마다 '배워라', '가르쳐라' 이 두 마디 말씀을 반복해서 주신다. 본문에도 보면 하나님께서 모세를 불러 이스라엘 백성들을 모으게 하신 다음, 신신당부하는 내용이 나온다. '여호와 경외하는 것을 배우고 그것을 자녀들에게 전수하라'는 것이다. 이것이 주님이 주신 교육명령 education mandate 이다.

우리 교회는 7월 한 달의 신앙주제를 "성장하게 하소서"라고 정하고 출발하고 있다. 성장하려면 어떻게 해야 하는가? '성장하고 말리라', '성숙한 신앙을 가져야지'라고 나름대로 결심만 굳게 하면 가능한 것인가. 의지가 남달리 투철하다고 성공할 수 있는가. 결코 그렇지 않다. 성장하려면 반드시 해야 할 일이 하나 있다. 배우고, 배우고, 또 배워야 한다. 배우지 않고 성장한다는 것은 어불성설이다. 거짓말에 지나지 않는다. 무슨 수를 쓰더라도 배움의 과정을 건너뛴다면 그렇게 될 리가 만무하다.

아이들이 정신적으로, 영적으로, 육체적으로 어떻게 자라나는가를 유심히 관찰해보라. 배우지 아니하면 결코 성장이란 일어날 수가 없다. 요즘 기업들마다 가장 신경을 쓰고 염려하는 일이 있다. 한 마디로 사원들을 재교육하는 일이다. 왜냐하면 전에는 듣도 보도 못한 새로운 기술들이 개발되고 있으며, 최신 첨단기능을 장착한 신제품들이 하루가 멀다하고 쏟아져 나오기 때문이다. 그들의 기능과 구조들을 속속들이 잘 파악하지 못하면서 어떻게 치열한 경쟁에서 이길 수가 있으랴. 철저히 공부하지 않고는 앞서가기는커녕 사업의 성공 자체가 불가능해지는 것이다. 물건을 새로 개발하거나 판매를 하려

해도 그 성능과 용도를 이해하는 일은 기본상식에 속하는 일이다.

미국의 예를 들면 기업들이 사원들의 재교육을 위해 쏟아붓는 돈이 무려 24조 원에 이른다고 한다. 이는 무엇을 말하는가? 불철주야 공부하지 않으면 이제는 따라잡을 수도 없고 생존하기 어려운 시대가 도래하고 있는 것이다. 요즈음 기업경영자들이 가장 중요하게 여기는 세 가지 과정이 있다.

하나는 정보라는 프로세스요, 다른 하나는 관계라는 프로세스요, 또 하나는 학습이라는 프로세스 process of learning 이다. 현 시대를 가리켜 지식정보시대라고 부른다. 온갖 정보가 쌓이다 못해 흘러넘치고 있다. 이제는 '어떻게 고급정보를 찾아내고 선별할 것인가'가 성공의 관건으로 작용하고 있다. 남보다 진일보하려면 수많은 새로운 정보들 가운데 가장 우수한 정보를 골라낼 줄 알아야 하고, 그런 정보들을 신속하고 정확하게 수집할 수 있는 채널을 갖추고 있어야 한다. 정보라는 프로세스가 죽어버리면 그 회사의 발전은 결코 기대할 수 없게 된다. 회사만이 아니라 어떤 공동체든지 마찬가지라고 할 수 있다. 교회도 예외는 아니다.

또 하나는 정보를 서로 나누고 공유하는 관계가 돈독해야 하고 의사소통이 원활하게 이루어져야 한다. 모든 구조가 다 관계로 얽혀 있기 때문이다. 상사와 부하직원과의 관계, 기업과 기업과의 관계, 본사와 거래처와의 관계, 기업과 고객과의 관계 등, 이 모든 관계 속에서 정보가 자유자재로 공유될 수 있어야 동반성장이 가능해진다. 이 둘을 견고하게 연결시켜주는 것이 바로 학습이라는 프로세스이다. 정보가 있고 관계가 잘 형성되어 있어도 학습을 통해서 그 정보를 정확하게 이해하고 파악하지 않으면 아무 소용이 없는 것이다. 따라서 기업이 성장하고 발전해 나가려면 이 3대 프로세스가 완벽할 정도로 조화를 이루며 돌아가야 한다.

우리는 급변하는 시대 속에 살아가고 있다. 교회라고 다르지 않다. 교회지도자라면 다가오는 21세기를 내다보면서 한국 교회가 어디로 가야 하는가를 고민해보지 않을 수가 없을 것이다. 목회사역에도 충실해야 하지만, 그보다 더 중요한 것은 교회가 나아가야 할 방향을 제시하는 일이라고 할 수 있다. 그러면 어디서부터 그 일을 시작해야 하는가? 가만히 있는다고 해답이 저절로 주어지는 것도 아니고, '이런 식으로 하면 된다', '이렇게 변화해야 한다'라는 매뉴얼이 준비되어 있는 것도 아니며, 모든 문제를 한꺼번에 풀어낼 수 있는 만능열쇠를 가지고 있는 것도 아니다.

그렇다면 어떤 일부터 손을 대야 하는가? 그 대답은 간단하다. 한마디로 배워야 한다. 처음부터 배우지 않으면 미래를 이끌기는커녕 쇠락의 길을 걷게 될 것이다. 배우는 사람이 왜 힘이 있는가? 왜 세상을 변화시킬 수 있는 것인가? 그것은 배울 때 뭔가를 알게 되고, 아는 만큼 대안이 만들어지기 때문이다. 배워야 하는 이유는 분명하다. 바로 미래에 대한 비전을 얻기 위해서다. 이 비틀거리고 혼란에 빠진 대한민국을 어떻게 바로 세울 수 있는가? 가장 확실한 길은 일류가 되는 방법을 배우는 것이다. 우리가 잘하는 것은 더 열심히 배우고 익혀서 장점을 극대화해 나가야 하며 남이 잘하는 것은 빨리 배워 우리 것으로 만들어야 한다. 배운 것으로 그치지 말고 이를 활용하여 새로운 비전으로 승화시켜나가야 한다.

1854년 4월에 일본 요코하마 항에 미국 군함 미시시피 호가 정박하게 된다. 당시 지휘관이었던 페리 제독은 막부 정권에게 무력을 앞세워 문호를 개방하라는 압력을 은근히 넣고 있었다. 어느 날 밤, 두 일본 젊은이가 군함으로 다가와 보초를 서고 있는 수병을 통해 제독과의 면담을 요청한다. 처음에는 아군을 공격하는 것으로 의심하고 잡아다가 심문을 하였으나 이들의 요구는 지극히 단순하였다.
"우리는 당신네들을 해치려고 온 것이 아니다. 우리를 미국으로 데려가 공부할 수 있도록 해 달라."
이는 막부 정권이 법으로 엄격히 금지하고 있었기에 불필요한 마찰을 원치 않았던 제독은 정중히 거절하고 돌려보낸다. 이 일이 당국에 알려질 것을 두려워한 그 젊은이는 제 발로 찾아가 자수를 하고 그 죄목으로 14개월 동안 감옥생활을 한다.

그가 형을 살면서 한 일은 오직 공부하는 것이었다. 그때 탐독한 서적만 해도 무려 620여 권에 달했다고 한다. 그는 여기서 갈고 닦은 지식을 통해 일본의 현실과 세계정세에 대해 눈을 떴으며, 서구의 문명을 모르고는 그들과 겨루어 이길 수 없다는 사실을 깨닫는다. 그 후 일본에 들어와 있던 네덜란드 상인들과 접촉하면서 닥치는 대로 서구의 역사와 문물들을 통달해 나간다. 당시 정황으로 미루어볼 때

서구세력이 조만간 일본을 향해 밀려오리라는 것은 의심할 나위가 없었다. 위기의식을 강하게 느끼던 이 젊은이는 서구를 알아야 장차 일어날 사태에 대비할 수가 있고, 그들의 선진화된 기술을 익혀야 미래의 일본을 건설할 수 있다는 확신을 가진다. 결국 개혁을 위한 연구모임을 이끌면서 숱한 유능한 제자들을 길러내는 데 심혈을 기울인다.

그가 바로 일본 개혁의 초석을 놓은 요시다 쇼인이다. 그는 반역사건에 연루되어 29세의 젊은 나이로 운명을 달리한다. 그가 죽기 전에 '일본의 새 국가 건설'이라는 개혁안을 만들어 의식화 작업에 뛰어든다. 그 내용은 이렇다.

"첫째, 신분의 차별을 두지 말고 인재를 등용하여 국가 조직 구석구석에 배치시켜라. 이 나라가 발전하지 못하는 것은, 구조적인 장벽으로 인해 우수한 인재들이 실력을 발휘하지 못하고 중도에 주저앉기 때문이다. 이러한 폐단으로 인해 국가적으로 막대한 손실을 초래하고 있다. 뛰어난 인물들을 등용하여 마음껏 일하도록 밀어주어야 한다. 둘째, 최고의 엘리트를 키워내기 위한 국가대학을 창설하라. 확실한 비전을 갖고 이 나라를 이끌 수 있는 지도자들을 양성해내야 한다. 셋째, 서구식의 육군과 해군을 길러야 한다."

이 정책이 당시에는 너무 혁신적이라 먹혀들지 않았지만 1868년 메이지 유신 정권이 들어서면서 비로소 찬란한 빛을 발한다. 그가 제시한 비전을 기조로 해서 전 일본을 새롭게 변화시켜 놓는다. 이것이 바로 그 유명한 유신개혁이다.

이 일이 있고 나서 40년 후에 어떤 일이 일어났는지 아는가? 이 조선 땅을 비롯하여 아시아 전체를 무력으로 침략하여 짓밟고 식민지로 만들어버린 것이다. 배운 자와 배우지 않은 자의 차이가 무엇인가? 배운 사람은 계속해서 발전하고 성장하면서 강력한 힘을 가지게 되나, 그렇지 않은 자는 계속해서 가난이나 대물림하면서 빈약한 인생을 살게 되는 것이다. 왜 내 신앙이 이 모양인가? 왜 성장하지 않는가? 왜 이렇게 무기력할 수밖에 없는가? 왜 신앙생활에 활력이 모자라고 늘 축 처져서 지내야 하는가? 이런 불평이나 푸념을 늘어놓는 자들은 답답함을 토로하기에 앞서 한번쯤 '나는 배우고 있는가'를 점검해볼 필요가 있다.

주님의 말씀을 열심히 배우고 그 뜻을 이 땅 위에 실현하려고 힘쓴다면 어떻게 가만히 앉아 있을 수가 있겠는가. 오히려 배우려고 노력하는 자들은 하나님이 주시는 힘으로 점점 더 강한 능력을 나타낼 것이며, 언제 어디서나 놀라운 영향력을 발휘하게 될 것이다. 주님은 누구를 통해 일하시며 새로운 역사를 펼쳐 나가시는가? 배우는 일에 헌신하는 자들이다.

자만심

우리가 배워야 한다는 것을 알면서도 제대로 배우지 못하는 이유는 무엇인가. 매사 잘난 척하고 아는 체하기 좋아하는 우리의 교만함 때문이다. 어떤 사람이 잘 배우는가. 겸손한 자이다. 주님께서 겸손한 자를 찾으시고 기꺼이 일꾼으로 선택하시는 이유가 있다. 주님이 말씀하실 때 거부하지 않고 스펀지가 물을 빨아들이듯 수용하여 그 말씀대로 살려고 발버둥치기 때문이다. 아무리 귀하고 복된 말씀을 주시더라도 마음이 강퍅하고 닫혀 있어서 밖으로 튕겨내 버린다면 어떻게 성장할 수 있단 말인가. 어떻게 영적인 능력을 나타낼 수가 있겠는가. '내가 이만큼 한다. 나는 너보다 더 잘났다. 네가 알아봐야 얼마나 아는가. 나를 따라올 수 있는가. 내가 알지 못하는 것이 뭐 있는가'라는 식으로 오기와 자만에 사로잡혀 있는 자들을 본 적이 있는가. 그들은 결코 아무것도 배우지 못한다.

자기의 무식함을 알고 연약함을 인정하고 부족함을 깨달아야 모자라는 부분을 채우기 위해서라도 더 애쓰고 노력할 것이 아닌가. 겸손한 자가 달리 겸손한가. 자신이 무지하다는 것을 알기 때문이다. 따라서 겸손한 자는 위대한 지혜의 소유자라고 할 수 있다. 모른다는 사실을 아는 것보다 더 탁월한 지혜가 어디 있으랴. 무식한 줄 알면서도 교만방자하게 행동한다면 그대로 패망의 길을 걷고 말 것이다. 이런 자는 하나님께서 아무리 쓰시려 해도 구제불능인 경우가 허다하다. 하나님보다 더 잘할 수 있다고 우쭐거리고 자기 자랑이나 늘어놓는 자에게서 무엇을 기대할 수 있겠는가. 그런 자를 통해서 무엇을 할 수 있겠는가. 주님의 일꾼들은 깊이 새겨들어야 한다. '직분을 맡았으니 더 이상 무슨 공부가 필요한가', '적당히 교회 왔다 갔다 하면 그것으로 그만이지 않느냐'라고 생각하고 있다면 평생 가도 주님이 원하시는 좋은 일꾼으로 설 수가 없을 것이다.

다시 강조하지만 교인되기는 쉬워도 교인 구실 하기는 어렵다. 직분을 맡기는 쉬워도 참 제자 노릇하기는 요원하다. 도대체 배우지 않고 뭘 한단 말인가. 배우기를 싫어하는 자들에게서 볼 수 있는 공통점이 하나 있다. 항상 자기 고집이나 주장을 내세우고 자기 경험을 신조처럼 여긴다. 그런 자들은 자신의 일을 성취할 수는 있을지 몰라도 결코 주님의 일을 수행하지는 못할 것이다. 이제 여름 휴가철이 다가오는데 휴가라고 해서 편안히 쉬고 놀자 위주로 지내려 하지 말고 무엇보다도 배우는 일에 과감히 투자해야 한다.

최근 기업들의 동향을 살펴보면 사원들에게 휴가와 함께 연구과제를 하나씩 내준다고 한다. 푹 쉬는 동안 회사가 필요로 하는 공부를 시킨다. 성과는 둘째치고라도 사원 개개인의 잠재력과 경쟁력을 키워주려는 것이다. 이를 가리켜 학습휴가 eduvacation 라고 한다. 학습 education 과 휴가 vacation 라는 말이 합쳐진 신조어이다. 쉬더라도 연구하면서 쉬고, 놀더라도 공부하면서 놀라는 것이다. 방학이 지나 새 학기가 되면 몰라보게 두각을 나타내는 학생들이 있다. 방학 중에 열심히 공부한 결과이리라. 우리도 주님의 말씀을 열심히 배워 주님의 능력으로 무장해야 할 것이다.

일본의 여류 작가 시오노 나나미가 쓴 《로마인 이야기》라는 저서가 있다. 15권이나 되는 방대한 분량의 책인데, 수십 년간 현지를 오가며 부지런히 연구하고 자료를 모으고 모든 역사서를 참고하면서 저술했다고 한다. 작가의 집념과 투혼이 어떠한지 짐작할 수가 있다.

집에서 휴식을 보낸다고 해서 텔레비전 시청이나 하면서 시간을 때우거나 시시한 잡지나 뒤적거리지 말고 이런 교양서적 정도는 읽어야 할 것이다.

그 책의 서두에 이런 이야기가 나온다.

"로마인은 지식에 있어서 헬라인보다 못하고 체력에 있어서 켈트족이나 게르만인보다 못하고 기술력에 있어서 에르투리아인보다 못하고 경제력에 있어서 카르타고인보다 못하다. 이 사실을 로마인 스스로 잘 알고 있다. 그러나 다른 민족에 비해서 실력도 떨어지고 열등한 로마인이 어떻게 해서 세계를 지배하고 영화를 누리게 되었는가? 도대체 그 이유는 무엇인가?"

그녀는 이렇게 결론을 내린다.

"그들이 다른 민족에 비해 탁월한 점 하나는 배우는 일에 겸손했다는 것이다."

로마는 세계를 지배한 초강대국이자 대제국이었음에도 불구하고, '우리가 최고다'라는 우월의식에 사로잡히거나 자부심에 들떠 다른 민족을 우습게 알거나 무시하지 않았다. 약소민족이나 야만족이라 해도 그들에게서 배워야 할 것이 있으면 사절단을 보내어 장단점을 연구하도록 했다고 한다. 나라를 물리적으로 정복하는 것에 만족하지 않고 그 나라의 문물을 익히고 신기술을 습득하였으며 한 걸음 더 나아가 로마화 Romanization 하거나 한 차원 높은 수준으로 끌어올리는 지혜를 발휘했던 것이다.

우리나라가 다가오는 미래 속에서 강대국으로 우뚝 서려면 지금부터 겸허한 자세로 부지런히 배워야 한다. 우리 신앙인들이라고 다르겠는가. 무서운 속도로 변화하는 세상 속에서 날마다 승리하려면 열심히 배우고 배워야 한다. 시대를 배우고 문화를 배우고 역사를 배우고 세상을 배워야 한다. 배우지 않고는 결코 미래의 주인공이 될 수 없음을 기억해야 한다.

자아도취

우리가 배우지 못하는 또 하나의 이유는 성공에 도취되어 있기 때문이다. '이 정도 수준이면 충분하지', '이만하면 잘한 셈이야', '세계 타이틀 하나 땄으면 족하지'라는 안일한 생각에 젖어 더 발전하려고 애쓰지 않는다. 결국 순위에서 밀려나고 서서히 사람들의 기억에서 사라져 간다.

우리나라 선수들이 국민적 무관심을 극복하고 열악한 환경을 뛰어넘어 기염을 토하는 것을 보면 얼마나 기특하고 대견한지 알 수가 없다. 올림픽이나 세계대회에 나가서도 유력한 경쟁자들을 물리치고 놀라운 성적을 거둘 때마다 대한민국 국민이라는 사실이 자랑스럽고 자신도 모르게 어깨가 으쓱거려진다. 그러나 한 가지 유감스럽고 안타까운 일은 그 기록이 오래가지 않는다는 것이다. 죽을힘을 다해 어렵사리 챔피언 벨트를 따와서는 지속적으로 유지하지를 못하고 손쉽게 내어주고 만다.

이처럼 단명으로 끝나는 이유가 무엇인가? 금메달을 따거나 우승이라도 했다 싶으면 방송국마다 인터뷰 요청을 한답시고 불러내기에 한눈을 팔다가 자기 페이스를 잃어버린다. 그만큼 연습할 시간을 빼앗긴 채 점점 내리막길을 달리게 된다. 대중의 인기라도 좀 있다 싶으면 가만히 놔두지를 않는다. 광고모델을 하라고 부추겨 CF를 찍게 하거나, 각종 오락연예 프로그램에 게스트로 초대하여 혹사시킨다. 세상 재미에 연연하다 보면 정신무장이 풀어져 정로에서 이탈해버린다. 그러니 어떻게 되겠는가? 나중에는 돈과 명예의 포로가 되어 하류선수로 전락하고 만다.

독보적인 존재로 살아남기 위해 끊임없이 훈련하고 공부하지 않으면 점점 실력은 형편없어지는 것이다. 재능이 탁월하고 능력이 있어도 계속해서 배우지 않으면 점차 사라지고 만다는 것을 알아야 한다.

논어에 이런 말이 나온다. 인덕이 있어도 배우지 않으면 우롱당하게 되고, 지혜가 있어도 배우지 않으면 방탕하게 되고, 성실해도 배우지 않으면 이용당하기 쉽고, 솔직해도 배우지 않으면 사람의 마음을 아프게 하고, 용감해도 배우지 않으면 난을 일으켜 화를 당하게 되고, 강하더라도 배우지 않으면 망령되이 행동하게 된다는 것이다.

하나님의 말씀을 우리에게 주셨지만 배우지 않으면 아무 유익도 얻을 수가 없으리라. 이 말씀을 잘 배워야 영적으로 성장할 수 있고, 성숙해져야 세상을 이길 수 있다.

경쟁의식

본문은 하나님께서 이스라엘 백성들이 가나안 땅에 들어가기 전에 모세를 통해 명령하신 말씀이다. 그 핵심은 오직 여호와 경외하는 법을 배우고, 이를 후손들에게 가르치라는 것이다. 그토록 바라던 가나안 땅에 들어갔으니 출세를 위해 취직시험이나 준비하고, 입시를 위해 밤샘 공부나 하고, 정착하기 위해 집이나 잘 짓고, 옷이나 신발을 만드는 공장을 세워 돈이나 벌라고 하지 않는다. 주님의 지시사항은 오직 하나, '여호와 경외하는 법을 배우라'는 것이다.

왜 이를 배워야 하는가? 그렇게 할 때 우리가 이 세상에서 잘 되고 복 받을 수가 있기 때문이다. 우리 자녀들에게 '공부해라, 학원 가라'고 계속 닦달하면서도 공연히 부담을 가질까봐 '교회 가라, 말씀을 읽어라, 기도하라'고 말하지 않는 것은 그들의 장래를 망치는 결과가 된다는 것을 잊지 말아야 한다.

요즘 아이들은 경쟁사회 속에 일찍부터 노출되어 있다 보니 유치원 때부터 논술 준비를 한다고 한다. 방과 후 쉬지 않고 5-6개 학원을 전전하는 것은 보통이란다. 기가 막히고 코가 막힐 일이다. 대체 아이들을 밤낮으로 뺑뺑이 돌려서 무엇으로 만들려는지 도통 이해가 가지 않는다. 아이들 때는 신나게 뛰어놀고 장난하면서 힘을 기르고 상상력을 키워야 한다. 학교 공부만을 강조해서는 탈나기가 쉽다. 지식이 성공을 보장해주지 않는다. 그 아이의 인생을 책임져 줄 수 없다. 결코 아이의 인생을 행복하게 만들어주지 않는다. 진정한 성공을 가져다줄 수 있는 분은 오직 하나님뿐이다.

얼마 전에 모 교회에서 일어났던 사건이다. 그 일을 지켜보면서 '이런 현상이 교회들마다 일어나면 어떻게 하나'라는 걱정을 해본 일이 있다. 주일이 되었는데, 교회학교 아이들 절반이 어디론가 증발해버렸다. 교사들에게 비상이 걸리고 야단이 났다. 한두 명이 빠지면 '무슨 이유가 있겠거니' 하고 말겠지만 갑자기 절반가량이 결석을 하자 겁이 덜컥 난 것이다.

집집마다 전화를 걸어 보았더니 집에서는 교회에 간다고 나갔다고 한다. 도대체 이 아이들이 중간에 어디로 샜다는 말인가. 혹시 사고는 나지 않았나. 인근 교회에서 선물을 준다고 데려간 것은 아닐까. 별의별 생각이 난무하는 가운데 수소문을 해보니, 오락실에 몰려가 새로 나온 게임을 하고 있더라는 것이다. 아이들을 붙잡고 "너희들 이래도 되는 거니? 정말 이럴 수가 있는 거냐?"라고 호통을 쳤더니 빌기는커녕 고개를 빳빳이 들고 대꾸하더란다.

"우리가 뭘 잘못했다고 그래요. 교회보다 게임이 더 좋단 말이에요!"

우리 나름대로 인생을 즐기는데 무슨 상관이냐는 식으로 반문하더라는 것이다.

이 아이들의 영성은 물론, 말씀 교육이 얼마나 땅에 떨어져 있는가를 알 수 있다. 공부를 많이 해서 출세하고 성공하는 것만이 능사가 아니다. 그보다 중요한 것은 바로 하나님을 경외하는 일이다. 많이 배웠다고 그 지식 가지고 못된 짓 하면서 세상을 더럽고 어지럽게 만드는 것보다 지식은 부족할지라도 하나님 경외하는 것을 알고 그 뜻대로 살아가는 자들이 훨씬 더 복되다는 것을 기억해야 한다.

주님은 이런 자들을 통하여 새로운 세상을 만들어 가신다. 우리의 인생이 형통하려면 무엇보다도 하나님을 경외하는 것을 잘 배워야 한다.

주님은 여호와를 경외할 때 3가지를 약속하신다. 하나는 자녀들의 미래가 창창하고 밝을 것이다. 둘째는 부모들의 노후가 안전할 것이다. 셋째는 그 사회와 그 나라가 강해질 것이다. 하나님께서는 경건한 자를 통해서 그들의 인생을 복되게 하실 뿐만 아니라 그가 살고 있는 시대와 역사를 변화시켜 나감으로 주님의 영광을 나타내신다. 배워라. 무엇보다도 먼저 하나님 경외하는 법을 배워라. 주님께서 우리의 행복을 보장해주실 것이다.

이것이 오늘 힘써 배우기를 원하는 자에게 주시는 하나님의 뜻이다.

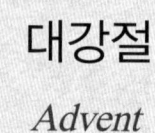

대강절
Advent

기다리는 자의 유혹
Are We Waiting for Another? 눅 7:18-23

누구를 기다리고 있는가
Whom are You Watiting for? 시 40:1-2

기다리는 자의 유혹
Are We Waiting for Another?

    소위 잘나가는 어느 벤처 venture 회사에서 전문인력을 구한다는 광고를 냈다고 한다. 우수한 지원자들이 쇄도하는 바람에 즐거운 비명을 지를 정도였다. 워낙 실력이 쟁쟁한 자들이 몰려왔는지라 누구를 떨어뜨리고 붙여야 하는지 난감하기 이를 데가 없었다. 불가불 특별한 방법으로 면접을 실시하기로 하고 "모월모일 몇 시까지 회사 회의실로 집합하시오"라는 공문을 내보냈다.

    드디어 면접하는 날이 되자 대상자들이 모여들었다. 그러나 회사 관계자들은 한 사람도 보이지 않고 안내방송만 들려왔다.

    "교통 사정으로 면접관들이 미처 도착하지 않았기에 시간을 30분 늦추겠습니다."

    어느덧 30분이 지나고 다시 안내방송이 들렸다.

    "대단히 죄송하지만 회사에 피치 못할 사정이 있어 30분을 더 연기합니다."

    한 시간이 흐르고 또 방송이 들려왔다.

"간부들이 급하게 처리해야 할 일이 발생하였기에 부득불 30분을 더 늦추겠습니다."

다시 30분이 지나자 안내방송이 나왔다.

"오늘 수고하셨습니다. 면접은 이것으로 끝났습니다. 편안히 돌아가십시오."

이 과정에서 한 가지 흥미로운 사실을 발견했다고 한다. 기다리는 자세에 따라 그의 성격이나 인품이나 신앙이 그대로 드러나더라는 것이다. 여기서 지원자들을 네 부류로 나눌 수 있었다고 한다.

첫 번째 유형은 포기형이다. 시간이 지연될수록 화를 참지 못하고 씩씩거리다가 문 밖으로 뛰쳐나간다. "도대체 뭐하는 짓이냐. 일찍 오라고 해놓고 이렇게 골탕 먹이다니. 아니 이럴 수 있느냐. 약속 시간을 지켜야지, 바쁜 사람들을 불러다 놓고 뭐하는 짓이냐. 방송만 하지 말고 책임자 나오라고 해! 직접 해명을 듣지 않는 한, 더 이상 못 참겠다!"라고 소리치며 중도에 면접 포기를 선언한다. 그들은 면접을 포기했다기보다 기다림 자체를 포기한 것이다. 이들의 불행은 미리 포기함으로써 영영 기회를 상실해버린다는 데 있다.

두 번째 유형은 반항형이다. 끝까지 기다리거나 가만 있지를 못하고 불평과 원망을 늘어놓는다. "왜 사람을 붙들어놓고 이 고생을 시키느냐. 회사가 뭔데 일방적으로 횡포를 부리나. 사람을 우습게 아는 것 아니냐. 차라리 시간 약속을 늦추었으면 아무런 문제도 없었을 텐데. 약속 시간을 연장하는 것도 한두 번이지, 뭐 이런 회사가 다 있어. 실망시키는 것도 유분수지 너무한다. 두고봐라. 만약 취직이 허락

된다면 가만 안 있을 거다." 열심히 기다리긴 하나 반항하면서 기다리는 자들이다.

세 번째는 체념형이다. "회사가 약속했으니 언젠가는 지키지 않겠어. 우리가 떠든다고 뭐가 달라지겠나. 어차피 회사가 칼자루를 쥐고 있는데 약자가 참아야지 별수 있나. 세상살이 다 그렇지 않은가. 기다리다 보면 언젠가는 결판이 나겠지 뭐." 문제가 있을 때마다 현실에 민감하게 반응하면서 상황논리를 즐겨 내세운다. 이런 식의 사고가 몸에 배다 보니 체념에 익숙해진 상태로 살아간다. 이들은 체념하면서 기다린다.

마지막 부류는 준비형이다. 감정을 쉽게 드러내지 않고 차분히 자기의 생각을 정리하면서 기회가 오기를 기다린다. 언제 면접이 치러지느냐보다 어느 때가 되었든 최선을 다해 면접에 임하려는 자세를 유지한다. 이들은 끊임없이 준비하면서 그때를 기다린다.

과연 어떤 부류의 사람들이 최종적으로 채용이 되었을까. '합격한 자들이 누구냐'는 불문가지다. 반항자도, 포기자도, 체념자도 아닌 그때가 오기를 기다리면서 성실하게 준비한 자가 아닐까. 기다리는 과정에는 지연이라는 뜻하지 않은 일들이 일어난다. 이런 이유로 인해 사람들은 기다림에 지쳐서 실족하고, 낙심하고, 절망에 빠지기도 한다.

기다리는 이유를 모르는 경우, 근본적으로 회의를 나타내기도 한다. 이는 무엇을 의미하는가? 누구나 자발적이든 억지로든 어쩔 수 없어서든 기다리며 살아가지만 그 기다림에 성공하는 자는 그리 흔치 않다는 것이다.

우리 인생들은 다 무언가를 기다리면서 살아간다. 취직을 기다리기도 하고, 결혼을 기다리기도 하고, 군대 간 자식이 돌아오기를 기다리기도 하고, 퇴원을 기다리기도 하고, 봉급이 오르기를 기다리기도 하고, 사업이 잘 되기를 기다리기도 한다. 그러나 우리가 기다려야 할 수많은 일들 중에 생명을 걸고 전심을 기울여 기다려야 할 것이 하나 있다. 바로 우리를 구원하려고 오시는 예수 그리스도다. 다른 기다림에는 실패할 수 있어도, 이 기다림에는 실패하지 말아야 한다. 이 기다림의 성패에 따라 우리의 운명이 결정 나기 때문이다.

지금 우리는 인간의 몸을 입고 이 땅에 오시는 주님을 기다리는 대강절을 보내고 있다. 과연 누구를 기다려야 하는가. 기다리는 자세는 어떠해야 하는가. 한마디로 말해서 잃어버린 영혼을 찾아오시는 주님을 열망하며 기다려야 하리라. 중도에 낙심하거나 그만두지 말고 끝까지 참고 인내하면서 다시 오리라 약속하신 메시아의 강림을 대망해야 할 것이다. 주님의 오심을 기쁨으로 맞이하려면 기다림의 시간을 잘 보내야 한다.

오늘의 본문에는 기다리다가 실족하고 있는 한 사람이 등장한다. 기다림에 성공하는 것이 얼마나 힘든 일인가를 세례 요한을 통해서 보여준다. 그는 주님이 이 땅에 오셨을 때 한눈에 메시아임을 알아보고 "이분이 우리가 오랫동안 기다리던 메시아입니다. 세상 죄를 지고 가는 하나님의 어린 양입니다!"라고 사람들에게 소개하면서 그의 정체를 처음으로 드러낸다.

뿐만 아니라 그와 뜻을 같이하면서 하나님의 나라 운동을 힘있게 펼쳐나간다. 더 나아가 예수님의 공식 활동을 선언하는 차원에서 직접 세례를 베풀기도 한다.

주님도 그를 가리켜 '사람이 낳은 자 중에 가장 큰 자'라고 인정하셨듯이 어느 모로 보나 탁월한 선지자가 아닐 수 없다. 그보다 더 영적으로 뛰어난 자가 어디 있을까 싶다.

그러나 그도 기다림에 실족하고 있다. 무엇을 말하는가? 아무리 신앙이 좋고 강한 자라도 때로 넘어질 수 있고 기다림에 실패할 수 있다는 것이다. 믿음이 훌륭하다고 해서 항상 기다림에 성공하는 것이 아님을 알아야 한다. 그러므로 우리의 기다림이 진정 성공하고 있느냐, 실패하고 있느냐를 돌아볼 필요가 있다. 세례 요한과 같은 이도 기다림에 실패했다면 우리야 오죽하겠는가. 더 말할 나위가 어디 있으랴. 누구라도 기다림에 실패할 수 있는 여지가 얼마든지 있는 것이다.

어떤 이는 잘 기다리다가 마지막 1분을 못 참아 그동안의 수고를 물거품으로 만들어버린다. 어떤 이는 30년, 40년 잘 믿다가 임종을 헛소리로 마치기도 한다. 이 얼마나 애석하고 안타까운 일인가. 오시는 주님을 힘써 대망하는 자만이 기다림에 실패하지 않을 것이다.

본문을 보면 세례 요한이 제자들을 통해서 예수님에게 중요한 질문을 던진다. 이 질문은 신앙에 대한 근본적이면서도 핵심적인 내용을 내포하고 있다. 어떤 의미에서는 기독교 전체를 함축하는 질문이라고 할 수 있다. "오실 그이가 당신입니까, 아니면 우리가 다른 이를 기다려야 합니까?" 바꾸어 말하면, "당신이 진정 오리라 약속된 그리스도인가 아니면 다른 그리스도를 찾아나서야 하는가?"라는 뜻이다. 신앙인이라면 누구나 한 번쯤 던져보았을 질문이리라.

그에게 신앙의 대상을 바꾸려는 의도가 있었든 없었든 간에 그런 질문을 당사자에게 한다는 것 자체가 불순하다고 할 수 있다. 어느 정도는 메시아를 애써 부인하고 싶어 하는 심정과 갈피를 잡지 못하는 마음의 갈등이 복합적으로 잘 나타나 있다.

이는 세례 요한의 영적 상태가 얼마나 침체되어 있는가를 잘 보여 준다. 어쩌다가 이 지경에까지 이르렀단 말인가? 23절을 보라.

"나로 말미암아 실족하지 아니하는 자는 복이 있도다"

주님은 세례 요한이 취하고 있는 태도가 석연치 않다고 지적하신다. 진정으로 메시아를 믿고 기다리기보다 오히려 의혹과 불신앙으로 인해 넘어질 위기에 처해 있음을 경고하고 있다. 왜 이런 영적 갈등을 빚고 있는 것일까? 신앙인들이 이런 유혹에 빠져드는 이유는 무엇인가?

고정관념

한 마디로 메시아를 보는 관점이 달랐기 때문이다. 자기가 생각하는 메시아와 현재 메시아로 오셔서 일하시는 주님과 현격한 차이가 있다는 것이다. 주님이 하시는 말씀과 행동으로 미루어볼 때, '메시아는 이런 분이 아닌데. 그럴 리가 없는데'라는 의구심이 들었던 것이다.

그가 이해하고 있었던 메시아관은 무엇인가? 바로 정치적인 메시아라고 할 수 있다. 허구한 날 강대국의 식민지로 전락하여 온갖 핍박과 설움을 겪어야 했던 이스라엘로서는 이들의 억압으로부터 벗어나 자유와 해방의 시대를 여는 것이야말로 유일한 꿈이자 소망이었던 것이다. 이러한 민족적, 역사적 고난 속에서 뿜어져 나온 한 줄기 빛이 바로 메시아 대망사상 messianic expectation 이다.

그가 오시면 철장 권세를 가지고 모든 악의 무리들을 섬멸하고, 적대감과 전쟁을 종식시키고, 평화의 시대를 열고, 나라를 부강하게 이끌 수 있다고 보았다. 다시 말하면 다윗 왕국을 재현할 위대한 지도자를 메시아로 그리고 있는 것이다.

그러나 예수님이 오셔서 한 일이 무엇인가? 권세를 휘둘러 로마제국을 몰아내거나 영구적 평화를 가져다주기는커녕 걸핏하면 "원수를 사랑하라. 보복하지 말라", "내가 섬김을 받으려 하지 않고 섬기러 왔다", "내가 붙잡혀 고난을 받고 십자가에 못 박혀 죽어야 한다"는 등, 김빠진 소리만 하자 크게 실망을 한 것이다. 급기야 "우리가 기다리던 메시아와 너무 다르지 않느냐. 어떻게 이런 자를 메시아라고 할 수 있느냐?"라는 의혹을 제기하기에 이른 것이다.

자기들의 고정관념과 다르다는 이유 때문에 메시아로 오신 예수님을 면전에서 의심하고 거부하고 있다. 우리도 그들과 마찬가지가 아닐까. 주님을 믿으면서도 주님의 뜻을 따르기보다 내 뜻에 맞추려고 애쓴다. 자신이 해주었으면 하고 바라는 역할을 노골적으로 강요하기도 한다.

이는 예수님을 믿기보다는 자기 마음대로 이용하려는 데 불과하다. 더 나아가 그리스도가 아닌 다른 그리스도를 쫓아가는 결과를 초래하게 된다. 우리가 기다리는 그리스도는 누구인가? 내 뜻을 따라 움직이시는 주님인가. 만약 그런 예수님을 메시아로 바라고 구주로 믿고 있다면 우상을 섬기는 것과 다를 바가 무엇이겠는가.

유대인들은 지금도 예수님을 메시아로 인정하지 않는다. 십자가에서 죽었으므로 보나마나 실패자라는 것이다. 그러나 우리 믿는 자들은 주님이 죽으심으로써 약속을 완성하셨기에 그야말로 인류를 구원할 메시아라고 인정하고 있다. 지금도 유대인들은 유월절이 되면 빈 의자를 하나 남겨놓는데, 메시아가 와서 앉을 자리라고 한다. 메시아에 대한 관점이 다르다고 해서 또 다른 메시아를 기다리려 한다면 엄청난 불신앙의 죄를 범하고 말 것이다.

내가 원하고 소망하는 메시아가 아니라, 성경이 말하는 메시아에 주목해야 한다. 예수님을 진정 우리를 구원하실 메시아로 기다릴 때 그가 오셔서 놀라운 구원의 은총과 더불어 하늘의 신령한 복을 넘치도록 부어주실 것이다.

부조리한 세상

그가 실족하는 이유는 무엇인가? 메시아가 오셨다면 '왜 이 세상에 아직도 모순과 부조리가 사라지지 않는가'라는 것이다. 주님이 메시아로 이 땅에 오셨으면 이 땅의 모순을 몰아내고 부조리의 악순환을 깨뜨려 살기 좋고 편안한 세상을 만들어야 하는 것이 아닌가. 그런데 왜 아직도 악인이 득세하고 의인이 핍박을 받는가. 내가 한 일은 오직 헤롯의 불의함을 꾸짖고 심판의 나팔을 울렸을 뿐인데, 왜 의를 위해 살려는 나는 감옥에 가두고 죄악의 화신인 헤롯이 더 활개치고 다니도록 하는 것일까.

어제저녁 뉴스를 보면서 통분을 금할 수가 없었다. 무기를 탈취한 범인이 승용차로 근무교대 중인 해병대원을 치어 중상을 입히고 총기를 빼앗기지 않으려는 병사를 향해 칼로 무참히 난자하여 절명에 이르게 한 것이다. 범행도 잔인하고 끔찍하지만 그 어머니의 울부짖는 소리가 아직도 귀에 쟁쟁하다.

"왜 하필 내 자식이어야 하는가?' '왜 내 자식이 죽어야 하나? 그렇게 착한 아들이! 그렇게 부모를 위하는 아들이! 그렇게 매사 헌신적인 아들이! 왜? 왜? 왜 죽어야 한단 말인가? 왜? 무엇 때문에?"

이것이 우리 인간들이 던지는 최대의 의문 중의 하나가 아닌가. 왜 이런 고난을 당해야 하는가. 왜 나 홀로 이런 무거운 짐을 져야 하는가. 왜 나만 희생해야 하는가. 주님을 믿으면 뭔가 잘되고 행복해야 하지 않은가. 그런데 세상은 우리가 원하는 바와 달리 거꾸로 가고 있다. 주님을 잘 믿으려 할수록 고난이 불가피해진다. 주님을 의심하고 불신하는 것은 고난의 존재 이유를 모르기 때문이다. 카뮈의 《이방인》estranger을 보면 세상의 부조리에 온몸으로 항거하는 한 젊은이의 모습을 볼 수 있다. 결국 부조리에 매몰되어 권총 자살로 생을 마감한다.

세례 요한 역시 이 세상에 불의가 난무하고 하나님의 공평과 의가 위협을 받는 모순을 극복하지 못해 크게 실망하고 낙담하고 있었던 것이다.

조급증

그가 실족하게 된 또 하나의 이유가 있다. 하나님의 약속이 더디 이루어지기 때문이다. 조급한 마음이 의혹을 불러일으킨 것이다. 진득하게 기다리지를 못하고 약속이 빨리 이루어지지 않는다고 낙심하다가 주님마저 의심하기에 이른다. 한번 '오실 그이가 아닐지 모른다'는 의문이 들자 안달이 나서 견디지를 못한다. 즉시 제자들을 예수님께로 보내어 "당신이 누구냐? 메시아인지 아닌지 속시원히 밝혀 달라. 메시아가 아니라면 괜히 헛수고하거나 무가치하게 세월을 보낼 필요가 없지 않느냐"라고 다그친다.

기다림에는 반드시 참고 인내하는 과정이 따른다. 하나님의 약속은 단번에 이루어지지 않는다. 오랜 시간을 두고 하나하나 성취해나간다. 그러나 사람은 그렇지 않다. 사람은 자기 때에 뭔가를 이루려는 조급증 때문에 주님보다 자기를 앞세운다. 현대인의 신앙을 가리켜 햄버거 신앙이라고 부르는 이유가 그 때문이다.

맥도날드 가게에 가서 햄버거를 주문하면 빨리 나와야 직성이 풀리고 조금이라도 지체가 되면 투덜대거나 불평을 늘어놓는다. 나오는 대로 재빨리 먹어치우고는 바쁘게 자기 일상으로 돌아간다.

모든 것이 스피드 speed 있게 움직이다 보니 매사 빨리빨리 행동하는 것이 미덕으로 되어 있다. 제때 이루어지지 않으면 조급해서 참지를 못한다. 신앙이란 하루아침에 이루어지지 않는다. 인격도 그렇다. 하루아침에 밑바닥 인격이 남들이 우러러보는 인격으로 변하는 법은 없다. 오랜 세월 기다리는 동안, 다듬어지면서 완성을 향해 나갈 뿐이다.

모든 일에는 다 하나님의 때가 있다. 이때를 기다리는 지혜가 무엇보다 중요하다. 하나님의 때에 하나님의 방법으로 하나님이 성취하시리라는 것을 믿고 참고 인내하며 나아갈 때, 하나님의 복이 임하는 것이다. 더디 이루어진다고 낙심하거나 체념하지 말고 주님께서 이루어주실 것을 믿고 믿음으로 기다려야 한다.

그렇다면 우리가 어떻게 해야 기다림에 성공할 수 있는가? 기다리는 자에게 다가오는 유혹에 빠지지 않고 기다림을 승리로 이끌 수 있는 비결은 무엇인가?

주께 나아가라

우리가 가지고 있는 모든 문제를 예수님께로 가지고 나아가는 것이다. 본문 19절을 보라.

"요한이 그 제자 중 둘을 불러 주께 보내어"

요한은 자기 멋대로 하기에 앞서 제자들을 주께 보내어 의혹을 풀려고 노력하고 있다. 의문이 생기자 즉시 예수님에게 가지고 나아간다. 의문을 해결해 보겠다고 혼자 고민하지 않는다. 혼자 애쓰지 않는다. 이 고민을 덜기 위해 친구를 찾아가 조언을 구하지 않는다. 제자들이 가져다주는 정보를 토대로 섣불리 판단하지 않는다. 자기주장을 내세우지 않는다. 의문을 갖기는 했으나 불평하지 않는다. 그 문제를 예수님에게 가지고 나아간다.

기다림에 성공하려면 기다림을 방해하는 인생의 의문들에 대해서, 삶의 부조리와 모순에 대해서 무엇보다도 먼저 예수님의 대답을 들어야 한다. 내 마음대로 판단하기 이전에, 나의 경험을 내세우기에 앞서 '주님께서 이 일을 어떻게 보시는가. 주님은 이 일에 대해서 어떤 계획을 가지고 있는가. 이 일을 어떻게 다루시기 원하는가' 스스로 결정하기 전에 주님의 결정을 존중하고 따라야 한다.

본문은 "나로 말미암아 실족하지 아니하는 자는 복이 있다"고 말한다. 여기서 '나'는 예수를 가리킨다. 예수를 잘 믿는데 그로 인해 발을 헛디딘다면 그처럼 어리석은 일이 어디 있겠는가. 예수 때문에 잘되고 예수 때문에 해결되고 예수 때문에 축복받고 예수 때문에 은혜 입고 능력을 받아야 하는데, 예수 때문에 실족하고 넘어지고 불행해진다면 무슨 낭패란 말인가. 주님에 대한 인식이 잘못되면 반드시 이런 결과를 초래하고 만다.

주님은 중요한 사실 하나를 가르쳐주신다. 나를 끝까지 붙드는 자, 의문이 있고 고민이 있고 갈등이 있더라도 주님께서 해결해주실 것을 믿고 기다리는 자에게 복을 주신다는 것이다. 실족한다는 뜻은 예수님으로 인해서 기분이 상한다는 말이다. 마음에 상처가 생긴다는 말이다. 예수님 때문에 기분 상하는 일은 없는가. 지극히 조심할 일이다. 예수님께 문제를 가지고 나아가면 반드시 이루어주시리라는 확신을 가져야 한다. 그로 인해서 실족하는 일이 없이 언제나 성공하고 복 받는 인생이 되어야 할 것이다.

약속을 믿어라

기다림에 성공한 자들을 유심히 살펴보면 하나의 공통점이 있다. 하나님의 약속에 대한 믿음이 철두철미하다는 것이다. 믿음의 선조들이 어떤 상황 속에서도 희망의 끈을 놓지 않고 기다릴 수 있었던 것은 바로 약속신앙 때문이라고 할 수 있다. 기다림은 약속이 있기 때문이며 약속은 믿음이 있기에 가능한 것이다. 믿음이 없으면 아무리 많은 약속을 하더라도 소용이 없다.

약속대로 이루어지리라는 신앙이 있어 끝까지 기다릴 수 있는 것이다. 약속에 대한 신앙이 있어야 환난과 역경을 이기고 승리하게 된다. "당신이 오실 메시아인가?"라고 묻는 세례 요한의 질문에 대해 주님은 자신이 메시아라는 대답 대신 이사야서에 예언된 말씀을 인용하신다. 22절을 다시 보라.

> "맹인이 보며 못 걷는 사람이 걸으며 나병환자가 깨끗함을 받으며 귀먹은 사람이 들으며 죽은 자가 살아나며 가난한 자에게 복음이 전파된다 하라"

'그리고'라는 kai 접속사를 5회 반복하여 사용함으로써 메시아 사역의 본질이 무엇인가를 구체적으로 증언하고 있다. 한 마디로 메시아 시대에 일어날 치유와 회복의 역사가 예수 그리스도를 통해 성취되고 있다는 것이다. 이보다 더 확실한 증거가 어디 있단 말인가. 예언된 말씀이 그대로 이루어지고 있다면 메시아가 이미 활동하고 있는 증거가 아니고 무엇이겠는가. 주님의 약속은 변함이 없기에 끝까지 기다릴 필요가 있으며 그 결과는 충분한 보상으로 돌아오는 것이다.

능동적으로 기다리라

기다림에 성공하려면 언제나 능동적인 자세를 가져야 한다. 기다린다고 해서 무조건 수동적으로 받아들여야 한다는 생각은 버려야 한다. 무위도식하는 것으로 오해해도 곤란하다. 기다림도 경우에 따라서는 능동적이고 적극적이어야 한다. 사람들은 '올 때까지 기다린다'는 생각 때문에 아무것도 하지 않고 무작정 가만히 있어야 잘하는 것으로 여긴다.

그러나 성경에 기록되어 있는 기다림은 전적으로 차원이 다르다. 본문에서 말하는 기다림도 수동이 아니라 능동이다. 온 마음을 다해 열정적으로 기다리는 것을 의미한다. 다시 말하면 피동적인 기다림이 아니라 능동적인 기다림이다.

수동적인 기다림은 기다리면서 딴짓을 한다. '그가 오는 건 오는 거고 내 삶은 내 삶이다'라는 식으로 이중플레이를 펼친다. 그러나 능동적인 기다림은 오시는 주님을 맞이하기 위해 전갈을 듣자마자 맨발로 뛰어나가는 것을 말한다. 주님은 언제나 이런 자에게 복을 주시고 그를 통해 위대한 역사를 이루어 가신다.

유명한 신학자 칼 바르트 Karl Barth 의 스승이 쓴 《기다리는 가운데 행동하기》 Acting in Waiting 라는 책이 있다. 신학계에 적지 않은 영향력을 끼친 책이다. 그는 신앙의 삶을 이렇게 정의 내린다. 참 신앙이란 기다리면서 가만히 있는 것이 아니라 하나님의 섭리를 적극적으로 이루어가는 것이다.

몇 년 전인가 이산가족이 평양에서 상봉하는 일이 있었다. 그때 화제를 모았던 분이 최장수 유두희 할머니였다. 언론 매체들마다 100세 된 남의 할머니와 75세 된 북의 아들이 극적으로 만나는 장면을 연일 내보냈다. 50년 전 전쟁이 터지면서 그녀의 아들 신동길 씨가 인민군으로 징용이 되어 끌려간다. 그후 서로 남북으로 헤어져 50년의 세월을 손꼽아 기다리며 보낸다. 소감을 묻는 기자들의 질문에 자식을 붙잡고 마냥 흐느끼기만 하던 이 할머니가 가슴에 묻어두었던 사연을 꺼냈다.

"나는 네가 인민군에 징집되어 집을 떠나는 그 순간부터 언젠가는 돌아오리라 믿고 식사 때마다 밥그릇 하나를 상에 올려놓곤 하였다. 너를 만나기 위해 죽지 않고 살았다. 너를 만나려고 지금까지 기다려 왔다. 이제야 꿈에 그리던 너를 만났으니 더 이상 여한이 없구나."

언젠가 돌아오리라는 믿음으로 기다리는 것도 귀하나 돌아올 자식을 위해 밥그릇을 준비하는 기다림이야말로 능동적인 기다림이라고 할 수 있다. 우리도 가만히 앉아 있지만 말고 믿음의 밥그릇을 준비해야 하리라. 우리 모두 주님의 오심을 영광중에 나아가 맞아야 하지 않겠는가.

이것이 오늘 우리를 구원하러 오시는 메시아를 기다리는 자들에게 주시는 하나님의 뜻이다.

누구를 기다리고 있는가
Whom are You Watiting for?

인간을 가리켜 '기다림의 존재'라고 부른다. 아니 기다림 자체라고 할 수 있다. 우리는 일생을 얼마나 오랫동안 기다리며 사는 것일까. 인생의 95%가 기다림으로 채워져 있다는 것은 무엇을 의미하는가. 그만큼 우리의 삶에 있어서 기다림은 떼려야 뗄 수 없는 관계라고 할 수 있다. 우리는 끊임없이 누군가를, 어느 땐가를 기다리며 살아간다.

인간은 과거를 떠나 미래로 가는 도상 위에 있는 실존이기에 항상 우리 앞에 무엇이 기다리고 있는지도 모르면서 무언가를 기다린다. 따라서 과거를 뒤돌아보는 자에게는 기다림이 존재할 수 없으나 미래를 향해 나가는 자에게는 언제나 기다림이 불가피해지는 것이다. 왜냐면 기다림이 없는 미래란 아무 의미가 없기 때문이다. 우리는 한 해의 마지막을 보내며 주님의 오심을 기다리는 절기를 맞이하고 있다.

이를 대강절이라 하는데 '기다릴 대待' 자에 '내려올 강降' 자를 써서 우리를 구원하기 위해서 성육신하시는, 내려오시는, 강림하시는 주님을 기다리며 대망하는 것이다. 대강절은 통상 예수님의 탄생 전

4주간을 가리키며 이 기간 동안 우리는 주님의 오심을 영적으로 준비하게 된다.

소망

왜 주님의 오심을 기다려야 하는가? 무슨 특별한 이유라도 있는 것일까? 이 땅에 오시는 주님은 우리 모두에게 참 소망을 안겨주시기 때문이다. 요즈음 우리가 살아가는 현실은 어떠한가. 이구동성으로 하는 말이 있다. 힘들다는 것이다. 앞이 보이지 않는다는 것이다. 소망을 찾아볼 수 없는 암담한 현실이라고 투덜댄다.

많은 이들이 '왜 사느냐'고 물어보면 "죽지 못해서 산다"라고 탄식한다. 삶이 점점 고달프고 퍽퍽해진다고 야단들이다. 그들의 얼굴에는 실의와 낙심의 그림자가 짙게 드리워져 있다.

이 세상은 우리가 소망하는 대로 나아가기보다는 오히려 그 반대로 움직이고 있다. 그렇다고 해서 긍정적이고 희망적인 선택을 하고 바람직한 방향으로 가고 있느냐 하면 그것도 아니다. 인간은 자신이 지닌 원초적인 한계로 인해 쉽사리 실패와 좌절을 경험한다. 절망에 사로잡힌 나머지 자신감을 잃고 주눅이 들어 지낸다.

아무리 상황이 고단하고 괴롭더라도 어딘가에 소망을 걸 수가 있고, 미래에 대한 비전을 가질 수만 있다면 용기를 내어 얼마든지 뚫고 나갈 수가 있을 것이다. 그러나 어디를 둘러봐도 소망이 없다면 이내 삶의 활력을 잃고 자포자기하고 말 것이다.

시카고 사회학 연구소에서 "사람들이 왜 자살하는가?"라는 주제를 가지고 연구 발표한 적이 있다. 첫 번째 이유는 부정적인 인생관 때문이라고 한다. 세상을 긍정적으로가 아니라, 매사 비관의 너울을 쓰고 바라본다는 것이다. 부정적인 사고에 사로잡혀 염세적이고 냉소적으로 생각하고 행동하는 나머지 자살 충동을 쉽게 느끼는 것이다.

두 번째 이유는 정서적인 공허함 때문이라고 한다. 인간은 살아가면서 목표하고 바라는 것들이 기대만큼의 열매를 맺지 못할 경우, 더 힘써 도전하려고 하기보다는 힘든 현실로부터 도피하려 든다. 노력할수록 오히려 아쉬움과 미련만 더해가기에 자연히 인생의 무상함과 허전함에 빠져 허우적거린다. 때로 우울증이 깊어지면서 '이 풍진 세상 더 이상 아득바득 댄들 무슨 소용이 있나. 도대체 산다는 게 무슨 의미가 있단 말인가' 한탄하다가 극단적인 선택을 하는 것이다.

셋째는 희망의 상실이다. 더 이상 앞이 보이지 않을 때, 사람들은 과감히 자신의 생명을 버릴 결심을 하게 된다. 살아가는 현실은 어떠한가. 희망이 넘치는가 아니면 아무런 재미나 만족도 얻지 못하는가. 과연 이 절망감을 무엇으로 해결할 수 있는가. 어디에서 소망을 회복할 수 있는가.

대강절은 메시아로 오시는 예수 그리스도에게 그 소망이 있음을 선포하고 있다. 우리의 유일한 소망은 오직 예수 그리스도에게 있는 것이다.

주님을 떠나 세상이나 인간에게 소망을 두면 결국 그로 인해 실망하게 되고, 소망이 사라짐과 동시에 모든 소망도 물거품처럼 사라진다. 가난하게 살든지, 부하게 살든지, 행복하게 살든지, 불행하게 살든지, 우리에게 꼭 필요한 것은 소망이다.

사회심리학자 에리히 후롬 Erich Fromm 은 소망이야말로 인간 실존의 근원이라고 말한 적이 있다. 소망이 없으면 인간의 실존도 의미가 없다는 것이다. 이러한 사실을 자신의 인생 경험을 통해 이론적으로 정리해 낸 심리학자가 있다. 빅터 후랭클 Victor Frankl 이다. 그는 제2차 세계대전 중, 독일군의 포로가 되어 온갖 수난과 고초를 겪는다. 드디어 전쟁이 끝나고 자유의 몸이 되어 돌아오자마자 평소 가슴에 품고 있던 일을 실천에 옮긴다.

수용소 경험을 되살려 '사람들이 어느 때 죽고 사느냐'를 연구하기 시작한 것이다. 수용소에 갇힌 사람은 대부분 두 부류로 나뉜다고 한다. 한 부류는 겉으로 보기에는 건장하고 별다른 질병이 없어 보이나 세월이 갈수록 삶의 의욕을 잃고 시름시름 앓다가 나중에는 기력을 잃고 쓰러지더라는 것이다. 다른 한 부류는 전자에 비해 영 비실비실하고 곧 병들어 비틀거리다 죽을 것 같은데 용케 버티더란다.

그는 이런 현상에 착안하여 그 원인이 무엇인가를 밝혀내었는데 그 이론이 유명한 '로고테라피' Logotherapy 이다. 이 단어는 그가 자신의 이론을 설명하기 위해 만들어낸 신조어로서 말씀이라는 '로고스' logos 와 치료라는 '테라피' therapy 의 합성어이다. 인간은 하나님의 말씀을 통해 삶의 의미를 발견할 때, 비로소 소망을 품고 절망과 싸우려 한다는 것이다. 포로생활을 끝까지 견디지 못하고 사망한 자들을 분석해 보면 대부분 자신의 삶을 비관하면서 항상 불안과 공포에 휩싸여 지냈다는 것이다.

그들에게서 발견되는 하나의 공통점이 있는데 절망의 원인이 열악한 환경이나 수용소를 지키는 경비병 때문이 아니라 자신들 주위를 겹겹이 둘러싸고 있던 철조망이었다고 한다. 이중 삼중으로 높이 쳐져 있는 철조망을 볼 때마다 '나는 갇혀 있다', '더 이상 앞이 보이지 않는다', '이제 살 길이 없다', '모든 것이 끝났다'라고 낙심하고 삶 자체를 거부하는 지경에 이른 것이다.

결국 살아갈 의욕을 잃고 희망하기를 포기한 채, 스스로를 막다른 골목으로 몰아넣거나 죽음에 넘겨주고 만 것이다. 그래서 붙여진 이름이 '철조망 병 barbed-wire sickness' 이다.

인생에는 우리 주위를 둘러싸고 있는 수많은 철조망들이 있다. 실패와 좌절, 낙심과 낙망, 공허와 무의미라는 철조망으로 인해 하루하루 활기를 잃고 무기력하게 살아가고 있는 것이다. 그렇다면 인간에게 희망이란 없는 것인가. 이렇게 살다 가는 것이 인간의 운명이란 말인가. 결코 아니다. 어둠 속에서 죽을 수밖에 없는 인간을 구원하시고 소망을 불어 넣어주시는 분이 있다.

바로 예수 그리스도다. 이를 위해 주님은 우리를 직접 찾아오신다. 그런 의미에서 이 대강절은 우리의 소망을 회복하는 절기라고 할 수 있다. 예기치 않았던 일로 인해 깊은 절망 속에 놓여 있지는 않은가. 이 시간, 소망의 예수를 마음속에 영접해드림으로 그분이 주시는 소망으로 다시 일어서야 할 것이다.

우리의 소망은 사람에게 있는 것이 아니다. 더군다나 권력가나 경제인에게 있는 것이 아니다. 오직 살아계신 주님으로부터 오는 것임을 기억해야 한다. 본문을 보면 "내가 여호와를 기다리고 기다렸더니"라고 말하면서 기다림의 대상이 주님이심을 밝히고 있다. 기다린다는 히브리어 '야할' yahal 은 '무엇에다가 희망을 건다'는 의미를 내포하고 있다.

이 시인은 자신에게 닥친 위기상황 속에서도 낙심치 않고 이길 수 있는 길이 오직 능력의 주님을 의지하는 데 있음을 깨닫고 그를 붙들기로 결심한다. 누구에게 자신의 생명을, 미래를, 그리고 소망을 걸고 있는가? 주님께 모든 희망을 거는 자는 누구나 그를 힘입어 이 세상의 절망을 넘어 승리하게 될 것이다.

기쁨

우리를 위해 오시는 아기 예수를 기다려야 하는 이유는 무엇인가? 그가 오시면 한없는 기쁨을 우리 모두에게 뿌려주시기 때문이다. 주님은 성탄절을 통하여 이 세상에서는 결코 맛보거나 누릴 수 없는 기쁨을 선물로 주신다. 세상 사람들은 모두 다 행복해지기를 원한다. 슬퍼하고 애통해 하면서 살려는 자는 아무도 없을 것이다.

그러나 우리의 살아가는 현실은 어떠한가? 행복을 주기보다는 오히려 고통과 비애를 느끼도록 만들지는 않는가. 이런 상황에서 우리가 어디로부터 기쁨을 얻고 행복을 맛볼 수가 있단 말인가.

얼마 전, 음악계에서 발표한 바에 따르면 올해 들어 유난히 날개 돋친 듯 팔린 클래식 음악 앨범이 있다고 한다. 클래식의 경우 찾는 이가 적어 천 장만 팔려도 인기 순위에 오르는데 이미 2만 장 가깝게 나갔다고 해서 화제가 되고 있다. 그 표제가 '눈물'이라고 한다. 내용도 내용이지만 이 제목만으로도 많은 것을 시사해준다. 거기에 수록된 곡들이 대부분 이 세상의 슬픔과 고뇌를 노래하고 있다는 것이다.

그 앨범을 제대로 감상하려면 우선 그 곡들을 연주한 '리처드 용재 오닐' Richard Yongjae O'Neill 이라는 한국인이 누구인가를 이해하는 것이 중요하다. 그의 이름을 통해 짐작할 수 있듯이 가정사를 보면 기구한 데가 있다. 그의 어머니가 6·25전쟁 시, 졸지에 고아가 되어 미국인 양자로 가게 된다. 어느덧 성장하여 한 남자와 사귀면서 아이를 낳는다. 그가 바로 용재이다.

그런데 미혼모 신세가 되어 아이를 낳는 과정에서 정신적인 쇼크를 받는다. 정확한 사유는 모르겠으나, 그 일로 인해 모친이 정신적 질환을 앓으면서 더 이상 아이를 돌볼 수 없는 상황에 처한다. 아이는 고아 아닌 고아로 자라나야 할 운명에 놓인다. 하는 수 없이 친부모를 떠나 미국인 가정으로 옮겨진다. 다행히 음악을 좋아해 비올라를 전공하는데 탁월한 실력을 인정받으면서 본격적으로 연주 활동에 나선다.

비올리스트 violist 로 자신의 존재를 세상에 알림과 동시에 내면의 상처를 달래기 위해 펴낸 앨범이 "눈물"이다. 그는 자신의 고뇌에 찼던 인생을 돌아보면서 눈물로 그 곡을 연주하고 있다. 수많은 이들이 이 "눈물"이라는 제목에 관심을 갖는 이유는 무엇인가. 그가 흘렸던 눈물, 아니 아직도 그가 흘리고 있는 눈물, 그가 느꼈던 아픔과 슬픔을 깊이 공감하기 때문일 것이다.

과거 우리가 흘렸던 눈물은 무엇 때문이며, 지금 흘리고 있는 눈물은 무엇 때문인가. 한 가지 분명한 것은 우리 모두는 행복을 노래하기보다 오히려 슬픔 가득한 애가를 부르며 인생길을 걸어가고 있는 것이다.

도저히 인간의 힘이나 의지만으로는 결코 조절하기 어려운 슬픔의 문제를 어떻게 해소해나갈 수 있을까. 우리의 마음 깊은 곳에 도사리고 있는 슬픔을 무엇으로 씻어버릴 수 있겠는가. 바로 기쁨의 근원 되시는 주님을 삶의 주인으로 영접해드려야 한다. 기쁨의 주체가 되시는 주님이 오셔서 하늘의 기쁨을 부어주셔야 한다.

우리가 안고 있는 슬픔과 고통과 비애가 무엇이든 우리를 찾아오시는 주님께 내어놓기만 하면 하늘의 기쁨으로 바꾸어주실 것이다. 우리는 이 대강절을 통하여 기쁨을 주러 오시는 주님을 맞이함으로 잃어버렸던 기쁨을 회복해야 한다.

오늘 시온 찬양대의 입례송을 듣는 순간, 마음속에 큰 감동이 물결치는 것을 금할 수가 없었다. "기뻐하라!"는 우렁찬 소리가 우리의 영혼을 울릴 때, 전율을 느끼지 않은 자는 아무도 없을 것이다. 그 찬양 그대로 우리 모두에게 이루어질 것이다. 우리에게 기쁨을 주시는 이는 주님이시다. 그분을 믿기만 하면 그 안에 넘치는 행복과 부요와 기쁨과 감사와 찬양과 구원과 용서와 가치와 목적이 다 우리의 것으로 변할 것이다.

우리는 언제나 가장 행복한 것을 추구하고 기다린다. 가장 큰 행복이란 무엇인가? 지금까지 경험한 바로는 그런 행복은 이 세상에서 받을 수 있는 것이 아니다. 세상이 주려고 해도 줄 수가 없다.

오직 예수 그리스도 안에 그 기쁨이 있음을 기억하고 기쁨을 한아름 안고 오시는 주님을 기뻐 맞이해야 할 것이다.

약속

우리를 찾아오시는 주님을 기다려야 하는 이유는 무엇인가? 그분은 자신이 하신 약속을 이루어주시기 때문이다. 주님의 오심 자체가 바로 주님께서 자신이 하신 약속을 신실히 지키신다는 증거라고 할 수 있다. 하나님은 오래 전부터 "내가 아들을 보내리라", "너희에게서 메시아가 나게 하리라"는 약속을 해 오셨다. 드디어 그 약속은 예수 그리스도의 탄생과 더불어 성취되고야 만다.

하나님의 약속이 이루어지리라는 믿음, 이 믿음이 있을 때 끝까지 기다릴 수가 있고, 그 약속을 붙들고 이 불신의 세상을 건널 수 있는 것이다. 이 세상은 약속을 지키지 않는다. 아니 지킬 힘이 없는 것이다. 너무나 쉽게 감정에 좌우되기도 한다. 그저 기분에 맞으면 지키는 체하고 안 맞으면 느닷없이 부인하고 취소해버린다.

그러나 우리 주님은 신실하셔서 주신 약속을 그대로 이루어주신다. 그 사실을 무엇으로 알 수 있는가. 믿음을 가져야 한다. 믿음이 없이는 결코 그 날을 기다리며 살 수가 없다. 그렇지 않은가. 이루어지지 않을 약속을 뭐하러 기다린단 말인가. 시간 낭비요 헛된 수고만 할 뿐이다.

그러나 주님의 약속은 반드시 성취되리라는 믿음이 있을 때 어떤 어려움이 있어도 결코 포기하지 않고 그날을 바라보며 꾸준히 전진해 갈 수 있는 것이다.

우리에게 오시는 주님은 우리에게 하신 약속을 하나도 빼놓지 않으시고 정확하게 이행하시는 분임을 잊지 말아야 한다. 성경을 보면 주님의 약속을 믿었다가 크게 복을 받은 자들이 나온다. 그러나 약속을 의심하다가 그 복을 놓쳐버린 자들의 실패담도 낱낱이 기록되어 있다. 어떤 인물이 되기를 원하는가? 주님의 약속을 잘 믿고 살다가 그 약속이 성취되는 것을 바라보며 주님 앞에 영광을 돌려야 하지 않겠는가.

간절히 기다려라

그렇다면 우리가 어떻게 해야 잘 기다릴 수가 있는 것일까? 주님의 오심을 열렬히 사모해야 할 것이다. 본문 1절을 보라.

"내가 여호와를 기다리고 기다렸더니"

'기다리고 기다렸다'는 말은 열렬히 기다렸다는 말이다. 우리가 무엇을 구하든지 응답을 받으려면 매사 적극적으로 대시해야 한다. 열렬한 마음으로 기다리는 자세가 필요하다. 일이 되든지 말든지 상관없다는 식으로는 무슨 일도 제대로 감당할 수가 없다. 열심히 구하는 자와 그렇지 않은 자를 비교해 볼 때 어느 누가 더 성공하겠는가? 우리 주님께서도 우리가 열렬한 마음으로 구할 때 신속하게 들어주실 것이다.

"내가 여호와를 기다리고 기다렸더니 귀를 기울이사 나의 부르짖음을 들으셨도다"

주님은 우리가 마음을 다해 소원을 아뢸 때에 우리의 형편과 사정을 세세하게 헤아리시고 가장 좋은 것으로 채워주신다. 우리는 때로 주님으로부터 넘치는 복을 받을 수 있음에도 불구하고 간구가 시원찮아 제대로 받지 못하는 경우가 허다하다. 아이들이 부모에게 무언가를 요청할 때의 모습을 보라. 조르는 대신에 단지 전달하는 정도로 그친다면 '별로 중요하지 않구나'라고 판단하여 그냥 넘어가기 십상일 것이다. 해주고 싶어도 아이가 진심으로 원해야 해주는 보람이 있고 가치가 있는 법이다.

우리가 절실히 구하지 않으면 모른 척하고 뒤로 연기를 시켜버린다. 그러나 미리부터 집요하게 졸라대는 아이들의 요구는 쉽게 뿌리칠 수가 없다. 시도 때도 없이 부모에게 해달라고 떼를 쓰는 아이들의 요구를 더 잘 들어주는 것처럼 주님도 그렇다는 것이다. 우리가 기도할 때도 "하나님, 생각이 나서 하는 이야긴데요, 들어주셔도 좋고 안 들어주셔도 크게 마음 상하지는 않을 거예요. 그냥 알아서 해 주세요"라는 식으로 구하는 것은 금물이다. 이는 하나님 앞에 기도하는 바른 자세가 아니다.

우리가 응답받기를 원한다면 주님이 귀찮아하시고 성가셔하실 정도로 힘써 아뢰어야 한다. 그때 주님께서 즉시 응답하실 것이다.

영국의 소설가 로버트 웰즈 Herbert G. Wells 가 쓴 《대주교의 죽음》이라는 단편소설이 있다. 그 내용은 이렇다. 큰 교회당을 책임지고 있는 대주교가 늘 아침저녁으로 본당에 엎드려 기도한다.

"전능하신 하나님 아버지, 제 기도를 들으시고 말씀하여 주소서."

그다음 날도 똑같은 기도문을 되풀이한다. 다른 기도는 하는지 안 하는지 모르겠으나 이 기도만은 빼놓지 않고 습관적으로 드린다. 그러던 어느 날 그 기도를 하고 마쳤는데 순간 하늘로부터 큰 음성이 들린다.

"오냐! 도대체 무슨 일로 이렇게 구하느냐? 원하는 것을 한번 말해 보아라."

주님의 음성이 들리자마자 너무도 놀란 나머지 심장마비로 그 자리에 쓰러져 죽었다고 한다. 무슨 말인가? 습관적인 기도는 있었을지 모르나 그 응답을 열렬히 사모하는 기도는 아니었다는 것이다.

형식적인 기도는 있었지만 주님의 능력을 확신하고 믿고 기대하는 기도와는 거리가 멀었다는 것이다. 우리도 때로 이런 식으로 기도하지 않는가. 오시는 주님을 기다리고 기다리는 마음으로 우리의 소원을 쏟아놓을 때 놀라운 응답으로 채워주실 것이다.

마음을 준비하라

우리가 오시는 주님을 잘 맞이하려면 준비된 영혼이 필요하다. 기다린다고 해서 무작정 시간만 축내는 것만을 의미하지 않는다. 아무 일도 하지 않고 태만히 기다리는 것은 더더욱 잘못이다. 이 기다림은 오시는 주님을 어떻게 맞이할 것인가를 항상 염두에 두고 준비해야 함을 잊지 말아야 한다. 주님이 오실 때 마음을 상쾌하게 해드리려면 어떻게 해야 하는가? 우리는 마땅히 그분이 오시는 길을 힘써 예비해야 한다. 그 길을 예비하는 것이 무엇인가? 그 길을 닦는 것이다. 다시 말하면 회개하는 것이다.

주님의 입장에 서서 우리 자신을 돌아보며 구부러지고 어그러진 것들을 바로잡아야 한다. 주님이 혹시 인상을 찡그리실 부분은 잘 치워져 있는지. 혹시나 마음 아파하실 일은 없겠는지. 주님 보시기에 합당치 않은 것은 청소되었는지. 자세히 살펴 뉘우칠 것은 뉘우치고, 정리할 것은 정리하고, 버릴 것은 버리고, 제거할 것은 깨끗이 제거하여 조금도 거치는 부분이 없어야 할 것이다.

오는 길이 평탄하고 안전해야 주님께서 콧노래를 부르며 기분 좋게 오시지 않겠는가. 우리가 주님을 제대로 영접하지 못하는 이유가 무엇인가. 회개하지 않기 때문이다. 세례 요한은 주님의 오심을 내다

보며 백성들에게 회개의 열매를 맺으라고 촉구한 바가 있다.

오시는 주님을 기쁘게 영접해드리려면 우리의 마음에 높아진 죄의 담을 헐고 깊이 파인 허물의 골을 메워 그 길을 반듯하게 해야 할 것이다. 우리의 마음을 잘 준비하여 맞아들일 때 하늘의 놀라운 축복과 평강이 넘칠 것이다.

끝까지 인내하라

어떻게 해야 기다림에 성공할 수가 있는 것일까. 주님이 오실 때까지 참고 인내해야 한다. '기다리고 기다렸다'라는 말은 주님의 응답을 인내하며 기다린다는 것을 의미한다. 기다린다는 헬라어 '페리메노perimeno 는 "한 곳에 참고 머문다"는 뜻을 가지고 있다. 신앙인들이 어디에서 실패하는지 아는가. 그 근본 원인은 불신앙 때문이라고 할 수 있지만 사실 따지고 보면 잘 기다리지 못해 실패하는 경우가 허다하다. 잘 믿는 것도 중요하나 잘 기다리는 것도 그 못지않게 중요하다.

잘 믿다가도 한번 포기하고 중단해버리면 그동안 애써 기다린 보람이 다 수포로 돌아갈 수가 있다. 10분을 참지 못해 부자가 될 수 있는 기회를 상실해버리는 경우도 있고, 10분을 인내하지 못해 영웅이 될 수 있는 기회를 놓쳐버리고 별 볼 일 없는 인생으로 전락하기도 한다. 기다림에는 긴장과 인내라는 것이 반드시 뒤따르게 마련이다. 무엇이, 언제 올지 모르기 때문에 긴장해야 하고 기다리는 기간이기에 인내해야 한다.

 그동안에는 참기 어려운 고통이 있을 수도 있고 집어치우고 싶은 무서운 위기가 찾아올 수도 있다. 앞이 보이지 않는 절망적인 상황이 닥쳐오기도 한다. 그러나 그때도 그날을 바라보며 인내하며 나아가는 자는 반드시 승리할 것이다. 기다림에는 인내가 있어야 한다. 인내 없이 기다리는 일은 불가능하다.

 우리가 누군가를 기다려야 한다면 그가 올 때까지 참고 인내해야 한다. 누구라고 얘기하지는 않겠지만 함부로 성질 부리고 입을 놀리다가 선량한 국민들에게 상처와 아픔을 주는 자가 있다. 조금만 참고 인내했더라면 더 대접받고 존경받을 수가 있으련만 실로 안타깝기 이를 데가 없다. 지도자의 가장 큰 덕목 중의 하나가 인내임을 왜 깨닫지 못하는가. 우리의 신앙생활도 그렇다. 주님을 잘 기다리다가도 인내에 실패한다면 결국 주님을 만날 수도, 그가 주시는 축복도 체험할 수가 없다.

 오시는 주님을 열렬히 기다리자. 철저히 회개하며 우리의 마음을 준비하고 기다리자. 그리고 인내하며 끝까지 승리하는 그날을 바라보며 기다리자. 그렇게 할 때 성탄의 기쁨과 평화가 우리 모두에게 임할 것이다.

 이것이 내강절을 맞아 주님의 오심을 기다리는 모든 자들에게 주시는 하나님의 뜻이다.

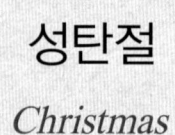

성탄절
Christmas

용서의 크리스마스
Christmas Filled with Forgiveness 골 3:13-14

존귀하신 주의 이름
Worthy is the Name Jesus 사 9:6-7

용서의 크리스마스
Christmas Filled with Forgiveness

    영화감독 다르덴 Dardenne 형제가 공동제작한 "르 휘스" Le Fils, 즉 "아들"이라는 영화가 있다. 용서를 주제로 한 이 영화는 '용서란 무엇인가?' 그리고 '우리 인간에게 용서란 가능한 것인가?'라는 질문을 던져주고 있다. 그 줄거리는 이렇다. 한 직업훈련소에서 목공일을 가르치고 있는 주인공에게 한 소년이 찾아온다. 교도소 측으로부터 이 소년을 특별히 돌보아달라는 청탁이 있었던 것이다.

    두 사람은 서로 가르치고 배우는 가운데 서로에 대해 호감을 가지고 서서히 다가간다. 얼마 있지 않아 속에 있는 얘기를 조금씩 털어놓을 정도로 가까워진다. 그러던 중에 우연히 소년의 신상이 밝혀지면서 충격적인 사실을 알게 된다. 그가 바로 5년 전, 하나밖에 없는 자기 아들을 죽인 살해범이라는 것이다. 차라리 모르고 지냈더라면 좋았을 것을, 범인을 확인하고 나자 예전의 악몽이 다시 살아나 번민에 휩싸인다. 아내는 아내대로 범인을 안 이상, 어떻게 가만 놔둘 수 있느냐고 노상 성화를 부린다. 자신도 어떻게 해야 할지 몰라 갈피를 잡지 못한다. 그대로 용서하자니 천륜이 허락지를 않고, 복수를 하자니 용기가 나지 않는다. 무참히 죽어간 사랑스런 아들이 그리워질수록 이 소년에 대한 증오와 복수심이 서서히 불타오른다. 애써 태연한 척하면서 최대한 감정을 감추고 가르치는 일에 몰두하지만 속에서는 '그러고도 네가 애비라고 할 수 있느냐, 도대체 뭘 망설이느냐, 자식을 대신해서 너라도 복수하지 않고 뭐하느냐'라는 비난과 질책의 소리가 끊임없이 들려온다.

결국 이 소년에게 앙갚음하고 싶은 마음을 품긴 하지만, 차마 복수를 결행하지도, 그렇다고 용서하지도 못한다. 어느 날, 둘만의 시간이 찾아온다. 그런 기회를 계속해서 엿보고 있었다고 할 수 있다. 처음에는 감옥에 어떻게 들어오게 되었는지, 그 이전에는 무슨 일을 했는지를 묻다가 마침내 자식의 살해사건을 어렵사리 끄집어낸다.

"왜 살인을 저지르게 되었느냐?"라는 대목에 이르러는 자기도 모르게 신경이 날카로워지고 언성이 높아진다. 거의 이성을 잃은 상태에서 어째서 죽였느냐고 다그친다. 그날의 진실을 알고 싶었던 것이다. 한동안 겁먹은 표정으로 주저하다가 조심스럽게 그 사건의 전말을 털어놓는다.

그 아이의 죽음을 설명하는 순간, 그동안 꾹꾹 억눌러왔던 감정이 폭발하고 만다. 이 주인공의 마음에 깊이 내재해 있던 복수심이 화산 폭발하듯 터져 나온다. 사납게 일그러진 얼굴로 "왜, 왜, 왜, 그 아이를 죽였느냐!"고 윽박지르는 주인공의 기세에 눌려 말을 더듬거리면서 밝힌다.

"두려워서 그랬다."

이로써 모든 진실이 드러난 것이다. 잠시 후, 마음에 안정을 찾고 나서 그 소년에게 말한다.

"네가 죽인 그 아이가 바로 내 아들이다."

이 고백을 듣자마자 그를 뿌리치고 미친 듯이 도망을 친다. '제발 해치지 않을 테니 돌아오라'고 소리쳐도 소년은 죽이려는 줄만 알고 죽어라 꽁무니를 뺀다. 주인공도 이에 질세라 악착같이 뒤를 쫓는다. 계속해서 추격하다가 마침내 이 아이의 어깨를 잡아챈 다음, 땅 위를 나뒹군다. 엎치락뒤치락하던 와중에 소년을 깔고 앉아 목을 조른다. 하지만 이내 큰 실수를 범하고 있다는 사실을 깨달은 주인공은 손을 풀고 힘없이 일어난다.

일터로 다시 돌아오긴 했으나 긴장과 냉랭한 분위기만이 그 주위를 맴돈다. 그 이상 더 무엇을 어떻게 할 수 있으랴. 감정대로 하자면 죽이고 죽는 일밖에 더 있겠는가. 둘은 한마디 말도 없이 각자 짐을 싸들고 헤어진다. 서로 제 갈 길을 가는 것으로 영화는 끝이 난다. '용서냐 복수냐'는 관객의 몫으로 남겨 놓은 것이다.

이 영화는 종래 다른 영화처럼 극적으로 서로 화해하고 용서를 주고받는 모습을 결코 보여주지 않는다. 피해자의 마음에는 증오와 복수심이 그대로 남아 있고, 가해자의 마음에는 죄책감에 대한 불안과 공포가 사라지지 않은 채, 만남과 헤어짐을 되풀이할 뿐이다.

우리는 여기에서 한 가지 의문을 갖게 된다. 과연 우리 인간에게 진정한 용서란 있는 것인가. 용서한다고 말은 하지만 속으로는 증오와 복수심으로 무장하고 있지는 않는가. 머리로는 이해를 해도 마음으로는 용납할 수 없는 것이다.

이제 며칠 후면 크리스마스가 찾아온다. 성탄절이 우리에게 주는 특별한 의미는 무엇인가. 바로 하늘의 용서가 이 땅에 선포되었다는 것이 아닐까. 만약 우리의 허물과 죄과에 대한 용서가 생략되거나 빠져버린 크리스마스라면 과연 무슨 의미가 있으랴. 노는 날과 무엇이 다르겠는가. 한낱 공휴일에 불과할 것이다. 용서 없는 크리스마스란 마치 생명이 없는 시체와 다를 바가 없다. 왜냐면 크리스마스의 전 의미가 바로 용서라는 단어 속에 함축되어 있기 때문이다.

크리스마스를 진정 기쁨과 환희로 맞이하기 위해서는 가장 먼저 할 일이 하나 있다. 주님이 우리의 모든 죄를 십자가 보혈로 속량해 주시고 값없이 용서하신 그 사랑을 높이 기리며 이웃에게 용서의 은혜를 베푸는 것이다.

과거의 기억

우리는 때로 용서의 의미를 다르게 받아들이곤 한다. 대부분 '잊어준다'는 뜻으로 오해하는 것이다. 그러나 이 말에 대해서는 깊이 새겨 볼 여지가 있다. 이 속에는 '더 이상 기억조차 않겠다'는 것보다는 '잘 기억해두었다가 언젠가 기회가 오면 되갚아주겠노라'는 뉘앙스를 내포하고 있다. 인간은 기억의 동물이다. 두뇌에 입력되는 모든 정보를 기억의 창고에 하나하나 저장하며 살아간다.

과학자들에 따르면 인간의 두뇌에는 정보들이 담긴 수천억 개의 파일이 차곡차곡 정리되어 있어 필요할 때마다 자동적으로 열린다고 한다. 일단 어떤 정보가 안으로 들어오면 사라지지 않고 무의식세계든 의식세계든 어디엔가 기억으로 남는 것이다. 평소에는 망각한 것처럼 보이나 비슷한 일이 반복되거나 비슷한 양상이라도 나타나면 다시 재현되는 것이다. 특히 감정이 상하거나 상처받는 일이 생기면 악몽이 되살아나 인간의 삶에 부정적인 영향을 끼친다. 경우에 따라 보복과 증오심을 부추겨 극한 행동을 조장하기도 한다.

용서를 제대로 하려면 아예 기억조차 하지 말아야 하는데 문제는 말처럼 쉽지 않다는 데 있다. 사람의 의지만으로는 기억을 효과적으로 통제할 수가 없다. 오직 주님만이 기억을 자유자재로 다스릴 수 있는 것이다. 주님의 용서가 참되고 온전할 수 있는 것은 한번 용서하기로 마음을 먹기만 하면 두 번 다시 우리의 잘못이나 실수를 조금도 기억하시지 않기 때문이다.

이 사면의 은혜가 있어 염치불구하고 주님 앞에 나아가 우리의 죄를 고할 수 있는 것이다. 만일 범죄한 사실에 대해 가차없이 정죄하시고 처벌을 내리시는 분이라면 회개하고 직고하기보다 어떻게 해서라도 위기를 모면하기 위해 온갖 변명을 늘어놓거나 발뺌하려 들 것이다. 그러나 성경은 시종일관 주님을 인간의 죄를 도말하시고 새롭게 출발하도록 기회를 주시는 분으로 선언하고 있다.

사람은 어떤가. 나쁜 기억일수록 잘 잊지 않을 뿐만 아니라 사실을 왜곡하거나 감추려 애쓴다. 스스로 문제를 확대시키고 화를 키운다. 기분이 상하면 그동안 잘못한 일들을 시기별로, 사건별로, 내용별로, 종류별로 길게 나열하여 상대를 꼼짝 못하도록 기선제압을 하거나 압박의 수단으로 삼는다. 잊었다고는 하나 잊어버린 것이 아니라 일일이 기록하고 계산하고 따지고 벼르는 것이다.

미국에서 이민목회 할 때의 일이다. 봉제공장을 크게 운영하는 박장로님이 계셨다. 교회부지 구입과 건축에도 공헌을 하셨을 뿐만 아니라 개인적으로도 사랑을 많이 받았다. 한번은 적적함을 달래려고 한국에서 순종 진돗개를 분양한다는 소식을 듣고 직접 공수해왔다. 두 마리를 데려와 하나는 본인이 키우고, 다른 하나는 큰아들에게 맡겼다. 새끼라서 귀엽기도 했지만 얼마나 말귀를 잘 알아듣고 주인을 잘 따르는지 개 키우는 재미에 흠뻑 빠져 지냈다. 어디를 가든지 개 자랑이 끊이질 않았다. 하도 그래서 몇 번 가서 구경을 했는데 똘똘하게 생긴 데다가 기품까지 갖추고 있어 한눈에 '아, 정말 좋은 개로구나'라는 감탄을 자아내기에 손색이 없었다.

그런데 하루는 장로님이 산책을 시키려고 개를 앞세워 동네를 한 바퀴 돌던 중인데, 바로 옆집에서 기르는 커다란 셰퍼드 종 한 마리와 마주친 것이다. 목줄을 하긴 했어도 해코지하지나 않을까 내심 걱정하면서 한쪽으로 비켜섰는데 아니나다를까 으르렁거리더니 시비를 걸어온 것이다. 동네 왕초인 자기를 몰라보고 감히 이상하게 생긴 조그만 놈이 신고도 없이 활개치고 다니는 모습을 보고 배알이 뒤틀린 것이다.

본때를 보여줄 심산이었는지 냄새를 맡는 척하다가 갑자기 달려들어 목덜미를 꽉 물어버렸다. 엉겁결에 기습을 당한 강아지는 얼마나 아픈지 깨갱 소리를 내면서 줄행랑을 쳐버리고 말았다. 개주인이 극구 미안하다고 사과는 했지만 속이 상해 견딜 수가 없었다.

그때부터 그 개만 나타났다 하면 숨을 죽이고 피해 다니기에 급급했었는데 그로부터 1년이 지난 후, 뜻하지 않은 소동이 벌어졌다. 그 개주인이 노기를 띤 얼굴로 찾아와 다짜고짜 개 값을 물어주지 않으면 법적 소송을 불사하겠노라 을러댔다. 이유인즉 장로님이 키우던 진돗개가 담장을 뛰어 넘어와 그 집 개를 물어 죽이고 다시 되돌아갔다고 한다.

알고 보니 이놈이 아주 대단한 짓을 한 것이다. 말하자면 거사를 화려하게 치른 것이다. 1년 동안 그 개에게 당한 기억을 속으로 삭이면서 복수할 그날을 절치부심하며 손꼽아 기다려 왔던 것이다. 어느 정도 힘이 생기고 한판 붙어도 승산이 있겠다는 판단이 서자 보복을 결행한 것이다. 그 죽은 개 종자가 우수해서 수천 달러를 물어내야 했다.

장로님이 처음에는 어이없어하다가 가만 생각해보니 기분이 너무 좋은지라 그냥 요구하는 대로 주었다고 한다. 늘 동양인이 자기 동네 와서 산다고 차별하고 냉대하고 우습게 알던 자라 보기만 해도 역겹고 언짢던 차에 잘됐다는 것이다. 사람 대신 개가 통쾌하게 복수해주었으니 돈 몇 푼이 대수냐는 것이다. 그동안의 설움이 순식간에 씻은 듯이 내려가더라고 한다.

속이 다 시원한 것은 물론이고, 개가 얼마나 자랑스럽고 사랑스러운지! 멋지게 복수한 기념으로 갈비를 사다가 포식을 시켜주었다고 한다. 그 소문이 동네에 퍼지면서 이 진돗개가 요주의 견공이 된 것이다. 밖으로 나가면 동네 개들이 설설 기는 웃지 못할 상황이 벌어졌다.

사람이라고 다르겠는가. 과거의 일을 기억하고 있고, 잊어버리지 않는 한, 언젠가 복수의 칼을 들이대기 마련이다. 누구로부터 상처받은 기억, 고통받은 기억, 아픔의 기억이 있다면 이 시간 깨끗이 지워버리고 다시는 기억하지 말아야 한다. 용서를 했더라도 표면적이고 형식적인 수준에 머물러서는 안 된다.

더구나 옛날 고리짝에 있었던 일까지 잘못을 들추어내어 비난하고 책망하면 그로 인해 용서는 고사하고 인간관계가 틀어지고, 복수심 때문에 정신적이고 영적인 건강까지 잃어버릴 수가 있다.

용서의 조건

용서에 대한 오해가 또 하나 있다. 용서하기 위해서는 사전에 어떤 조건들을 충족시킬 필요가 있다고 주장한다. 그냥 용서해주면 뭘 잘못했는지 모를 테니 조건을 달아 대가를 치르도록 해야 한다는 것이다. 철저히 응징을 가한 다음 용서해야 정신을 차린다는 입장이다. 공평을 기한다는 명목으로 잘못의 경중에 따라 수시로 조건을 바꾸기도 한다. 어떻든 조건부로 용서를 하는 것이다. "빌기 전에는 용서하지 않겠다", "착한 일을 하면 정상 참작을 하마", "하는 거 봐서 이번만은 용서해줄게", "그 고집스럽고 괴팍한 성격을 고치겠다고 하면

눈감아 줄 수 있지"라는 식으로 복잡하고 까다로운 조건을 내건다.

그러다 보면 용서가 아니라 흥정과 거래로 변질되기 십상이다. 조건이 하나라도 붙으면 이미 용서의 순수성은 훼손되고 만다. 우리가 주님으로부터 어떻게 용서받았는지를 생각해보라. 과연 조건부로 받은 것이 하나라도 있는가. 만약 어떤 조건을 이행하는 조건으로 용서의 효력이 발생한다면 오늘 이 자리에 나와 있을 자는 하나도 없을 것이다. 지금쯤 그 조건을 조목조목 이행하느라 정신없이 돌아다니는 신세로 전락해 있지 않을까.

그러나 참으로 감사하고 다행스럽게도 주님은 우리 죄의 양이나 크기와는 상관없이 일방적으로 용서를 선언하신다. 무슨 일이 있어도 조건을 달지 않으신다. 다만 "저들이 몰라서 그러하오니 저들의 죄를 용서하소서"라고 중보의 기도를 드리신다.

우리처럼 용서할 자격이나 주제도 되지 않으면서 용서한답시고 이런저런 구차한 조건들을 내걸지 않으신다. 용서가 우리의 요청이 있어서도 아니고 받을 만한 특별한 자격을 구비하고 있어서도 아니고, 요구 조건들을 성실히 준행했기 때문도 아니다. 오직 무조건적으로 용서를 베푸실 뿐이다.

어느 누구를 무슨 일로 용서하든지 조건을 걸기 시작하면 용서의 가치가 퇴색되고, 나중에는 그 조건의 덫에 걸려 스스로 넘어지게 된다. 상황이 달라지면 조건을 문제 삼아 상대를 보복하기 위한 올무로 역이용한다.

겨울비가 추적추적 내리던 지난 금요일 저녁, 설교 준비를 하다 말고 식사를 하려고 교회 문을 나섰다. 괜찮은 곳이 없을까 해서 돌아다니다가 마침 길 건너편 추어탕 집이 눈에 들어왔다. 날씨도 쌀쌀한데 따끈한 탕이 제격이다 싶어 그리로 발걸음을 옮겼다. 한 그릇을 시켜서 맛있게 먹고 있는데, 느닷없이 뜨거운 커피세례가 쏟아졌다. 바로 뒤에 커피 자판기가 놓여 있었던 것이다.

손님에게 대접을 한다고 일하는 종업원이 커피를 꺼내려다가 부주의로 미끌어진 것이다. 손아귀를 벗어난 종이컵이 공중에서 보기 좋게 한 바퀴 회전을 하더니 벗어놓은 점퍼 위로 왕창 쏟아지고 말았다. 너무도 순식간에 벌어진 일이라 미처 손쓸 사이가 없었다.

종업원들은 당황한 나머지 안절부절하면서 내 눈치만 열심히 살핀다. 앉아 있는 손님들도 힐끔힐끔 쳐다보면서 사태가 어떻게 수습이 되나 촉각을 곤두세우고 있다. 그럴수록 화가 치밀어 올라 표정관리가 제대로 되지 않았다. 평소 내가 아끼던 옷이 아닌가. 잠시 목사란 신분을 망각하고 소리를 지르려는 순간 전광석화처럼 머리를 스치고 지나가는 생각이 있었다.

'내가 누구인가. 더구나 이번 주 설교 제목이 무엇인가.' 오호통재라 하필 용서에 대한 설교가 아닌가. 그래서 올라오는 분을 삼키고 속으로 거듭 다짐을 했다. '그냥 별일 아닌 것처럼 넘어가자. 무슨 일이 있어도 조건을 달지 않으리라.' 이미 결론을 내리고 나니 마음이 편해지는 것을 느낄 수 있었다.

오히려 주인이 와서 세탁비를 드리네, 밥값을 안 받겠네 하면서 어떻게든 비위를 건드리지 않으려고 안간힘을 쓴다. 내가 말을 하지 않고 가만히 있자, 부아가 나서 그러는 줄 알고 더 야단이다. 사람의 심리가 묘한 것이 용서하기로 마음은 먹었지만 선뜻 용서의 말이 나가지 않는다. 잘못을 빌면 바로 용서를 해야 마땅함에도 불구하고 손해를 감수하려니 마음이 더 착잡해진다. 조건 없이 용서한다는 게 쉽지 않다는 사실을 새삼 알게 되었다. 이제는 전적으로 내가 어떻게 하느냐에 달린 것이다. 주인은 내가 요구하는 대로 따라야 한다. 마음먹기에 따라 적어도 밥값 정도는 내지 않을 수 있다. 세탁비도 충분히 가능하다. 그러나 무조건 용서하기로 자신과 약속하지 않았는가.

돈과 계산서를 건네며 이렇게 말했다.
"예수 믿으십니까? 열심히 교회 다니겠다고 약속하면 없던 일로 하겠고, 시시하게 하면 나중에 청구하겠습니다."
이보다 더 괜찮은 조건이야 어디 있겠냐마는, 조건이 붙은 것은 사실이다. 용서할 때, 조건을 제시하면 용서가 아니라 흥정에 치우친다는 것을 명심해야 한다. 잘못하면 화근이 될 수도 있고, 용서는커녕 더 무거운 짐으로 남는다.
우리 주님은 죄인들을 용서하면서 어떤 조건도 내세우거나 들이대지 않는다. 털끝만큼도 용서받을 자격이나 가치도 없는 죄인들을 아낌없이, 무조건적으로, 값없이 받아주신다. 주님이 십자가에서 무한한 사랑으로 용서하신 것처럼 우리도 아무런 조건 없이 우리에게 잘못한 자를 용서하는 것이야말로 구원받은 백성의 도리가 아닌가.
무조건적인 용서를 실천할 때, 주님을 크게 기쁘게 하며 사람들에게 깊은 감동을 끼칠 수가 있다. 주님의 용서가 내게 주어졌음을 믿고 고백하는 자마다 용서의 기쁨과 해방의 감격을 맛볼 수가 있는 것이다.

포기하라

그렇다면 어떻게 해야 용서의 사람이 될 수 있는가? 진정 우리를 용서하려고 오시는 주님을 맞으려면 과연 무엇을 어떻게 해야 하는가? 무엇보다도 먼저 보복의 권리를 버려야 한다. 복수의 권리는 우리 인간에게 있는 것이 아니다. 성경은 이 권리가 오직 하나님의 고유 권한이라고 증거하고 있다.

유대인들은 무서운 고초를 겪고 핍박을 당하면서 디아스포라가 되어 험악한 세월을 보내야 했지만, 한 번도 증오나 보복의 문제를 책으로 펴내지 않았다고 한다. 또한 자녀들에게도 그 어떤 비극이 닥친다 해도 함부로 복수의 칼을 휘두르거나 앙갚음하지 말라고 가르친다. 왜냐하면 보복과 심판의 권리가 인간이 아닌 하나님께 있다고 믿기 때문이다.

보복으로 인한 문제는 어디에서 생기는가? 한 가지 분명한 이유는 이 심판의 권리를 하나님께 드리려 하지 않고, 자신이 직접 행사하려는 데 있다는 것이다. 증오심을 있는 대로 키운 채 보복하려다 보니 당한 것 이상으로 되갚아주고 정도를 넘어 가해를 입히려 든다.

다시 강조하거니와 보복에 관한 한, 우리 인간에게는 어떠한 권리도 주어져 있지 않음을 기억해야 한다. 로마서 12장 19절을 보면 주님께서 이렇게 선포하신다.

"원수 갚는 것이 내게 있으니 내가 갚으리라"

보복의 권리를 주님께 넘겨드려야 하는 이유는 무엇인가? 주님은 만사를 공의롭고 공평하게 일을 처리하시기 때문이다. 모든 것이 합력하여 불행이나 저주가 아니라 유익이 되도록 하신다. 사람이 보복할 경우, 자신을 통제하거나 절제할 힘이 턱없이 부족하기에 자기 식대로 해결하려다가 오히려 더 큰 실책을 범하거나 심각한 부작용을 유발시킨다.

보복의 권리를 주님의 선한 뜻에 맡기고 나아갈 때, 진정한 용서를 실천할 수가 있고 화해를 통해 하늘의 기쁨을 맛볼 수 있는 것이다.

요셉은 사이가 좋지 않은 형제들에 의해 이루 말할 수 없는 고생을 겪어야 했으며 파란만장한 인생길을 걸어야만 했다. 그러나 우여곡절 끝에 전세가 역전되면서 형들이 요셉을 찾아와 용서를 빈다. 돌아가신 아버지를 봐서라도 제발 보복하지 말라고 간청할 때, 요셉이 한 말을 기억하는가. 우리 믿는 자들이 가슴에 새겨야 할 명언 중의 명언이라고 할 수 있다.

"내가 하나님을 대신하리이까?" Am I in the place of God?

그는 모든 보복의 권리를 하나님께 맡기고 과감히 용서해버린다. 이로써 형제들 사이에 짙게 드리워져 있던 원한의 그림자가 사라지고 서로 화평의 관계를 이루어 새로운 지평을 열어나간다.

용서하면서 살아갈 때 비로소 하늘의 놀라운 축복이 임하는 것이다. 보복의 권리가 나 자신에게 있지 않다는 것을 인정하고 주님께 모든 것을 맡겨야 한다. 우리는 다만 용서의 주도권만을 가지고 있을 뿐이다.

기억하라

진정 용서의 사람이 되려면 어떻게 해야 하는가? 용서가 넘치는 크리스마스를 맞이하려면 나 자신이 먼저 용서받은 자라는 사실을 깨달아야 한다. 엄밀히 따지면 우리는 용서하는 자가 아니다. 사랑하는 자가 아니다. 은혜를 베푸는 자가 아니다. 다만 용서받은 자요, 사랑을 입은 자요, 은혜를 받은 자에 불과하다. 여기서부터 용서가 시작되는 것이다. 무엇보다도 이 사실을 잊지 말아야 한다.

행동심리학자들의 이론에 따르면 "먹어본 자가 맛을 알고, 해본 사람이 더 잘할 수 있듯이 사랑을 받아 본 자만이 사랑할 수 있고, 용서를 경험한 자만이 용서할 수 있다"라고 한다. 반대로 말하면 사랑을 받아 보지 못한 자는 사랑할 수 없고, 용서받은 일이 없는 자는 용서할 줄 모른다는 것이다.

도저히 지불할 수 없는 빚을 탕감받았다는 사실을 모르거나 부인하기 때문에 의인인 양 교만해져서 남을 함부로 해하려 들고 복수하려 달려드는 것이다. 우리는 주님의 피 값으로 죄사함을 얻은 자요, 값없이 용서함을 받은 자일 뿐이다. 본문 13절을 다시 보라.

> "누가 누구에게 불만이 있거든 서로 용납하여 피차 용서하되 주께서 너희를 용서하신 것같이 너희도 그리하고"

'주님이 용서하신 것처럼 너희도 용서하라'는 것이다. 용서받은 대로 용서를 실천하라고 명령하신다. 왜냐면 이미 주님으로부터 받은 용서의 은혜가 있기 때문이다. 죄로 죽어 마땅한 나를 대신하여 십자가에서 죽으심으로 용서하시고 받아주신 주님의 은혜를 조금이라도 기억한다면 남을 용서하는 일은 너무도 당연하지 않은가. 우리는 무시해도 좋을 만큼, 적은 은혜를 받은 것이 아니다. 측량할 수 없는 큰 은혜를 받았다. 무엇으로도 갚을 길 없는 은혜가 내게 온 것이다. 원수 되었던 우리를 다시 화목하게 하시고, 죄로 죽었던 우리를 대신하여 그 값을 치러주심으로 건져주신 것이다.

이 얼마나 크고 놀라운 은혜란 말인가. 우리는 다만 그 받은 은혜에 감사하여 보답해드리기 위해 최선을 다해야 한다. 사랑의 주님은 용서를 통해서 하나님과만이 아니라 인간 사이의 모든 관계가 회복되기를 원하신다.

우리 모두는 이 은혜가 있어서 사는 자들이다. 용서받은 자가 그것도 큰 용서를 받은 자가 정작 남의 적은 허물조차 용납하지 못하고 오히려 온갖 트집을 잡아 옥에 가두고 보복하려고 해서야 어찌 되겠는가. 우리는 은혜를 받은 자로서 그 용서의 은혜를 날마다 선포하며 실천해나가야 한다. 그 가운데 하나님의 영광이 나타날 것이다.

힘을 얻어라

용서의 사람으로 살아가려면 용서의 힘을 받아야 한다. 우리 인간은 근본적으로 용서할 수 있는 힘을 가지고 있지 않다. 태어날 때부터 죄인이요, 욕망의 포로가 되어 살아갈 뿐이다. 우리 마음속에는 용서의 아량보다 복수의 본능이 깊이 자리 잡고 있다. 용서하기보다는 오히려 받은 대로 갚아주려는 보복심리에 따라 움직인다.

용서의 힘은 우리 속에 존재하지 않는다. 인위적으로 만들어낼 수도 없다. 우리 스스로는 아무것도 변화시킬 능력이 없다. 돌에서 기름을 짜낼 수 없듯이 인간의 힘으로 원수를 사랑하고 용서하는 일은 불가능하다. 이 힘은 위로부터 와야 한다. 성령께서 오셔서 이 힘을 넉넉히 공급해주셔야 그 힘으로 증오와 원한을 이기고 승리할 수 있는 것이다. 용서의 사람이 되려면 무엇보다도 용서의 영으로 충만해야 한다. 그 용서의 힘이 강하게 역사할 때, 타오르는 증오를 물리칠 수 있고 더 나아가 용서의 사역에 뛰어들 수 있는 것이다. 주님은 우리 모두가 용서받은 자로서 용서하며 살아가기를 바라신다.

이 시간 용서해야 할 자가 있는가. 먼저 이 용서의 힘을 달라고 기도하라. 용서의 영이신 성령 하나님을 의지하라. 그리고 조건을 따지지 말고 말없이 용서를 베풀라. 받은 은혜를 기억하고 감사하면서 이웃을 향해 기꺼이 용서의 손을 내밀라. 나에게 잘못한 자를 너그럽게 받아주고 주님의 사랑을 적극적으로 실천하라. 주님은 오늘도 겸손히 구하는 자에게 찾아오셔서 이 용서의 힘을 공급해주신다. 이 힘으로 이 세상을 평화의 동산으로 변화시켜나가야 하리라.

용서의 종을 울리는 크리스마스가 가까이 다가오고 있다. 주님은 용서를 선물로 주시기 위해 이 땅에 오신다. 남을 용서하지 않고 용서하러 오시는 주님을 만날 수는 없을 것이다. 용서의 사람이 되려면 복수의 권리가 우리의 것이 아님을 기억해야 한다. 나도 용서받아야 할 자요, 용서받은 자에 불과하다는 것을 알고 보복의 권리를 주님께 맡겨야 한다. 더 나아가 남의 허물을 덮어주고 용서하는 일에 용서의 주도권을 행사해야 한다.

우리는 이미 주님의 은혜로 용서받았다. 다시는 죄를 짓지 않겠다고 약속했기에 용서받은 것이 아니다. 용서받을 자격이 있어서 용서받은 것도 아니다. 이미 십자가를 통해 값없이 용서가 주어진 것이다. 원수를 사랑하고 남을 용서하려면 위로부터 용서의 힘이 와야 한다. 이 힘으로 서로 용서할 때, 진정한 자유와 기쁨이 흘러넘칠 것이다.

이것이 오늘 용서를 갈망하고 기꺼이 용서하며 살기로 결단하는 자들에게 주시는 하나님의 뜻이다.

존귀하신 주의 이름
Worthy is the name Jesus

성탄절을 맞이하여 구세주의 탄생을 축하하며 경배하는 여러분 모두에게 하나님의 풍성한 은혜가 여러분의 가정과 생업 위에 함께 하기를 기원드린다.

어느 정신병동에 '내가 이 땅에 온 메시아다'라고 착각하고 사는 환자 세 사람이 입원해 있었다고 한다. 처음에는 한 사람씩 치료를 하다가 별 효과가 없자 공동으로 치료할 생각을 하고 이들을 한 방으로 모았다. 서로 몸을 부딪치며 생활하다 보면 서로를 이해하고, 상대의 약점을 알고 감싸주며 대화를 하다 보면 정신적인 안정을 찾지 않겠는가 해서 함께 생활하도록 배려를 한 것이다. 그런데 어느 날 셋이 모여서 이런 대화를 하더란다.

한 사람이 나서서 근엄한 표정을 짓고 말했다.

"나는 이 세상을 구원하러 온 하나님의 아들 메시아다. 그러니 내게 굴복해라."

그러자 한 사람이 그 말을 받아쳤다.

"너를 보낸 것은 나다. 그러니 허튼 소리 하지 마라."

그러니까 또 한 사람이 그 말에 대꾸했다.

"내가 언제 너더러 그렇게 하라고 허락했느냐? 나는 그런 적 없다."

제각기 자신을 메시아로 착각하고 있는 세 사람의 모습을 통해서 로키슈라는 심리학자는 오늘날 현대인들이 자신들의 미래를 얼마나 암담하고 불안한 시선으로 바라보고 있는가를 지적하고 있다. 그는 이러한 현상을 '메시아 콤플렉스' Messiah complex 라고 부르면서 우리가 얼마나 현실과 동떨어진 비현실적인 삶을 살아가고 있는가를 적나라하게 보여준다.

그는 이 병원에서의 경험을 토대로 쓴《입실란트의 세 메시아》라는 책에서 시종일관 메시아가 되고 싶어 하는 인간 욕망의 실체를 다루고 있다. 사람들은 누구나 남보다 능력이 뛰어나고 힘이 있고 지식이 있다 싶으면 가만히 있지를 못하고 제각기 메시아 역할을 하려고 나대는 속성을 가지고 있다는 것이다.

우리 역시도 할 수만 있으면 메시아의 자리를 자신이 차지하고 앉아 스스로 자기 인생을 경영하고, 이 세상을 통치하겠다고 큰소리를 친다. 이런 과대망상증에 사로잡혀 있는 인간들로 인해 점점 나아지기는커녕 오히려 혼돈과 어두움 속으로 치닫고 있을 뿐이다.

이제 이 세상을 구원하기 위해 참 메시아가 이 땅에 오셨다. 바로 예수 그리스도, 우리의 구세주이시다. 그가 오심으로 이제 메시아 역할을 자임했던 인간들이 저질러놓은 모든 무질서와 혼돈을 바로잡고 자신의 나라를 세우신다. 하나님의 정의와 공평을 이 땅에 실현하면서 그 나라를 실현해나가신다. 그를 통해서 전에는 결코 볼 수 없었던 역사의 새 지평이 활짝 열린 것이다. 참 메시아로 오신 그에게 거짓 메시아인 척하던 자들은 다 가면을 벗어던지고 무릎 꿇고 경배하며 자신들이 차지하고 있던 자리를 내어드려야 한다.

우리를 구원하시기 위해서 오시는 예수 그리스도는 많은 이름을 가지고 있다. 성경을 보면 무려 수백 가지의 이름이 등장하고 있다. 특별히 오늘의 본문에만도 다섯 가지의 대표적인 이름이 등장하고 있다. 본문 6절을 보라.

"이는 한 아기가 우리에게 났고 한 아들을 우리에게 주신 바 되었는데 그의 어깨에는 정사를 메었고 그의 이름은 기묘자라, 모사라, 전능하신 하나님이라, 영존하시는 아버지라, 평강의 왕이라 할 것임이라"

주님의 이름이 이렇게 다양하다는 것은 무엇을 말하는가? 그만큼 그의 전부를 정확히 이해하고 파악하기가 얼마나 힘든 존재인가를 가르쳐준다. 그분의 깊이와 너비와 크기는 인간의 이성으로는 도무지 헤아릴 수가 없다. 그는 우리가 알 수 없는 위대한 세계를 가지고 계신다.

더구나 이 거룩한 이름들은 그분의 속성과 그분이 하시는 일이 무엇인가를 드러내고 있다. 그러므로 그 이름을 잘 알면 알수록 그가 누구이며 무엇하는 분인가를 잘 이해할 수가 있고, 그를 잘 이해할수록 그를 더 확실하게 믿을 수 있는 것이다.

그러므로 오늘 우리는 메시아에게 붙여진 다섯 가지 이름의 의미를 정확하게 알고 이해하고 믿어야 한다. 뿐만 아니라 이 이름들 속에는 하나님께서 우리에게 부어주시고자 하는 놀라운 은혜와 축복이 담겨 있다.

죄로부터의 구원이라는 축복, 모든 상처와 아픔으로부터의 치유라는 축복, 사망의 권세로부터 영생에 이르는 축복, 절망으로부터 큰 소망을 가지고 다시 재기할 수 있는 능력과 축복을 이 이름들을 통해서 누리게 하신 것이다. 주님은 오늘도 이 이름을 부르는 자들에게 놀라운 축복과 은혜를 나눠주기를 원하신다.

기묘자 a Wonderful

첫 번째 선포되는 메시아 이름이 무엇인가. 그분은 기묘자이시다. '기묘'라는 말은 문자 그대로 기이하고 오묘하다는 뜻이다. 한마디로 '말로 표현할 수 없을 정도로 놀랍다'는 것이다. 바로 주님은 우리를 깜짝 놀라게 하시는 분이다. 그분이 오시면 놀라운 일이 시작되고 뜻하지 않았던 일이 벌어지고 기절초풍할 일이 생긴다는 사실이다.

기묘자로 오시는 주님을 마음속에 영접하고 그분과 함께 살아가기를 원한다면 그분을 통해서 지금까지 한 번도 맛보지 못했던 놀라운 체험을 하게 될 것이다. 물론 사람도 때로는 이 놀라운 일을 행할 때가 있다. 기네스북이나 "세상에 이런 일이" 같은 프로그램을 보면

'정말 대단하다. 놀랍다. 끝내준다. 사람이 어떻게 저런 일을 할 수 있을까!' 감탄을 자아내게 하는 일들이 종종 있다.

온갖 장애를 극복하고 정상인도 할 수 없는 기술을 보여주거나, 누구도 흉내 내기 어려운 묘기를 연출하거나, 인간의 한계를 넘어서는 괴력을 나타낼 때, 사람들은 놀라움을 금치 못한다. 특히 음식과 관련하여 햄버거 수백 개를 한 시간에 먹어치우거나, 계란 수백 개를 한 시간에 집어삼킨다거나 하는 것을 보면 사람인가 싶을 때가 한두 번이 아니다.

스포츠 세계대회를 볼 때마다 느끼는 것은 남다른 탁월한 기량도 기량이지만 신기록을 뛰어넘으려는 인간의 열정과 도전정신이 주는 감동은 그 무엇으로도 표현하기가 힘들다. 인간 승리란 이를 두고 하는 말이란 생각이 든다. 이들이야말로 인간의 위대성을 보여주는 산 증인들이다.

그런데 더 놀라운 사실은 인간의 기록이란 세월이 갈수록 점점 나아지는 것이 아니라 오히려 점점 줄어들고 점점 그 수준이 낮아진다고 한다. 여기에 문제가 있는 것이다. 얼마 전 신문에 이런 기사가 실린 적이 있다. 앞으로의 세계기록은 지금 보유하고 있는 기록에 미치지 못할 것이라고 한다.

그동안 인간이 첨단과학 기술을 이용하여 신소재로 만든 제품을 개발함으로써 신체의 능력을 극대화시키는 방법으로 기록을 계속 갱신해왔기에 이제는 더 이상 올라갈 수 없는 최고의 정점에 달했다는 것이다. 이제는 지금까지 낸 세계기록을 뛰어넘기보다는 오히려 점점 그에 못 미치는 수준으로 떨어질 것이라 전망하고 있다.

사람도 때로는 놀라운 일을 행하지만 나이를 먹어 갈수록 그 능력은 줄어들고 약화될 수밖에 없다. 그 감동도 점차 어디론가 사라진다. 처음에는 굉장해 보여도 시간이 지나면 시들해지다가 별 대수롭지 않은 일로 여겨지곤 한다.

그러나 기묘자 되시는 주님께서 하시는 일은 날이 갈수록 그 놀라움이 줄어드는 것이 아니라 더 커지고 연속적으로 늘어난다. 그 놀라움이 약화되기는커녕 오히려 더욱 강화되어 놀라움으로 충만한 삶을 살게 된다. 기묘자와 함께라면 우리의 인생 속에 기묘자 되시는 주님으로 인하여 언제나 놀라운 일들이 꼬리에 꼬리를 물고 일어날 것이다.

이 주님을 내 마음에 모시기만 하면 우리의 삶에 놀라운 변화가 일어난다. 무엇보다도 먼저 죄인이 의인으로 바뀐다. 전적으로 새로운 존재를 체험하게 된다. 그는 신기한 변화에 놀라 이렇게 외친다.

"이전 것은 지나갔으니 보라 새 것이 되었도다!"

새 피조물로 변하는 이 놀라운 현상을 무엇으로 설명할 수가 있겠는가. 어떻게 해서 이런 변화가 가능해지는 것인가. 바로 기묘자 되시는 주님을 통해서 이루어지는 것이다. 뿐만 아니라 기묘자 주님을 우리 인생의 주인으로 모시고 살아갈 때, 놀라운 축복이 우리를 위해 준비되어 있다는 사실이다. 기묘자 되시는 주님과 함께 놀라운 역사를 이루어감으로 영광을 하나님 앞에 돌려야 할 것이다.

이번 성탄절만이 아니라 일평생 사는 동안, 기묘하신 주님께서 친히 놀라운 일들을 행하사 이성을 뛰어넘고 상상을 초월하는, 하나님만이 하시는 신비롭고 놀라운 일들이 우리에게 풍성하게 나타나서 그 놀라움 가운데서 깊은 감동과 감격을 맛보며 기쁨과 즐거움 속에 찬양하며 살아가야 할 것이다.

모사 Counselor

우리 주님은 모사로 오셨다. 두 번째 이름이 모사이다. 그분의 이름은 모사다. 이 모사라는 말은 상담자라는 말이다. 신학적으로는 '보혜사 성령'이라고 할 수 있다. 우리를 은혜로 보호해주시는 신적 존재라고 해서 흔히 보혜사라고 부른다. 헬라어 '파라클레토스'는 'para' 곁에 라는 전치사와 'kletos' 부르다 의 합성어로서 곁에 와서 도와주는 존재를 가리킨다. 주로 법정용어로 사용될 때는 법적으로 변호해주는 사람을 의미한다. 한마디로 오늘날 변호사와 같다고 할 수 있다.

그뿐만 아니라 일반적으로는 삶의 어려운 문제를 해결해주거나 방향을 제시해주는 역할을 하는 자를 지칭한다. 다시 말하면 상담자라는 말이다. 영어 번역에는 카운슬러 counselor 라고 되어 있다. 상담을 잘하려면 무엇보다도 지혜가 충만해야 한다. 상담자는 곧 지혜자라고 할 수 있다. 인생의 이치와 원리를 잘 알고 매사 슬기롭게 대처할 수 있는 능력을 지닌 자이다. 상황에 따라 적절한 조언과 교훈을 해줌으로 가장 바른 길을 스스로 찾아가도록 돕는다.

그래서 풀리지 않는 고민거리가 있다든지, 혼자서 감당하기 힘든 일들이 생길 때 이를 현명하고 사리에 맞게 처리해줄 만한 전문가를 물색하게 된다. 바람직한 방안이나 지혜를 공급해줄 수 있는 사람이나 문제 해결에 도움이 될 만한 상담가를 구하는 이유가 바로 여기에 있는 것이다.

이 모사를 잘못 만나면 엄청난 손해를 뒤집어쓰고 평생을 고생하며 보내게 된다. 지혜롭지 못한 모사, 어리석은 모사, 나쁜 방법만 꾀하는 사악한 모사를 쫓아가면 그 인생은 망가진다. 나라도 마찬가지이다. 나라가 잘 되려면 나라를 위해서 목숨을 걸고라도 직언하는 신하들이 있어야 한다. 의롭고 올바른 방향으로 지혜와 조언을 해줄 수 있는 모사가 자리를 지키고 있을 때 그 나라가 흥왕하고 바르게 가지 않겠는가.

이스라엘의 역사를 기록한 열왕기를 보면 솔로몬의 뒤를 이어서 르호보암이라는 왕이 등장한다. 그런데 그는 처음부터 발을 잘못 들여놓는다. 혈기 방자한 젊은 신하들의 간언에 현혹되어 나라를 통합할 수 있는 절호의 기회를 놓쳐버린다. 한 번의 실수가 계속해서 그의 발목을 잡는다. 지혜로운 모사의 말을 듣기보다는 미련한 모사의 말에 휘둘리다가 완전히 국정을 그르치고 백성들을 고통 가운데 몰아넣고 말았던 것이다. 이는 모사의 중요성을 다시 일깨워주는 예라고 할 수 있다.

우리의 소중한 인생을 누구와 상담하려는가. 누구에게 조언을 구하려는가. 누구에게 지혜를 구하려는가. 무슨 수를 쓰고 만난을 무릅쓰고라도 참으로 유능한 상담가를 붙들어야 한다. 재판에서 이기려면 비싼 대가를 치르고라도 일류변호사를 사서 대응해야 한다. 더구나 인생의 진로를 선택해야 하는 중대사를 실력이 없는 시시한 자에게 맡길 수는 없지 않은가. 초보자로 하여금 차량 운전을 하게 한다면 목적지까지 가는 동안 내내 불안에 떨어야 할 것이다.

우리의 인생을 성공적으로 살아가려면 반드시 누군가의 도움과 지도가 있어야 한다. 내 멋대로 해서는 결코 성공할 수가 없다. 사람도 한계가 있기 때문에 안심하고 운전대를 넘겨줄 수는 없다. 목적지도 모르면서 잘 몬다는 것만으로는 곤란하다. 어디로 인도할지 알 수 없는 상태에서는 섣불리 부탁하지 않는 것이 현명하다.

우리도 살다 보면 무엇을 해야 할지, 어디로 가야 할지 짐작조차 하기 어려운 기로에 서기도 한다. 그런 때에 최고의 상담가를 만난다는 것은 실로 가장 큰 축복이라고 할 수 있다. 그가 우리의 갈 길을 안내해주고 이끌어준다면 우리는 길을 잃지 않을 것이다.

과연 인생길을 훤히 알고 지혜를 주는 자가 누구인가. 바로 모사가 되는 예수 그리스도이시다. 항상 주님의 조언을 귀담아 듣고 인도하시는 대로 따라가기만 하면 반드시 형통의 은혜를 베풀어주실 것이다. 인간들의 소리에 귀를 기울이고 욕망에 이끌려 자꾸 우리의 마음을 뺏기다 보니 실수를 되풀이하게 된다. 그게 옳은 길이고 생명의 길인 줄 알고 가다가 길이 막히고 나서 후회할 때는 이미 늦은 것이다.

우리의 인생을 누가 가장 잘 아는가. 인류의 역사를 누가 가장 잘 인도할 것인가 바로 예수 그리스도, 모사이신 예수 그리스도라는 것을 기억하라. 지혜가 필요한가? 모사 되신 주님께로 나아가 지혜를 구해야 한다. 인생길이 막혀 있는가? 우리의 길을 열어주시고, 해결해 주실, 진실한 상담자 되시는 주님을 붙들라. 가장 뛰어난 상담가이신 주님을 의지할 때 언제나 형통한 길로 인도해주실 것이다.

전능자 Mighty God

세 번째는 전능하신 분이다. 우리를 위해 오신 메시아는 전능하신 분이다. '전능'이라는 히브리어는 두 가지가 있다. '샤다이' shadai 와 '기쁘르' gibbor 라는 단어를 주로 사용한다. 둘 다 비슷한 의미가 있지만, 여기서는 후자이다. 샤다이는 "못하는 것이 없음, 뭐든지 다 할 수 있음"이라는 뜻이 들어 있는 반면에 기쁘르는 "천하무적의 용사, 힘 있는 장수"를 가리킬 때 사용되는 말이다.

우리 주님은 어느 누구도 당해낼 수 없는 승리의 용사이시다. 어떤 싸움이라도 결코 패배하는 법을 모른다. 전쟁에 능한 정복자이다. 모든 사악한 세력들을 일거에 몰아내실 수 있는 능력과 힘을 가지고 있어 누구도 가까이할 수가 없다.

신규인 화백이 그린 "능하신 손"이라는 그림이 있다. 안과 수술실의 현장에 세 명의 의사가 들어와 환자 주위를 둘러싼다. 집도하는 의사들의 손길이 바빠진다. 고도의 정밀수술이기에 실수라도 할세라 온 신경을 곤두세우고 있다. 그런데 그들의 등 뒤에서 의사들과 환자 모두를 돕고 있는 손이 있다. 이름하여 '전능한 손을 가진 치료자'라고 부른다. 그의 손에는 아직 상처의 흔적이 보인다. 최악의 순간에도 우리는 혼자가 아니다. 언제 어디서나 전능자가 우리와 함께하심을 믿어라.

　죄의 세력을 무엇으로 몰아낼 수 있는가. 사탄의 세력을 어떻게 끊어버릴 수 있는가. 죽음의 세력을 무슨 수로 완전히 끝장 낼 수 있는가. 인간의 힘으로는 불가능하다. 이 세상에 존재하는 모든 힘을 동원하더라도 해결할 수가 없다. 바로 권세가 무한하시고 힘 있는 용사 되시는 주님을 의지하고 그의 힘을 덧입어야 한다. 그들이 연합하여 떼거리로 달려들더라도 결코 두려워할 필요가 없다.
　왜냐하면 전능하신 주님이 능히 물리쳐 주실 것이기 때문이다. 한 길로 치러 왔다가도 일곱 길로 도망갈 것이다.

　사도 바울은 그 능력이 얼마나 크고 위대한가를 알았기에 "내게 능력 주시는 자 안에서 내가 모든 것을 할 수 있다"라고 고백하고 있다. 힘 있는 장수이신 능력의 주님이 우리를 대신하여 싸워주신다면 그 누가 우리를 당할 수 있겠는가. 모든 일에 넉넉히 이기게 하시리라. 이 능력이 전능자로부터 이미 우리에게 주어졌다는 사실을 기억하고 믿음으로 전진해 나가야 할 것이다.

영존하신 아버지 everlasting Father

이 땅에 오신 메시아의 이름은 영원하신 아버지이다. 그분은 우리를 고아와 같이 내버려두지 않으려고 친히 아버지가 되어주신다. 주님은 일찍이 우리와 언약을 맺으실 때, "내가 너의 아버지 노릇을 해주마" 약속해주셨다. 이제 예수 그리스도를 통해 그 약속을 성취하신다. 누구라도 예수를 믿는 자는 하나님을 '아바, 아버지'라 부를 수 있는 것이다. 주님은 일정한 기간 동안만 그 일을 하시는 것이 아니다. 우리가 자식의 역할을 잘 할 때만 유효한 것이 아니다. 주님은 영존하시는 아버지로 우리와 함께하신다.

그렇다면 아버지란 뭐하는 존재인가? '아버지'라고 할 때 성경이 의미하는 바는 우리의 일거수일투족을 보호한다는 것이다. 우리가 힘들어 지쳐 쓰러질 때마다 위로한다는 것이다. 길을 잃지 않도록 인도한다는 것이다. 부족함이 없도록 양육한다는 것이다. 앞길을 지도한다는 것이다. 안전을 책임져준다는 것이다. 소원을 들어준다는 것이다.

세상의 아버지는 열심히 자녀를 돌봐주긴 해도 한계가 있게 마련이다. 보호한다고는 하지만 24시간 밀착해서 지켜줄 수가 없다. 잠시 졸거나 한눈파는 사이에 어떤 일이 벌어질지 모른다. 순간적으로 걸려 넘어지기라도 하면 손을 쓸 수가 없다. 살다 보면 '지못미' *지켜주지 못해 미안하다* 라고 외치고 말아야 하는 때가 있다.

오래전에 YS가 대통령으로 재직하던 시절, 당시 소통령이라 불릴 정도로 실권을 쥐고 흔들던 아들의 전횡으로 곤혹을 치러야 했다.

결국 법망에 걸려든 자식이 감옥으로 가자 그가 이런 탄식을 했다고 한다.

'얘야, 이 아버지는 힘이 없대이.'

무소불위의 권력을 지녔으면서도 아무런 도움도 자식에게 줄 수 없었던 아버지의 자괴감이 그대로 가슴에 와 닿는다.

그러나 우리 주님은 우리를 보살펴주시되 하루 24시간, 1년 365일 아니 전 생애에 걸쳐 순간순간마다, 분초마다 불꽃 같은 눈동자로 지켜주시고 먹여주시고 입혀주시고 보호해주신다는 사실을 잊지 말아야 한다. 아버지 되신 주님은 우리 육신의 아버지가 할 수 없는 일까지도 능히 이루어주신다.

평강의 왕 Prince of Peace

메시아의 다섯 번째 이름은 평강의 왕이다. 우리 주님은 평강 그 자체이다. 그는 평강으로 이 세상을 다스리신다. 평강을 가지고 오셨고 평강을 선포하시고 평강을 유지하시고 평강을 나눠주시고 평강을 완성하신다. 평강이라는 히브리어 '샬롬' shalom 은 전쟁이 없는 평화로운 상태만을 의미하는 것이 아니라 필요한 모든 것이 충족된 상태를 말한다.

우리 주님이 주시는 평화는 한시적인 것이 아니다. 어느 지역이나 나라에서만 통하는 제한적인 평화가 아니다. 뿐만 아니라 힘에 의한 물리적인 평화도 아니다. 평화의 메시아는 그 평화를 모두가 어디에서나 오래도록 누릴 수 있도록 역사하신다. 결핍으로 인해 평화가 손상을 입거나 깨지는 일이 없도록 각별히 신경을 쓰신다.

이러한 평화가 우리에게 있어야 하지 않겠는가? 세상이 주는 평화, 정치인들이 약속하는 평화는 거짓으로 변장한 가짜 평화일 뿐이다. 이는 오래가지 못한다. 약속대로 이행할 수도 없다. 진정한 평화는 우리 주님의 손에 있다. 요한복음 14장을 보면 주님은 "나의 평안을 너희에게 주노라" 요 14:27 라고 선언하신다. 우리 주님은 자신이 가지고 계신 평화를 주를 믿는 자들에게 기꺼이 나누어주기를 원하신다.

평화의 왕으로 오신 메시아를 나의 주님으로 영접해드릴 때 비로소 하늘의 평화가 우리의 삶 속에 임하게 된다. 평강의 왕이신 주님을 찬양하며 평화의 사도가 되어 평화의 영을 힘입어 평강의 마음으로 살고, 평강을 실천하며 살고, 평강을 전하며 살고, 평강을 심으며 살고, 이 평강을 이 땅에 건설하며 살아가야 한다. 이 세상을 평강의 왕이 다스리는 세상으로, 평화의 나라로, 평화의 교회로, 평화의 가정으로, 평화의 직장으로 만들어갈 책임이 우리에게 주어져 있다.

오늘 기묘자로 오신 주님은 지혜가 필요한 자에게 지혜를 주려고 찾아오신다. 주님의 임재를 체험하기를 원하는 자에게는 놀라운 감동을 주시고, 권태와 안일에 빠져 있는 자에게는 순간순간 생동감 넘치는 기쁨과 감격의 삶을 선물로 주신다.

주님은 연약한 우리에게 하늘의 능력을 주기 위해서 전능하신 분으로 오신다. 그분은 아버지로서 우리 곁에 오사 우리를 보살피시고 하나님의 사랑으로 양육하신다. 세상의 아버지는 우리를 함부로 대하고 욕하고 배신할지라도 하늘의 아버지는 우리가 연약하고 부족하다고 해서 결코 내치거나 버리시는 법이 없다. 우리를 한 치의 오차도 없이 철저하게 채워주시고 붙들어주심으로 승리케 하신다는 것을 기억해야 한다. 주님은 평강의 왕으로 오셔서 영원토록 평강을 누리며 살게 하신다.

오늘 우리를 구원하시기 위해 인간의 몸을 입고 이 땅에 오신 메시아를 통해 이 다섯 가지 축복이 성탄을 진심으로 축하하며 예배드리는 모든 이들에게 늘 차고 넘칠 수 있기를 기원한다.

이것이 오늘 만민의 구주요 임마누엘로 오신 주님을 기뻐하며 찬양하는 자들에게 주시는 하나님의 뜻이다.

기도

은혜로우신 하나님, 기묘자로, 모사로, 전능자로, 영존하시는 아버지로,
평강의 왕으로 오신 주님을 찬양하며 경배드립니다.
이 시간, 신령한 지혜를 구하는 자들에게 찾아오사
하늘의 지혜를 공급하여 주소서.
감격과 감동이 넘치는 삶을 기대하며
소망하는 이들에게 기묘자 주님이 오셔서 기묘한 일을 이뤄주소서.

힘이 연약한 자들에게 전능자 주님께서 능력을 공급하여 주심으로

죄와 사탄과 죽음의 세력들과 싸워 승리하게 하소서.

영존하신 아버지께서 우리를 언제나 은혜로 인도하여 주소서.

평강의 왕이신 주님께서 모든 전쟁을 종식시켜 주시고

이 땅에 온전한 평화가 깃들게 하소서.

처음과 나중 되시는 예수님의 이름으로 기도합니다. 아멘.

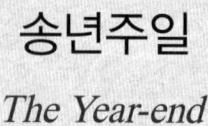

송년주일
The Year-end

무엇을 결산할 것인가
Preparing a Statement of Accounts 벧전 4:7–11

주여 아직 시간이 있나이다
We Still Have Time 골 4:5

무엇을 결산할 것인가
Preparing a Statement of Accounts

　요즘 경제가 어려워지고 나라의 빚이 크게 늘어나면서 신용불량자들이 속출하고 있다는 반갑지 않은 우울한 소식이 들리고 있다. 그뿐만 아니라 1, 2년 내에 부동산 거품이 걷히면 국가적인 경제 대란이 일어날지도 모른다는 우려의 목소리가 높아져 가고 있다. 한껏 부풀어 있던 거품이 빠지면서 어떤 현상이 나타날지는 자세히 알 수 없으나 전문가의 말을 빌리면, 지난 IMF 시절보다 10배 이상 가는 고통과 혼란이 밀어닥칠 것이라고 내다보고 있다. 가히 부동산발 핵폭탄이라고 할 수 있다. 앞으로 전개될 사태를 예상하면서 지혜롭게 운용해나가야 할 것이다.

　최근 살림살이가 힘들어지면서 나타나는 하나의 신드롬 syndrome이 있다. 이름하여 '카드결제일 증후군', 다른 말로는 '마감증후군'이라고 한다. 돈을 갚아야 할 만기일이 다가오면서 가슴이 두근거리고 답답해지고 두통이 심해지고 불안과 공포에 질려 최악의 경우 불면증에 시달리는 현상을 말한다. 최종적으로 결제하고 결산해야 하는 순간이 점점 가까이 다가올 때 사람들은 때로 초긴장 상태에 들어가 신경이 극도로 날카로워진다.

어떠한 지장도 받지 않고 쿨하게 처리할 수 있을 정도로 지갑이 두둑하다면 또 모르겠거니와 주머니 사정이 넉넉지 못할 때, 그에 따르는 스트레스나 중압감은 이루 말할 수가 없을 것이다. 혹시나 결산이 정확히 떨어지지 않아 불이익을 당하지 않을까라는 걱정이 앞서 결산 자체를 두려워하는 자들도 있고, '어차피 능력이 안 되는데 결산해봤자 무슨 소용이 있겠는가'라면서 배짱을 내미는 자들도 있을 것이다.

어떤 식으로 처리를 하느냐는 우리의 선택에 달린 일이지만 문제는 그에 따르는 결산을 피해갈 수 없다는 것이다. 하루의 결산도 중요하고, 한 달의 결산도 중요하고, 한 해의 결산도 중요하나 가장 중요한 것은 일생을 결산하는 것이다.

오늘의 본문은 만물의 마지막이 임박해 있는 시점에서 하나님의 사람들이 어떻게 살아가야 하는가를 교훈하고 있다. 여기서 '마지막' telos 이라는 말은 원문 그대로 번역하면 "끝, 종말"이라는 뜻이다. 특히 이 앞에 '토' to 정관사가 붙어 있기에 이 '마지막'은 단순한 마지막이 아니라는 것이다.

여러 마지막 중의 하나가 아니라, 단 하나 남은 '마지막', 유일한 '마지막', 더 이상의 마지막은 존재하지 않은 최후의 '마지막'이라는 의미를 내포하고 있다. 문자 그대로 종말이기 때문에 참으로 중요한 시기라고 할 수 있다. 모든 것을 결정짓는 순간이므로 우리의 전 인격적인 결단과 행동이 요구되는 것이다.

  이 만물의 마지막이 가까이 오고 있는 때에 무엇보다도 먼저 해야 할 일은 결산하는 일이다. 여기서 '가까이 왔다'는 말은 정점을 넘어서서 목표 지점을 향해 근접하고 있다는 뜻이다. 이제 우리는 송년주일이라는 한 해의 마지막 주일을 맞이하고 있다. 오늘은 마지막 주일임과 동시에 한 해의 마지막 날이기도 하다. 이제는 더 이상 뒤로 물러날 곳이 없다. 더 이상 연장시키는 일도 불가능하다. 아무리 가는 세월이 아쉽고 안타깝고 한스럽더라도 여기서 끝을 내야 하고, 그러하기에 최종결산을 반드시 매듭지어야 한다.

  결판이야 어떻든지 간에 결산 하나만은 조금도 틀림이 없어야 한다. 아직 결산이 나지 않았다고 해서 보류하거나 무시해 버린다면 갈수록 처리할 짐이 계속 쌓이기에 그만큼 배나 더 힘들어지고 고통스러워지는 것이다.

  우리가 무엇을 결산하고 한 해를 넘겨야 할 것인가? 한 해가 저물어가는 마지막 시점에서 우리가 반드시 결산해야 할 것이 무엇인가를 되짚어보아야 한다. 본문은 네 종류의 결산을 요구하고 있다.

기도의 결산

  그 첫 번째가 '기도의 결산'이다. 지금까지의 나의 기도생활은 어떠했는가. 기도의 깊이가 더해져가고 있는가. 기도에 따르는 능력과 응답은 풍성했는가. 날마다 기도하는 일이 즐겁고 신나는가. 기도할 때마다 주님께서 능력으로 붙잡아주시는 체험을 하는가. 종말의 때는 기도의 결산을 요구한다. 만물의 마지막이 다가올 때, 우리가 유일하게 할 수 있는 일은 바로 엎드려 기도하는 것이다. 7절 말씀을 보라.

"너희는 정신을 차리고 근신하여 기도하라"

종말이 가까이 올수록 술이 덜 깬 주정뱅이처럼 횡설수설하며 몽롱한 상태로 지내서는 곤란하다. 정신을 바짝 차리고 함부로 행동하지 말아야 한다. 오히려 기도에 힘써야 한다. 세상 사람은 어떻게 하든지 빠져나가려고 꾀를 쓰거나 수단 방법을 찾아 위기상황을 모면하려고 하지만, 그때는 인간적인 노력과 수고가 다 헛될 수밖에 없음을 기억해야 한다. 종말 시에는 그런 것들이 백해무익할 뿐이다.

우리도 살아가다 보면 자신의 힘으로는 도저히 감당하기 힘든 난제들에 둘러싸인다. 어떤 경우에는 우리의 하던 일을 멈추고 주님이 개입해 주시기만을 조용히 기다려야 할 때가 있다. 인간 편에서 뭔가를 보여주겠다고 설치고 나댈수록 오히려 미궁 속으로 빠져들어 간다. 나중에는 수습 자체가 곤란한 최악의 상황에 봉착하고 만다.

그 순간에 우리가 할 수 있는 일이란 무엇인가. 오직 한 가지 일, 하나님 앞에 무릎 꿇어 기도하는 것이다. 그렇게 할 때 주님께서 친히 갈 길을 열어주시고 응답해주신다. 이 시간 우리의 기도의 결산은 어떠한가. 그동안 기도 없이 그럭저럭 자신의 힘과 지혜로 살아왔다고 자부하는가. 그렇다면 분명 기도의 결산은 마이너스라고 할 수 있다. 우리가 기도의 삶을 통해서 능력의 주님을 만나는 체험을 한다면 분명 기적과 이사들이 일어날 것이다. 왜 신앙생활이 신나지도 즐겁지도 기쁘지도 않은 것인가. 왜 입에서 감사의 소리가 사라지고 찬양이 줄어들고 있는가. 왜 믿음의 열정이 식어지고 하나님과의 거리가 점점 멀어져 가고 있는가. 그 이유는 오직 하나다. 기도하지 않기 때문이다. 기도의 응답이 없는데 어디서 희열을 얻을 수가 있겠는가.

기도가 막혀 있는 사람들의 특징은 하찮은 일에도 겁을 낸다는 것이다. 하나님과의 관계가 소원해지는 것은 조금도 개의치 않으면서 세상이나 사람과의 사이가 틀어지는 것에 대해서는 마치 큰일이라도 생긴 양 두려워하고 벌벌 떤다. 주님과의 소통보다 세상과의 소통을 더 중시하기에 언제나 기도가 뒷전으로 밀리고 마는 것이다.

그러므로 가장 큰 불행은 세상과 멀어지는 것이 아니라 주님과 멀어지는 일임을 잊지 말아야 한다. 기도가 주님과의 교제라고 볼 때, '기도의 결산이 잘되었느냐, 그렇지 않느냐'라는 것은 하나님과의 거리를 측정해보면 대번에 확인할 수 있다. 늘 가까운 관계 속에서 그분과 대화하고, 그분을 만나고, 그분을 경험하고 있는가를 점검해보아야 한다.

기도의 능력이 사라지고 없는가. 기도 응답의 횟수가 현저히 줄고 있는가. 기도의 결산에서 실패하고 있는 증거이리라. 기도하는 자에게는 하늘의 권세가 임하기 때문에 그로 인해 놀라운 역사를 일으킬 수 있다.

만화가 엘지 크리슬러 세가가 그린 '뽀빠이' Popeye 만화를 보면 주인공 뽀빠이와 그를 괴롭히는 악당들이 등장한다. 처음에는 힘이 장사인 데다 우락부락하게 생긴 부르투스에게 붙들려 노상 얻어터지고 혼쭐나고 가진 것을 뺏기는 등, 처참한 지경에 이른다. 사랑하는 연인 올리브까지 강탈당하는 수모를 겪기도 한다. 그런 식으로 꼼짝없이 일방적으로 당하고 피해를 입는 뽀빠이를 보면서 안쓰러운 나머지 일말의 동정을 품기도 하고, 나약한 모습에 실망도 한다.

그러나 어느 순간에 전세를 뒤집고 끝내 멋진 승리를 쟁취해내는 그에게 열광적인 지지와 아낌없는 박수를 보내게 된다. 못된 악당들을 한방에 때려눕히고 단숨에 몰아내기라도 하면 십 년 묵은 체증이 내려가는 듯한 통쾌감마저 짜릿하게 느낀다.

언제, 어디서 그런 수퍼 파워가 나오는가? 바로 시금치가 그 힘의 원천이다. 아무리 기진맥진한 상태라도 시금치 통조림 한 깡통을 비우고 나면 언제 그랬냐는 듯이 힘이 불끈불끈 솟아 닥치는 대로 악당들을 쳐부순다. 그는 비상시를 고려하여 언제나 시금치 한 캔을 주머니에 넣고 다닌다.

그렇다면 우리 성도들은 어디서 힘을 얻는가? 기도의 무릎을 주님께 꿇어야 한다. 기도할 때 하늘의 위력을 부어주셔서 큰일을 감당하게 하신다. 기도의 능력을 힘입으면 뽀빠이가 문제가 아니라 그 이상의 일도 얼마든지 행할 수가 있는 것이다. 내년 한 해 기도의 결산이 풍성하여 하늘의 은혜와 능력과 응답이 넘쳐나야 하리라. 주님은 기도하는 자들을 쓰시고 그들을 통하여 자신의 역사를 만들어 가신다.

마지막 때란 매우 불안하고 불확실하고 위험한 시대라고 할 수 있다. 모든 것이 종결되는 시점이란 참으로 우리를 두렵게 만들기도 한다. 그 종말의 위기가 닥칠 때, 세상의 것에 붙들려 살아온 자는 의지할 것을 잃고 순식간에 엎드러질 것이다. 어찌할 줄 몰라 쩔쩔매다가 재난과 함께 함몰되어 사라질 것이다.

그러나 기도하는 사람은 그 마지막 때가 언제 임하더라도 결코 불안에 떨거나 겁내지 않는다. 오히려 주님을 찬양하며 전진하게 된다. 지금까지 기도의 결산이 신통치 않았다면 다시 주님께 나아가 엎드려야 할 것이다. 무슨 일을 만나든지 기도하는 사람은 결코 실망하지 않는다. 오히려 기도의 능력을 체험하고 그 은혜를 힘입어 위대한 역사들을 이루어나갈 수 있는 것이다.

사랑의 결산

또 하나는 사랑의 결산이다. 얼마나 우리의 사랑이 깊어져 있는가. 사랑하는 대상들은 얼마나 많아지고 있는가. 사랑의 내용과 질은 어떻게 바뀌고 있는가. 믿는다고 하면서 사랑이 없다면 거짓 믿음에 불과하다. 믿는 체하고 흉내만 낸다면 이를 어찌 제대로 된 믿음이라고 할 수 있겠는가. 우리의 신앙이 하나님의 사랑이 있어서 가능한 것이라면 신앙생활 자체가 그 사랑에 근거해야 하고, 더 나아가 전적으로 그의 사랑을 드러내야 한다. 하나님의 사랑을 입었다고 말은 하면서 그 사랑을 증거하지 못한다면 어찌 그 사랑을 안다고 할 수 있으랴. 위선자라는 손가락질을 받게 될 것이다.

사랑의 결산은 어떠한가. 넘치고 있는가, 아니면 메말라 있는가. 결산에 만족하고 있는가, 아니면 그렇지 못한 상태인가. 사랑의 결산이 풍성해지려면 어떻게 해야 하는가. 본문을 보면 사랑의 실체가 바로 용서임을 가르쳐주고 있다. 8절을 보라.

"무엇보다도 뜨겁게 서로 사랑할지니 사랑은 허다한 죄를 덮느니라"

사랑은 죄를 이기는 힘을 가지고 있다. 무엇으로 죄를 이기는가. 바로 용서이다. 용서한다는 증거가 무엇인가. 사랑한다는 것이다. 사랑한다는 증거가 무엇인가. 용서한다는 것이다. 용서란 어떤 의미에서 보면 사랑의 다른 말이라고 할 수 있다. 사랑하기 때문에 용서하는 것이고 용서하기 때문에 더 큰 사랑을 힘입게 되는 것이다. 우리에게서 용서가 사라진다면 어떻게 되겠는가. 이미 사랑은 떠나고 없는 것이다. 용서를 모르면 주님의 사랑이 뭔지도 이해 못하는 엉터리 신앙인으로 전락하게 된다.

복음전도자 코리 텐 붐 Corrie Ten Boom 여사의 이야기가 있다. 그가 쓴 자서전을 보면, 자신이 겪은 유명한 일화를 소개하고 있다. 제2차 세계대전 당시 나치 수용소에 갇혀서 오랜 세월을 고생하며 지낸다. 연합군이 승리하면서 마침내 해방되어 풀려나온다. '나를 여기서 건져주시면 일생 주님을 증거하며 살겠노라'고 서약한 대로 사랑의 사도가 되기로 결심한다. 전국 각지를 돌아다니며 포로생활 중에 받은 은혜와 사랑을 간증한다. 그러던 어느 날 독일의 한 도시로 집회가 있어 갔다가 충격적인 사건을 경험한다.

예배 후, 교인들과 인사를 나누는 가운데 갑자기 심장이 멎는 듯한 고통이 엄습해왔다. 어느 건장한 남성이 악수를 하려고 자기 앞에 서는 순간, 시커먼 그림자가 자기를 확 덮치는 것 같은 공포감이 밀려오는데 등골이 오싹하더니 당장이라도 그 자리에 털썩 주저앉고 싶었다고 한다.

분명 낯이 익은데 누군가 기억을 되살려보니 선명하게 떠오르는 자가 있었다. 꿈에라도 잊을 수 없는 바로 그 자였던 것이다. 포로수용소에 갇혀 있던 자기 언니를 죽인 원수요, 유대인들을 개돼지처럼 못살게 굴던 악명 높은 간수가 아닌가.

불현듯 자기 마음 깊은 곳에 똬리를 틀고 조용히 숨어 있던 증오와 분노가 터져 나온 것이다. 눈으로 직접 그 인간을 보자 피가 거꾸로 솟는 듯한 기분이 들어 견딜 수가 없었다. 과연 이 손을 잡아야 하나, 말아야 하나 고민하면서 하나님께 기도했다.

"하나님, 원수를 사랑하라 분부하셨지만 저 사람만은 도저히 용서할 수가 없나이다. 제 마음을 다스려주시고 사랑의 마음을 부어주소서."

그때 하늘로부터 응답이 들려왔다.

"그가 지금 원수로 네 앞에 서 있는 것처럼 너도 예전에는 내 앞에서 그런 자였다. 내 아들의 피가 없었더라면 너도 용서받지 못한 채, 그대로 심판을 받았어야 했을 것이다. 무엇을 망설이고 있느냐, 어서 그 손을 잡아라."

떨리는 마음으로 주춤거리고 있는데 누군가 자신의 손을 강제로 내밀게 한다는 생각이 드는 것과 동시에 그의 손을 덥석 잡았다. 다행히 그는 자신을 전혀 알아보지 못했다. 그녀는 결심이 바뀔세라 속으로 계속해서 되뇐다.

"당신을 용서합니다. 사랑합니다."

그 험상궂은 얼굴을 한 간수는 그녀의 곁을 그대로 지나치고 말았지만, 자기 마음속에는 형용할 수 없는 큰 기쁨과 평안이 몰려왔다고 한다. 지금까지 하나님의 용서와 사랑을 전하며 다녔건만 진심에서 우러나온 적이 없어 늘 찜찜했었는데, 그 사건 이후로 자신 안에 높이 솟아 있던 증오의 담이 와르르 무너지면서 깊은 해방감을 맛보았던 것이다.

용서 없이 새해를 보낸다면 결코 새해는 오지 않을 것이다. 용서하지 않는다면 아무리 새해가 수십 번, 수백 번 되풀이되더라도 진정한 새해를 맞이할 수 없을 것이다. 새해는 언제 오는가. 세월이 가야 오는 것이 아니라, 용서할 때 오는 것이다. 진정한 기쁨과 평안이 언제 찾아오는가. 참된 자유를 누가, 언제 누릴 수 있는가. 바로 우리의 지난 모든 죄를 주의 은혜로 용서함 받고, 용서할 때라고 할 수 있다. 이때 주님의 사랑이 우리 가슴 속에 흘러넘치는 것이다.

주님은 '세상의 끝 날이 다가왔으니 보따리 싸들고 산으로 들어가라, 재산을 다 정리해서 바치고 그날이 임할 때까지 기다리라'고 하지 않으셨다. 본문은 무엇보다도 가장 먼저 실천해야 할 일이 뜨겁게 서로 사랑하는 일임을 강조하고 있다. 만물의 마지막이 가까울수록 이 세상에서 점점 찾아보기가 힘들어지는 것이 하나 있다. 바로 사랑이다.

성경에도 "말세가 이르리니 그때는 사랑이 식어지리라"고 경고하고 있다. 말세의 징조가 무엇인가? 사랑이 끊어지고 정이 식어지고 용서가 없어지고, 잔인과 폭력만이 남아 있는 삭막하고 비정하기 이를 데 없는 거칠고 살벌한 세상으로 변하는 것이다.

주님은 위대한 사람이 되어라, 남들이 흉내 내기 어려운 큰일을 달성하라고 부탁하시지 않는다. 주님은 이 시간 말씀하신다. "네 이웃을 네 몸과 같이 사랑하라", "용서하면서 살아가다오", "네 마음에 아직까지 품고 있는 증오와 분노를 던져버리고 참 자유와 기쁨으로 새해를 맞이하라. 그것이 깨끗이 결산되고 난 다음, 나에게로 오라"고 요구하신다.

언제나 하나님의 사랑이 풍성하여 그 사랑으로 이 세상의 고통을 치료하고 하나님의 나라를 이 땅에 건설해나가야 할 것이다.

대접의 결산

세 번째는 대접의 결산이다. 본문 9절이다.

"서로 대접하기를 원망 없이 하고"

누구나 대접하려면 무엇보다도 원망할 일이 생기지 않도록 하라고 권한다. 대접을 한다고 하면서도 상대방에 대해 원망하는 마음을 품거나, 부담스러워하거나, 불순한 생각을 가진다면 무슨 의미가 있겠는

가. 그런 식의 대접은 대접이 아니라 오히려 상대방을 골탕 먹이려는 푸대접이나 분풀이로 변할 것이다.

요즘은 자기 본위의 시대가 되어서 그런지는 몰라도 남을 대접하라는 말보다는 '나를 대접해라, 나를 세워라, 나를 섬겨라, 나를 받들어라, 나를 높이라'는 얘기들만 하고 있다. 교회 안에서도 먼저 대접하고 먼저 섬기고 먼저 베풀고 먼저 남을 높여주기보다는 자기를 내세우고 자기 자랑을 앞세우는 잘못된 행태들이 내부의 단합을 해치고 세상 사람들의 눈살을 찌푸리게 만든다.

대접을 잘하기 위해서는 네 가지 요소를 갖추고 있어야 한다.

첫째는 실망하지 말아야 한다. 기껏 대접해놓고 상대방의 반응이 시큰둥하고 신통치 않다고 해서 금방 억울해하고 낙심하면, 차라리 안 하니만 못한 결과를 초래하게 된다. 대접이 순수해질 수가 없다. 대접했으면 대접한 것으로 깨끗이 끝내야 한다. 무엇을 좀 했다고 생색내거나 이러니 저러니 간섭하고 쓸데없는 소리를 하면, 오히려 하고 싶은 의욕마저 떨어뜨리고 만다. 한두 번 실망하다 보면 오히려 대접의 손길을 거두게 되고 좋은 마음을 가졌다가도 금방 그 생각을 바꾸어버린다.

둘째는 칭찬을 기대하지 말라는 것이다. 대접을 하면서 이만큼 한다는 것을 알릴 필요도 없고, 잘 대접한다는 칭찬을 들을 기대도 하지 말아야 한다. 스스로 자기 만족이나 인정을 받으려는 목적으로 대접하는 일도 없어야 한다. 남을 의식하기 시작하면 결코 바른 대접은 불가능해진다. 아무리 최선을 다해 정성을 다했더라도 애시당초

보상을 요구해서는 곤란하다. 대가는 주님이 책임져주시리라는 것을 믿어야 한다. 사람에게 아쉬운 소리를 하고 물품이나 현찰을 달라고 하거나 바라는 것은 대접을 욕되게 할 뿐이다.

셋째는 핑계대지 말라는 것이다. '어째서', '누구 때문에', '환경이 그래서' 등 변명이나 합리화를 적극 피해야 한다. 오직 대접하는 일에만 집중해야 한다.

마지막으로 '원망 없이 하라'는 것이다. 어떤 대접을 하든지 대접하기에 앞서 일단 원망할 일이 있는지부터 점검해야 한다. 이유 불문하고 불평이 발붙이지 못하도록 철저히 근절시켜야 한다. 무슨 일을 해도 억지로 하는 것은 금물이다. 진정 마음에서 우러나오는 대접을 하려고 힘써야 한다. 그래야 주님께서 그 중심을 보시고 그에 합당한 상급을 내려주실 것이다.

주님은 소자 하나에게 한 것이 곧 내게 한 것이라고 말씀하시면서 대접의 의미를 높이 평가하신다. "가장 작은 자 하나에게 무엇을 대접했든지 간에 반드시 갚아 주마"라고 약속하신다. 소자가 누구인가. 소외되고 불우한 이웃을 말하는 것이 아닌가. 주님은 우리가 소자에게 베푼 냉수 한 그릇 대접까지도 그 상을 결단코 잊지 않으신다.

선지자를 대접하면 선지자의 상을 받을 것이고, 제자에게 대접하면 제자의 상을 받으리라고 재차 삼차 강조하고 있다. 돌아올 상을 기대하거나 원해서가 아니라 착하고 순수한 마음으로 남에게 베풀며 살아갈 때 하늘의 상급은 풍성히 임할 것이다.

봉사의 결산

마지막은 봉사의 결산이다. 10절을 보라.

"각각 은사를 받은 대로 하나님의 여러 가지 은혜를 맡은 선한 청지기같이 서로 봉사하라"

봉사의 결산이 넘치려면 다음과 같은 자세가 필요하다. '은사를 받은 대로' 일해야 하고, '선한 청지기같이' 충성스러워야 하고, 무슨 일이든 '서로' 협력해야 한다. '하나님의 은사를 받은 대로', '하나님의 은혜를 맡은'이라는 말은 무엇을 뜻하는가? 교회 봉사란 무엇보다도 먼저 주님으로부터 받은 것을 가지고 해야 한다는 것이다. 내 힘이나 지혜나 경험을 앞세워 내 멋대로 하는 것이 아니라 주님이 주시는 은혜와 은사를 사용하여 주님의 뜻과 지시를 따라 섬겨야 한다.

여기서 '받았다', '맡았다'는 것은 결코 자기의 것이 아니란 뜻이다. 전적으로 하나님의 것이라는 말이다. 그 소유권이 오직 주님께 있는 것이다. 우리는 다만 주님이 주셔서 받은 것을 가지고 맡아서 그 일을 수행할 뿐임을 명심해야 한다. 받은 것이나 맡은 것 가지고 내 것인 양 생색을 내고 자랑하고 떠들어대기에 바쁘다면 어찌 하나님의 영광을 드러낼 수 있겠는가.

그런 자들끼리 어울려 일을 한다면 어떻게 공동체의 협력이 이루어지겠는가. 받은 대로, 맡은 대로 겸손히 주어진 책무에 충성을 다할 때, 주님께서 역사하심으로 봉사의 결산이 풍성해지는 것이다.

그러므로 주님의 일을 하는 자는 매사 선한 청지기 의식이 투철해야 한다. 악한 청지기, 게으른 청지기, 무책임한 청지기같이 일을 해서는 허구한 날 임무 수행에 차질을 빚을 것이다. 결산 시에 책망이 뒤따를 뿐이다. 선한 청지기같이 헌신하는 마음으로 최선을 다해 사명을 완수하라는 것이다. 선한 청지기는 누구를 말하는가? 자기의 뜻을 고집하는 자가 아니라 온전히 주인의 뜻을 앞세우는 자이다.

라틴어 격언 가운데 이런 말이 있다.

"참 예술이란 예술을 감추는 것이다. It is true art to conceal art.

역설적인 말 같으나 이 안에는 오묘한 진리가 들어 있다. 예술이란 감출수록 진정한 예술이 드러난다는 것이다. 오히려 예술을 밖으로 나타내려 할수록 그 가치와 의미는 상실되고 만다. 누가 신실한 청지기요, 선한 청지기인가. 자기는 사라지고 오직 예수 그리스도만 전면에 내세우는 자이다. 나를 드러내기보다 그분의 영광을 위하여 살아가는 자가 참된 청지기이다. 주님이 쓰시는 청지기가 되려면 말도 자기 말을 해서는 안 된다. 주님이 주시는 말을 해야 한다. 봉사를 하더라도 내 힘이나 능력을 의지하지 말아야 한다. 다만 주님이 공급해주시는 힘으로 해야 한다. 11절 말씀을 보라.

"누가 말하려면 하나님의 말씀을 하는 것같이 하고 누가 봉사하려면 하나님이 공급하시는 힘으로 하는 것같이 하라"

본문은 우리가 결산해야 할 것이 무엇인가를 증거하고 있다. 첫째가 기도의 결산이다. 둘째가 사랑의 결산이다. 셋째가 대접의 결산이요, 넷째가 봉사의 결산이다. 이 결산이 풍성하게 이루어질 때 우리의 종말은 참으로 복되고 기쁘고 자랑스러울 것이다. 아름다운 인생의 결산을 풍성히 남기기 위해 더 수고하고 더 헌신하는 가운데 우리의 생애에 있어서 가장 보람있고 가장 영광스럽고 가장 멋진 기념비적인 해로 장식해나가야 할 것이다.

이것이 오늘 한 해의 마지막을 보내는 우리 모두에게 주시는 하나님의 뜻이다.

주여, 아직 시간이 있나이다
We Still Have Time

영국의 어느 조선소에서 선반공으로 일하던 호레이스 휘틀이라는 사람이 있었다. 그는 무려 47년 동안 충성하다가 마침내 정년이 되어 은퇴를 하게 되었다. 젊은 나이에 입사하여 그곳에서 인생의 황금기를 다 보내고 이제 할아버지가 되어 정든 직장을 떠나는 것이다. 어찌 회한이 없겠는가. 말이 반평생이지 자신의 인생 전부를 바쳤다고 해도 과언이 아닐 것이다.

이에 회사 측은 그의 공로를 높이 인정하여 예우 차원에서 성대하게 은퇴식을 열어주기로 하였다. 순서에는 그가 은퇴를 위해 특별히 준비한 깜짝쇼가 들어 있었다. 지난 47년을 하루도 빠짐없이 아침 일찍 깨워주던 괘종시계를 자신의 손때가 묻은 선반으로 눌러 박살내는 것이었다. 어째서 그런 계획을 했느냐고 물어보자 이런 대답을 했다고 한다.

"매일 아침마다 늦잠을 잘세라 시끄럽게 울어대는 괘종시계를 볼 때마다 얼마나 얄밉고 분통이 터지던지! 언젠가 저걸 반드시 없애버리고야 말리라 마음속으로 수도 없이 다짐을 해왔다. 그렇게 새벽 시간과 싸우다 보니 어느덧 오늘에 이르렀다. 내가 은퇴하는 날이 바로 그날이 될 것이다."

드디어 거사를 결행하기로 한 날, 모든 동료들이 보는 앞에서 미련 없이 80톤짜리 압축기를 높이 들었다 내리쳤다. 식후에 소감이 어떠냐고 묻는 질문에 그가 한 말이 우리의 공감을 자아낸다.

"마치 철천지원수를 쳐서 없앤 것처럼 속이 후련하다. 더 이상 괘종시계에 간섭받거나 시달리지 않으리란 생각만 해도 기분이 좋아 날아갈 것 같다."

자신의 의사와는 상관없이 늘 정해진 시간에 쫓기며 얽매여 살아야 하는 것처럼 힘들고 피곤한 일이 어디 있으랴. 얼마나 시간으로부터 자유로워지고 싶었으면 그런 세리머니를 했을까 이해가 가고도 남는다. 그러나 그런다고 해서 시간을 마음대로 주무르고 요리할 수 있게 되었는가. 결코 그렇지 않다. 출근하지 않고 마음껏 늑장 부릴 여유가 생겨서 좋을지는 몰라도 시간 자체가 늦춰진 것은 아니다. 괘종시계를 박살냈다고 해서 시간마저 없어졌다고 할 수 있는가.

시계는 흔적도 없이 사라졌을지 모르나 시간은 어김없이 째깍거리며 흘러가고 있는 것이다. 어느 누가 시간의 진행을 막을 수가 있고 중단시킬 수가 있을 것인가. 그 어떤 힘으로도 일분일초를 줄이거나 늘릴 수 없다는 것을 기억한다면, 시간이 얼마나 귀하고 소중한 것인가를 깊이 깨달을 수 있으리라.

신속성

시간은 화살처럼 빨리 지나간다. 신속하게 흘러간다. 늘 이맘때쯤 되면 입버릇처럼 탄식하며 하는 말이 있지 않은가.

"대망의 꿈을 꾸고 한 해를 시작한 지가 엊그제 같은데 벌써 막바지에 이르렀다."

이런 감회를 토로하면서 안타까운 마음으로, 때로는 후회의 심정이 되어 한 해를 정리하려고 힘쓰는 것이다. 시간은 유수와 같이 지나간다. 우리가 세월을 가리켜 '광음'이라 부르는 이유는 무엇인가. 그만큼 신속하다는 것이 아닐까. 성경을 보면 시간이 얼마나 빨리 지나가느냐를 놓고 다양한 표현을 하고 있다.

"새처럼 날아간다. 밤의 한 경점 같다. 홍수처럼 쓸어간다. 아침에 피었다가 저녁에 마르는 꽃과 같다. 사라지는 안개와 같다. 벤 바 되어 시드는 풀과 같다."

세월의 허망함과 무상함을 실감 나게 가르쳐주는 말들이 아닐 수 없다.

이 시간의 속도는 나이에 따라서 차이가 난다고 한다. 젊었을 때는 한 주가 '월화수목금토일' 또박또박 정상적으로 천천히 지나가다가, 조금 더 나이가 들면 '월수토' 이런 식으로 건너뛰기 시작하고, 60 중반으로 들어서면 '월토'로 바뀌다가 70이 넘어가면 '월월월월' 하면서 쏜살같이 달려간다는 것이다. 시간이 많이 남아 있는 것 같아도 사실 살아보면 얼마나 빨리 지나가는지 놀랄 때가 한두 번이 아니다.

1년이라는 세월을 생각해보라. 1년 365일을 긴 시간이라고도 할 수 있지만 어떻게 보면 짧은 기간에 지나지 않는다. 봄이 되면 꽃구경 한번 하고, 여름이 되면 해수욕 한번 하고, 가을이 되면 단풍구경 한번 하고, 그렇게 어물어물 지나다 보면 성탄절이 오고 망년회다 송년회다 해서 법석거리다가 또 한 해를 맞는다. 이처럼 시간이 빨리 흘러가기 때문에 어떻게 하든지 촌음을 아껴서 살아야 한다.

한정된 시간을 어떻게 보내야 하는가는 우리에게 주어진 큰 과제가 아닐 수 없다. 얼마나 오래 살았느냐가 아니라, 어떻게 살았느냐가 중요하다. 단 1분이라도, 단 1시간이라도 의미 있게 보냈다면 그 인생은 헛되지 않으리라. 그러나 아무리 많은 시간을 살았어도 허송했다면 그 인생은 무의미할 수밖에 없다.

"시간은 우리의 삶을 결정하고, 삶은 우리의 역사를 결정한다"는 말이 있다. 시간이 곧 인생이요 역사이다. 시간의 승리자가 인생의 승리자라고 할 수 있다. 그러므로 신속히 흘러가는 시간을 어떻게 붙잡느냐가 성공의 관건이 아니겠는가.

일회성

시간은 빨리 지날 뿐만 아니라 다시 돌아올 수 없는 속성을 가지고 있다. 시간은 쌍방통행이나 돌고 도는 원운동이 아니다. 직선으로 나아가는 일방통행이다. 땅에 떨어진 날개는 다시 날 수 없듯이 한번 가면 다시 되돌아오지 않는다. 시간이 흘러갔다가 다시 원래의 자리로 거슬러 오는 법은 없다. 찬송가 가사처럼 한번 가고 안 오는 것이다.

사람들은 시간이 신속히 지나가는 것을 아쉬워하며 조바심을 친다. '5년만, 10년만 더 젊었으면' 하면서 옛날을 그리워하고 좋았던 시절로 돌아가려고 발악을 한다. 그런데 그런다고 지나간 시절이 다시 돌아올 성싶은가.

오래전에 모 가수가 불러 유행한 노래 가사가 있다.

"흘러가는 저 세월은 강물 따라 흘러 흘러가지만 / 젊은 날의 내 청춘은 어디로 흘러 흘러서 가나 / 내 생애 단 한 번만이라도 그대를 / 단 한 번만이라도 그대를 사랑하게 하여 주"

할 수만 있다면 되돌리고 싶은 간절한 열망이 절절이 묻어 있다. 그러나 인간의 허망한 바람일 뿐, 그런 일은 일어나지 않는다. "미워도 다시 한번, 내 청춘을 돌려다오"라고 울부짖어도 한번 지나가면 그것으로 끝이다. 한번 흘러간 세월을 어떻게 무슨 힘으로 다시 되돌린단 말인가.

드라마나 영화를 제작할 때는 가장 멋진 신^{scene}을 건지기 위해 같은 장면을 수없이 반복해서 찍는다. 얼마든지 결심만 하면 마음에 들 때까지 되풀이할 수 있다. 다시 말하면 엔지^{NG}가 나도 "다시 갑시다" 선언하고 재촬영하는 것이 가능하다. NG란 'No Good'의 약자인데 틀렸으면 언제라도 다시 하자고 요구할 수 있다. 설령 실수했어도 사과하고 다시 시작하면 그뿐이다.

그러나 시간이란 원래의 출발점으로 회귀하지 않는다. 그때가 지나가면 그것으로 그만이다. NG가 나도 어떻게 할 도리가 없다. 중도에서 멈추는 것이 불가능하다. 일시적이라 해도 중단하지 못한다. 돌아올 방법도 전무하거니와 더군다나 다시 시작할 수도 없다. NG가 났으면 난 채로 가야 한다. 그렇다면 NG 난 부분은 어떻게 한단 말인가? 다시 돌아가 고치기도 어렵고 편집할 수도 없다. 오직 시간의 주인이신 하나님께 맡겨야 한다. 때를 쓰고 억지를 부려서 될 수만 있다면야 얼마나 다행일까마는 우리의 희망사항에 불과하다.

다시 돌아가는 길은 존재하지 않는다. 한번 지나간 시간 가지고 다투는 것처럼 어리석은 짓이 어디 있을까. 다시는 되돌릴 수 없는 시간이기에 우리는 이 시간을 어떻든 의미 있고 가치 있는 시간으로 만들어가기 위해 최선을 다해야 한다. 인생을 다 살고 나서 '헛살았다'고 후회하고 한탄한다면 이보다 더 불행한 일은 없을 것이다. 기회가 다시 주어진다면 어느 누구보다 더 바르고 멋있게 살 수 있을지는 몰라도 때란 두 번 다시 돌아오지 않는다. 한 번 가고 안 오는 시간을 쓸데없이 낭비하는 것은 실로 엄청난 손실이 아닐 수 없다.

시간은 다시 돌아오지 않는다. 돌아오지 않는 것이 몇 가지 있다고 한다. 한번 내뱉은 말은 다시 돌아오지 않고, 한번 쏴버린 화살은 돌아오지 않고, 한번 지나간 기회는 다시 돌아오지 않고, 한번 지나간 시간은 다시 돌아오지 않는다. 돌아오지 않는 게 많지만 절대로 돌아올 수 없는 것 하나가 바로 시간임을 기억해야 한다. 결코 돌아오지 않기에 주어진 시간을 지혜롭게 사용할 필요가 있는 것이다.

종말성

시간은 다시 돌아올 수 없을 뿐 아니라 종말이 있음을 가르쳐준다. 처음이 있으면 끝이 있다. 세상만사가 다 그렇다. 반드시 시작하는 날이 있고 마감하는 날이 있는 것이다. 그 마감일을 가리켜 '죽은 선' dead line 이라고 부른다. 이때가 이르면 그 이상 더 추가할 수도, 늘릴 수도, 보탤 수도 없다.

이것이 바로 시간이 가지고 있는 엄숙한 본질이라고 할 수 있다. 시간은 정해져 있다. 제한되어 있다. 우리의 연수가 70이요 강건하면 80이다. 무한정 시간이 남아도는 것이 아니다. 어떤 이는 이렇게 말한다.

"세월이 좀먹냐. 새털같이 많은 날에 그렇게 분주히 뛰어다닐 게 뭐가 있어. 내일 하지. 천천히 하자고."

시간이 많이 있다고 생각하는 자체가 잘못된 것이다. 착각일 뿐이다. 시간이 있다고 안심하지 말아야 한다. 왜냐면 반드시 그 끝이 있기 때문이다. 시간은 종말을 향하여 간다. 그리고 그 마지막에는 반드시 시간을 어떻게 살아왔는가에 대한 보고서를 제출해야 한다. 시간을 잘 보낸 자에게는 성공과 복이 임하겠지만 그렇지 않은 자에게는 심판과 저주가 임할 것이다.

이를 가리켜 '시간의 보복'이라고 한다. 살아가다가 언젠가 만나는 재난은 우리가 소홀히 했던 시간의 앙갚음이라고 보면 틀림이 없다.

나중에 울고불고 야단을 해야 아무 소용이 없는 것이다. 시간의 심판은 준엄하고 한 치의 오차도 없이 내려진다. 시간은 지나간다. 그러나 심판이 있다는 것을 명심해야 한다.

우리나라 대통령에게 주어진 통치 기간은 만 5년이다. 이 시간을 어떻게 사용했는가에 따라 채점이 매겨진다. 가장 먼저 국민으로부터 심판을 받을 것이다. 실패였느냐 성공적이었느냐 하는 것은 이 기간을 어떻게 보냈느냐에 따라 결정될 것이다. 오래전에 새로 선출된 대통령 당선자가 정권을 넘겨받기 위해 인수위원회를 조직하여 정부 기관에 다음과 같은 요구를 했다고 한다.

"첫째, 지난 5년 동안 정부가 추진했던 정책들을 분석하여 평가보고서를 제출하라. 둘째, 각 부처가 당면한 현안들이 무엇인지 문제가 되고 있거나 시급히 해결해야 할 것들을 정리해서 보고하라. 셋째, 당선자가 공약한 내용을 어떻게 실천할 수 있는지를 검토하여 계획서를 제출하라."

이는 무엇을 말하는가? 잘했든 못했든, 싫든 좋든 간에 지난 5년을 있는 그대로 내놓으라는 것이다. 5년이 지나 정권이 바뀔 경우, 일단 인수위원회가 모든 보고를 받아 반영하도록 되어 있다. 정권을 인수하는 과정에서 심판할 일은 과감히 심판하고 새롭게 나아가야 한다. 시간에는 심판이 뒤따른다는 것을 기억해야 한다.

인생의 종착역에서 우리에게 묻는 것이 하나 있다.
"네게 주어진 시간을 어떻게 보냈는가?"

우리에게 주어진 시간을 어떻게 활용하였는가를 묻고 그에 대한 평가를 요구할 것이다.

시간을 다 사용하면 그것으로 끝이 아니라 그 후에는 영수증을 제출하는 일이 남아 있다. 참으로 두렵고 떨리는 순간이 아닐 수 없으리라. 시간이 많다고 허비하지 말아야 할 이유가 여기에 있다. 우리에게 주어진 시간을 아껴서 주님의 뜻을 이루는 일에 사용해야 한다. 우리의 일생이 후회로 가득 차서야 되겠는가.

우리의 시간은 아직 남아 있다. 이 남아 있는 시간을 어떻게 보내야 하는가. 남아 있는 시간을 어떻게 정리하고 어떻게 새해를 맞이해야 하는가? 어떻게 응답하느냐에 따라 인생의 성공과 실패가 좌우될 것이다. 우리의 남은 세월을 아껴서 의미 있게 보낸다면 우리의 인생은 행복으로 가득 찬 삶을 살게 될 것이요, 그렇지 않으면 늘 후회와 고뇌와 슬픔 속에서 탄식하며 지내야 할 것이다.

우리에게 남은 시간을 어떻게 보내야 하는가. 지혜롭게 선용해야 하리라. 지금까지 허비해온 대로 허송하며 산다면 어떤 결과가 나타나겠는가. 이제부터라도 그 남은 시간을 잘 가꾸고 하나님의 영광을 나타내야 하리라. 오늘의 본문은 복된 세월을 살고 행복한 미래를 얻기 위하여 주어진 시간을 어떻게 활용해야 하는가에 대해 말하고 있다.

대가를 지불하라

본문을 다시 보라.

"외인에게 대해서는 지혜로 행하여 세월을 아끼라"

여기서 '아끼라'는 말은 헬라어로 '엑사고라조'라고 한다. 이 동사는 '속량한다', '구속한다', '대가를 지불하고 산다 buy back'는 뜻을 가지고 있다. 성경적으로 보면 예수님께서 우리를 자유케 하려고 십자가에서 피 값을 지불하신 것을 의미한다. 무슨 말인가? 시간을 사려면 응분의 대가를 지불해야 한다는 것이다.

왜냐하면 시간은 우리에게 속한 것이 아니기 때문이다. 내 소유가 아니라 누군가의 손에 넘어가 있는 것이다. 달리 말하면 나로부터 그 시간을 빼앗아가고 있는 것이다.

돈을 주고 사오기 전에는 결코 내 소유가 될 수 없다. 상품도 그렇지 않은가? 값을 지불하고 사기 전까지는 상인의 것이지 내 것이 아니다. 아무리 맘에 들어도 돈을 내고 사야 내 것이 되고, 내 소유가 되는 것이다. 돈을 지불하지 않고는 내 것이라고 주장할 수 없다. 만약 내 것이라고 한다면 도둑놈으로 몰릴 수밖에 없다. 시간도 아무 때나 거저 얻을 수 있는 것이 아님을 잊지 말아야 한다.

단 한 시간도 공짜로 얻을 수 없다. 그에 따른 막대한 대가를 지불해야 하는 것이다. '시간을 속량한다'는 것이 무엇을 의미하는가? 그 시간을 소유하려면 얼마를 요구하든 대가를 치러야 한다. 죄에 팔려 있는 시간, 사탄의 유혹에 빼앗겨 있는 시간, 낭비하는 시간, 게으름으로 빼앗기고 있는 무수한 시간들을 대가를 치르고 빼앗아오지 않으면 정녕 내 것이 될 수 없다.

가령 하루를 기도로 시작하고 30분씩 성경 말씀을 읽으려 한다고 하자. 과연 그 시간은 어디서 얻을 수 있는가. 세상일로 빽빽이 채워져 있는 하루의 일과라면 도대체 언제 가능한 것인가. 한 가지 분명한 것은 그 시간을 사와야 한다는 것이다. 그렇다면 어디에서 뽑아내야 하는가. 별로 중요하지 않은 시간이 가장 적당할 것이다. 그러나 그것도 쉽지가 않다. 왜냐면 그 시간에 이미 우선순위와 마음을 빼앗기고 있기 때문이다. 한참 재미를 만끽하고 있는데 어찌 포기할 수 있으랴.

TV 드라마를 예로 들어보자. 한번 시작하면 대충 20회에서 50회 정도가 나간다. 50회 동안 몇 시간을 시청하게 되는가? 50시간 정도 흘러간다고 치면 그동안 무엇을 할 수 있겠는가? 서울과 부산을 무려 자동차로 다섯 번을 왕복할 수 있는 시간이다. 무엇을 해도 많은 진전이 있을 것이다.

별 볼 일 없는 일에 시간을 왕창 빼앗기고 나서 성경을 보려고 하니 제대로 되겠는가. 진정 주님의 말씀을 묵상하고 주님의 음성을 들으려면 세상에 빼앗긴 시간들을 다시 사와야 한다. 운동도 마찬가지다. 결심만 하고 실천으로 옮기지 못하는 이유가 무엇인가. 시간을 사오려고 하지 않기 때문이다. 운동을 위해 다른 시간을 포기하거나 양보해야 하는데 그 작업이 쉽지가 않은 것이다. 그 시간을 빼앗아 오자면 남다른 노력이 있어야 한다. 때로 희생을 각오해야 한다.

시간을 내자니 제약이 너무 많은 것이다. 남과의 약속도 가급적 피해야 하고, 일도 약간 줄이고, 잠자는 시간도 줄이고, 독서하는 시간도 과감히 생략해야 한다. 철저히 시간을 비워둘 필요가 있다. 운동 시간을 확보하려면 여기저기서 시간을 사오기 위해 애써야 한다. 더구나 하나님 중심으로 살려면 마귀가 소유하고 있는 시간들로부터 부지런히 사들여야 한다.

한 해를 성공적으로 살아가기 위해 우리가 해야 할 일이 하나 있다. 할 수 있는 한, 최선을 다해 시간을 사오는 일에 전심전력해야 한다. 마귀에게 빼앗기고 죄에 빼앗기고 세상에 빼앗겼던 시간을 되찾아 하나님을 위한 시간으로, 이웃을 섬기는 시간으로 사용할 때 하나님의 놀라운 역사가 나타날 것이다.

투자하라

'세월을 아끼라'는 말은 기회가 왔을 때 아낌없이 투자하라는 것이다. 기회를 보기만 해서는 내 것으로 만들 수가 없다. 기회가 왔을 때 전적으로 투자해야 한다. 열매를 얻으려면 파종을 해야 하는 것처럼 축복의 열매를 얻으려면 시간을 투자해야 한다. 기회는 저절로 오는 것이 아니다. 가만히 있는다고 성취되지 않는다. 그 기회를 위해서는 시간 투자가 뒤따라야 한다.

기도의 응답을 받기 원하는가. 그렇다면 기도에 투자해야 한다. 구령의 기쁨을 맛보기 원하는가. 전도에 투자해야 한다. 능력 있는 삶을 원하는가. 그렇다면 열심히 예배에 투자해야 한다. 위로부터 주시는 용기와 평안을 얻기 원하는가. 그렇다면 하나님과 교제하는 시간에 투자해야 한다. 기회가 왔더라도 투자가 없이는 우리가 원하는 결과를 얻을 수가 없다. 공부도 그렇고, 결혼도 그렇고, 무슨 일이나 적당한 때가 있는 법이다.

어떤 사람은 이런 말을 한다.
"결혼과 공부는 '을토'로 끝날 때 해야지 '은토'로 끝날 때 해서는 어렵다."
열, 스물, 스물아홉의 나이가 될 때 뭔가를 해야 이루어지는 것이다. 서른, 마흔, 쉰, 뒤로 갈수록 원하는 바를 성취하기란 점점 힘들어진다. 성취가 불가능하다고 단정할 수는 없으나 그만큼 더 많은 시간과 에너지가 필요해지는 것이다.

남다른 성공을 거둔 자가 있는가. 괄목할 만한 성장을 이룬 자가 있는가. 시간을 충분히 투자한 결과이다. 모든 일에는 기회라는 것이 있다. 기회를 따라 열심히 투자하는 자만이 성공의 트로피를 거머쥘 수 있다. 때가 왔을 때 낚아채야 한다. 기회가 주어질 때 힘껏 휘둘러야 한다. 투자하는 자가 최후의 승리자가 될 수 있다.

지금을 살라

'세월을 아끼라'는 말은 오늘을 살되 영원한 시간으로 만들라는 것이다. 우리는 과거에 사는 자들이 아니다. 과거는 이미 지나갔다. 그렇다고 미래를 사는 존재도 아니다. 미래는 아직 오지 않았기 때문이다. 오직 우리가 살고 있는 시간은 바로 지금이 유일하다. 현재를 살아갈 뿐이다. 지금, 바로 지금만이 가장 확실한 시간이요, 내게 주어진 시간이라고 할 수 있다.

미국인들은 '바로 지금'이라고 할 때 'right now'라는 말을 즐겨 사용한다. 무슨 일이나 지금 당장 실천하는 것이 항상 옳다는 것이다. 그러나 지금이라는 시간이 언제나 옳고 가치 있는 것은 아니다. 잘못 낭비하면 불행을 자초하기 때문이다.

지금이 영원과 이어질 때 비로소 의미 있는 시간이 발생하는 것이다. 그렇다면 오늘의 시간을 '영원한 지금' eternal now 으로 만들려면 어떻게 해야 하는가? 하나님을 만나야 한다. 하나님을 만나기 전의 시간은 아무리 오래 살았어도 별 의미가 없다. 자기만을 위한 삶이요, 세상 추구적인 삶이기 때문이다. 그러나 하나님을 만난 이후의 삶은 주님이 개입해 들어오셔서 in-breaking 변화시켜 주는 삶이기에 특별한 의미를 지니는 것이다. 이러한 시간을 가리켜 '카이로스'라고 부른다.

헬라인들은 시간을 말할 때 세 종류로 말한다. 하나는 '에이온', 하나의 시대를 가리킬 때 사용하는 단어다. 그리고 자연적 시간을 '크로노스'라고 부르고, 흘러가는 시간 속에 영원이 들어와 일어나는 시간을 '카이로스'라고 한다.

다른 말로 하면 사건시 event time 이다. 하나님을 대면하는 순간 놀라운 사건이 발생하기 때문이나. 구원과 믿음과 소명이라는 사건이 동시에 일어나면서 전에는 볼 수 없었던 새로운 지평이 펼쳐지는 것이다. 우리는 어떤 의미에서 크로노스의 인생을 사는 자들이 아니라, 카이로스의 인생을 사는 자들이라고 할 수 있다.

왜냐면 주님을 만난 그 후부터 전혀 질적으로 다른 삶을 살고 있기 때문이다. 주님과의 조우를 경험한 자는 누구나 사건으로 충만한 카이로스의 인생을 살게 되는 것이다.

하나님이 우리를 만나주시는 순간, 거기에서 사건이 폭발한다. 축제가 있고, 기쁨이 있고, 감격이 있고, 감동이 넘치는 삶이 무엇으로 가능한가. 이 이벤트가 터져야 멋진 인생이 만들어진다. 주님과의 뜨거운 만남이 있을 때, 놀라운 사건으로 점철된 한 해가 찬란히 열릴 것이다.

본문에서 말하는 세월은 '톤 카이론' ton kairon, 즉 카이로스의 시간이다. 모세가 어떻게 해서 이스라엘 백성들을 이끌고 가나안 땅으로 들어갈 수 있었는가? 불타는 떨기나무에서 민족 해방의 비전을 보고 자기를 부르는 주님의 음성을 들었을 때, 바야흐로 크로노스의 삶이 카이로스의 삶으로 바뀌었다. 80년 동안 별 의미가 없던 인생이 주님을 만나고부터 180도 달라지면서 민족의 지도자로 우뚝 서게 된 것이다. 더 이상 역사의 변두리에 서 있는 자가 아니라 역사를 만드는 자로 탈바꿈한 것이다.

바울이 어떻게 해서 핍박자의 위치에서 위대한 사도로 다시 태어날 수 있었는가? 무엇이 그를 불세출의 전도자로 만들었는가? 지금이라는 시간 속에 영원이라는 시간이 들어와 영원한 지금을 살기 시작하면서 그의 인생이 달라진 것이다. 다메섹 도상에서 부활하신 예수님을 만난 그 시간부터 거짓된 인생이 변하여 주님의 영광을 위해 일생을 헌신하게 되었던 것이다.

우리도 주님을 만나는 삶을 통해서 하나님의 계획의 한 부분이 되고, 위대한 비전의 일꾼이 되고, 새로운 역사를 창조해나가는 'history maker'가 되어야 할 것이다.

이것이 오늘 시간을 살아가는 우리에게 주시는 하나님의 뜻이다.

때와 말씀 *God's Sayings in Every Occasion*

1판 1쇄 인쇄 _ 2018년 4월 16일
1판 1쇄 발행 _ 2018년 4월 20일

지은이 _ 정성훈
펴낸이 _ 이형규
펴낸곳 _ 쿰란출판사

주소 _ 서울특별시 종로구 이화장길 6
편집부 _ 745-1007, 745-1301-2, 747-1212, 743-1300
영업부 _ 747-1004, FAX 745-8490
본사평생전화번호 _ 0502-756-1004
홈페이지 _ http://www.qumran.co.kr
E-mail _ qrbooks@gmail.com / qrbooks@daum.net
한글인터넷주소 _ 쿰란, 쿰란출판사
등록 _ 제1-670호(1988.2.27)
책임교열 _ 김유미 · 송은수

© 정성훈 2018   ISBN 979-11-6143-146-8 93230

책값은 뒤표지에 있습니다.
이 출판물은 저작권법에 의해 보호를 받는 저작물이므로 무단 복제할 수 없습니다.
파본(破本)은 구입처에서 교환해 드립니다.